The Life and Work of Jesus

예수 그리스도
성자 하나님의 생애와 사역

한 번은 읽어야 할 쉬운 신학 시리즈 **2**

Jesus

라 매클러플린, 크리스토퍼 코들 지음 | 전광규 옮김

생명의말씀사

The Life and Work of Jesus
by Ra McLaughlin and Christopher Caudle

Copyright ⓒ 2022 by Third Millennium Ministries
Originally published as part of the Christian Essentials series
by P&R Publishing, Phillipsburg, NJ, USA.

This Korean edition ⓒ 2024 by Word of Life Press, Seoul, Republic of Korea.
Translated and published by permission.
All rights reserved.

[일러두기]
이 책은 비디오 시리즈 "We Believe in Jesus"(ⓒ 2011 by Third Millennium Ministries, Inc.)를 각색한 것이며, 기고 글은 이에 맞게 편집되었습니다.
이 책에서 제공되는 각 장의 퀴즈 및 각 부의 테스트와 종합 시험 문항의 저작권은 서드 밀레니엄 미니스트리즈 (Third Millennium Ministries)에 있습니다.

예수 그리스도

ⓒ 생명의말씀사 2024

2024년 7월 31일 1판 1쇄 발행

펴낸이 | 김창영
펴낸곳 | 생명의말씀사

등록 | 1962. 1. 10. No.300-1962-1
주소 | 서울시 종로구 경희궁1길 6 (03176)
전화 | 02)738-6555(본사) · 02)3159-7979(영업)
팩스 | 02)739-3824(본사) · 080-022-8585(영업)

기획편집 | 태현주, 최은용
디자인 | 박소성, 조현진
인쇄 | 영진문원
제본 | 다온바인텍

ISBN 978-89-04-03186-3 (04230)
ISBN 978-89-04-70108-7 (세트)

저작권자의 허락없이 이 책의 일부 또는 전체를
무단 복제, 전재, 발췌하면 저작권법에 의해 처벌을 받습니다.

예수 그리스도

성자 하나님의 생애와 사역

쉬운 신학 시리즈 추천사

성경적 근거와 신학적 예리함을 지닌 이 자료들은 전 세계 교회를 위한 자료를 만들어 내려는 사명에서 탄생했습니다. 이 자료들이 출판되어 더 큰 영향력을 미치는 것을 볼 수 있게 되어 매우 기쁩니다.

앤드루 애버네시(Andrew Abernethy) 휘튼대학, 휘튼대학 대학원 구약학 부교수

쉬운 신학 시리즈는 주 예수 그리스도의 교회에 놀랄 만큼 유용합니다. 이 시리즈는 신학적으로 풍성하면서도 난해하지 않습니다. 학자들과 목회자들, 일반 신자들은 이 저작물들이 매우 가치가 있다는 것을 알게 될 것입니다.

대니얼 어킨(Daniel Akin) 사우스이스턴침례신학교 총장

리처드 프랫(Richard Prat)과 서드 밀레니엄 미니스트리즈(Third Millennium Ministries)가 전 세계 그리스도인들에게 대단히 유용하고 유익한 신학 교육 서비스를 제공하고 있다는 점은 의심할 여지가 없습니다. 이들의 노고가 풍성한 결실을 맺는 것을 보면서 그 사역에 깊은 감사를 표합니다.

브루스 P. 보거스(Bruce P. Baugus) 잭슨시 소재 리폼드신학교 철학 및 신학 부교수

이 흥미로운 새 시리즈는 그렇게 하는 것이 그 어느 때보다 더 필요한 이 시기에 우리 기독교 신앙의 기본 진리를 광범위한 대중에게 전달합니다. 특히 교회의 성경 공부 모임들은 이 중요한 자료들을 통해 큰 유익을 얻을 것입니다. 어느 곳에서나 기독교 교육 프로그램에서 이 자료들이 널리 사용되어야 합니다.

제럴드 브레이(Gerald Bray) 비슨신학교 신학 연구교수

서드 밀레니엄 미니스트리즈는 정통 신학 교육을 접할 기회가 없었던 많은 사람이 정통 신학 교육을 받을 수 있게 하는 훌륭한 일을 해왔습니다. 이 자료의 중요한 부분이 이제 출판물로 나오게 되어 기쁩니다.

개러스 리 코커릴(Gareth Lee Cockerill) 웨슬리비블리컬신학교 성경신학 명예교수

서드 밀레니엄 미니스트리즈의 자료들은 복잡한 신학을 누구나 이해할 수 있는 말로 설명합니다. 이 자료들이 처음으로 인쇄본으로 나오는 것을 보니 기쁩니다. 이 책들은 목회자들과 학생들, 일반 신자들, 성경의 일관된 가르침과 그것이 오늘날 왜 중요한지 이해하고자 하는 모든 사람에게 적합합니다.

브랜던 크로(Brandon Crowe) 웨스트민스터신학교 신약학 교수

서드 밀레니엄의 책들은 정통 기독교의 위대한 전통에 서 있습니다. 이 책들은 성경에 근거하며, 경건한 전문가들의 작업에 의존하고 있습니다. 따라서 교회 지도자들과 제자들 모두에게 유익하며, 오랜 세월 동안 전 세계의 하나님의 백성에게 도움을 줄 것입니다.

댄 도리아니(Dan Doriani) 커버넌트신학교 성경신학 및 조직신학 교수

이 시리즈는 오랜 세월의 연구와 교육, 선교 활동의 결정체입니다. 경험의 모루에서 만들어진 이 시리즈는 매우 이해하기 쉬우면서도 교리적으로 견실합니다. 어떤 언어를 사용하든지, 어떤 어려움이 있든지, 얼마만큼 성숙했든지 상관없이 진지한 그리스도인이라면 누구나 습득하고 사용해야 합니다.

윌리엄 에드거(William Edgar) 웨스트민스터신학교 변증학 교수

나는 개인적으로나 직업적으로나 10년 넘게 서드 밀레니엄의 자료들을 사용해 왔습니다. 이 자료들은 학문적, 신학적으로 건전한 설명과 실제적인 적용을 통해 사람들이 자기 집이나 고국을 떠나지 않고도 사역을 준비할 수 있게 해줍니다.

태드 제임스 2세(Thad James, Jr.) 버밍햄신학교 부총장

서드 밀레니엄 미니스트리즈는 20년 넘게 전 세계 교회 지도자들에게 많은 언어와 다양한 매체를 통해, 개혁주의 그리스도인들의 일치된 견해를 나타내는 명확하고 성경적인 탄탄한 신학 교육을 무료로 제공해 왔습니다. 독자들이 하나님 말씀의 위대한 진리를 건전하게 이해하는 데 이 시리즈가 많은 도움이 될 것을 믿습니다.

데니스 E. 존슨(Dennis E. Johnson) 캘리포니아 웨스트민스터신학교 실천신학 명예교수

쉬운 신학 시리즈는 신학을 마땅히 제시되어야 하는 방식으로, 즉 신선하고 균형이 있으며 이해하기 쉽고 매력적인 방식으로 제시합니다. 교회의 필요를 예리하게 주시하며 성경의 권위 아래 집필한 본문은 우리 신앙의 위대한 교리들을 실제적이고 목회적인 방식으로 체계 있게 풀어냅니다. 이 시리즈를 흔쾌히 추천합니다.

켄 D. 키슬리(Ken D. Keathley)
사우스이스턴침례신학교 제시 헨들리(Jesse Hendley) 성경신학 석좌교수

이 시리즈는 삼위일체 하나님에 대한 믿음의 성경적이고 역사적인 증거를 명확하고 쉽게 이해할 수 있는 형태로 제시합니다. 교리들을 경건하고 실제적인 스타일로 탁월하게 개괄하는 이 책들은 독자가 하나님에 대해서 알 뿐 아니라 하나님을 친밀히 알고 충성스럽게 섬기도록 도와줄 것입니다.

글렌 R. 크라이더(Glenn R. Kreider) 댈러스신학교 신학연구 교수

서드 밀레니엄 미니스트리즈는 기독교 신앙의 근본 진리에 관한 비디오 자료들을 정통적이고 국제적이며 접하기 쉽도록 훌륭하게 제작해 왔습니다. 그런데 이제 그 훌륭한 자료들이 출판되어 전 세계 독자가 이용할 수 있게 되었습니다. 이 일은 하나님의 백성에게 참으로 축복입니다. 이 책들은 제자 훈련과 성경 공부 모임에 이상적인 자료입니다.

프레드릭 J. 롱(Fredrick J. Long) 애즈베리신학교 신약학 교수

이 책들은 신자 개인에게만이 아니라 성도들에게 전해진 신앙의 확고한 이해를 유지하는 일에 헌신적인 교회의 그룹 공부를 위해서도 탁월한 자료를 제공합니다.

토머스 J. 네틀스(Thomas J. Nettles) 사우스웨스턴침례신학교 역사신학 초빙교수

서드 밀레니엄 미니스트리즈는 최고의 신학 훈련 자료들을 전 세계 기독교 지도자들의 손에 전략적으로 제공하고 있습니다. 그리스도의 몸을 세우는 일을 위해 이 책들을 기쁘게 추천합니다.

로버트 L. 플러머(Robert L. Plummer)
남침례신학교 콜린·에블린 에이크먼(Collin & Evelyn Aikman) 성경학 교수

서드 밀레니엄 미니스트리즈는 목회자와 신학자와 성경학자들로 특별한 팀을 구성하여, 개인 연구 및 학교와 교회에서 사용할 수 있는 성경적으로 건전하고 신학적으로 정통하며 실천 지향적인 교육 과정을 만들어 왔습니다. 이제 처음으로 책 형태로 이용할 수 있게 된 이 시리즈는 이중직 목회자와 성경 공부 인도자, 청년 지도자, 대학생과 고등학생 그리고 다른 많은 이들이 개혁주의 전통 안에서 심화된 신학 교육을 받을 수 있게 도와줄 것입니다.

필립 라이큰(Philip Ryken) 휘튼대학 총장

쉬운 신학 시리즈의 책들은 전통적인 기독교 신앙의 주요 교리들을 사려 깊고 이해하기 쉽게 설명합니다. 정통 기독교 신학자들의 통찰과 관점을 종합함으로써, 일찍이 성도들에게 전해진 유의미한 신앙의 기본 윤곽이 놀랍도록 일관성이 있으며 공유되고 있다는 것을 확증합니다.

글렌 G. 스코기(Glen G. Scorgie) 샌디에이고 벧엘신학교 신학 교수

서드 밀레니엄의 사역 목록에 인쇄본을 추가하는 것은 고맙게도 그들의 사역 범위와 영향력을 확장시킬 것입니다. 이 일은 '복음'에 대한 좋은 소식입니다!

마크 L. 스트라우스(Mark L. Strauss) 샌디에이고 벧엘신학교 신약학 교수

서드 밀레니엄은 전 세계 교회를 위해 최고의 신학 자료들을 제공하는 탁월한 사역 기관입니다. 하나님이 그분의 영광을 위해, 그리고 복음의 진보를 위해, 전 세계의 하나님의 백성을 견고하게 하는 데 교리에 관한 이 책들을 사용하시기를 기도합니다.

K. 에릭 토에네스(K. Erik Thoennes) 바이올라대학교 탤벗신학교 신학 교수

서드 밀레니엄 미니스트리즈의 교과 과정은 성경적으로 탄탄하며 기쁘게도 복음적입니다. 이런 자료들이 하나님 말씀의 분명한 가르침에 대한 세계적인 접근성을 확대하는 것은 기쁜 일입니다. 독자들은 명망 있고 목회적인 안목을 지닌 학자들이 전하는 집중적이고 은혜로운 개신교의 관점들을 접하게 될 것입니다.

대니얼 J. 트라이어(Daniel J. Treier) 휘튼대학 대학원 노들러(Knoedler) 신학 교수

쉬운 신학 시리즈에 대해

『하나님: 성부 하나님의 속성과 사역』(The Attiributes and Work of God)
『예수 그리스도: 성자 하나님의 생애와 사역』(The Life and Work of Jesus)
『성령: 성령 하나님의 본성과 사역』(The Nature and Work of the Holy Spirit)

이 시리즈의 책들은 서드 밀레니엄 미니스트리즈(Third Millennium Ministries)가 제작한 비디오 신학 교육 과정을 개작한 것입니다. 서드 밀레니엄은 전 세계의 여러 언어를 쓰는 복음적인 청중을 위해 이 교과 과정을 집필하고 제작하기 때문에 이 시리즈의 일부 측면은 독자를 놀라게 할 수도 있습니다. 예를 들어 우리는 서양의 교육법 전통을 언제나 따르지는 않습니다. 우리는 종종 전통적인 교재들과 다르게 주제들을 구성하고 다룹니다. 또한 아직 확고한 신학 용어가 없는 언어로도 쉽게 번역할 수 있는 표현을 선호하는 경향이 있습니다. 결과적으로 우리는 같은 주제를 다루는 전통적인 저작들보다 학문적이거나 신학적인 용어를 적게 사용합니다.

끝으로, 우리는 우리의 교리적 표준, 곧 웨스트민스터 신앙고백과 웨스트민스터 대요리문답 및 소요리문답과 상충하는 사상을 장려하지는 않지만, 성령이 개혁주의 전통 밖에 있는 이들에게 주신 생각과 통찰과 지혜도 중시하며 포함합니다. 우리는 진심으로 모든 복음주의 전통에 속한 성경을 믿는 그리스도인들이 서로 나뉘기보다 훨씬 더 연합되어 있다고 믿습니다. 이런 이유로 이 책 본문 중간중간의 기고란에서 볼 수 있는 내용은 우리와 다른 전통에 속한 교수나 목회자를 인터뷰한 기사인 경우가 많습니다. 우리는 이 기사들을 통해 독자들이 다른 전통에 속한 형제자매들을 소중히 여기고 감탄하며 그들에게서 배울 기회를 얻게 되기를 소망합니다.

우리의 비디오 교육 과정에 대한 더 자세한 정보를 원한다면 서드 밀레니엄 홈페이지(thirdmill.org)를 방문해 주시기를 바랍니다.

편집장 라 매클러플린(Ra McLaughlin)

목차

쉬운 신학 시리즈에 대해　10
서언: 독자에게　14

1부　구속자

1. 영원　19
2. 창조　35
3. 구속　55
4. 완성　75

2부　그리스도

5. 탄생과 준비　93
6. 공적 사역　115
7. 수난과 죽음　131
8. 승귀　145

The Life
and Work
of Jesus

3부 선지자

9. 구약의 선지자들　　165
10. 선지자이신 예수님　　189
11. 예수님의 선지자 사역의 적용　　209

4부 제사장

12. 구약의 제사장들　　227
13. 제사장이신 예수님　　251
14. 예수님의 제사장 사역의 적용　　271

5부 왕

15. 구약의 왕들　　295
16. 왕이신 예수님　　319
17. 예수님의 왕 사역의 적용　　341

용어 설명　　358
참고 문헌　　368
기고자들　　374

서언: 독자에게

　모든 그리스도인은 하나님의 아들 예수님이 우리의 신앙의 중심임을 인식합니다. 우리 중 많은 사람이 복음서를 읽고, 설교를 듣고, 성경 공부와 주일학교에 참석하고, 다른 그리스도인들과 이야기 나누는 것을 통해 예수님의 지상 생애에 대해 잘 알고 있습니다. 우리는 예수님이 말씀하시고 행하신 많은 일들을 알고 있습니다. 특히 우리를 구원하기 위해 예수님이 십자가에서 죽으셨다가 다시 사셨다는 사실을 아주 잘 알고 있습니다.
　그러나 우리는 예수님이 지상 생애 이전에 말씀하시고 행하신 일들이나 지금 말씀하시고 행하시는 일들, 또는 장차 말씀하시고 행하실 일들에 대해서는 언제나 곰곰이 생각하지 않습니다. 더욱이 우리는 성경이 하나님의 창조 계획에 대해 말하는 더 큰 이야기의 맥락에서 이런 문제들을 항상 생각하지 않습니다.
　하나님의 아들은 어떤 분이시며, 왜 예수로 태어나기를 택하셨습니까? 이 땅에 계시는 동안 그분이 성취하신 일을 무엇입니까? 그분의 재림은 어떻게 역사에 대한 하나님의 계획을 최종적으로 성취하십니까? 이런 일들은 지금 우리의 삶과 어떤 관계가 있습니까?

이 책에서 우리는 예수님이 누구신지에 대한 큰 그림을 보게 될 것입니다. 특히 예수님이 행하신 여러 역할과 그런 역할이 예수님에 대한 성경의 가르침을 이해하고 적용하는 데 어떻게 도움이 될 수 있는지에 관심을 기울일 것입니다. 당신이 예수님에 대해 더 많이 알면 알수록 예수님을 향한 당신의 사랑과 감사가 더 커지기를, 그리고 당신의 삶이 예수님의 삶을 더 분명하게 반영하게 되기를 기도합니다.

라 매클러플린

1부

구속자

장난감 배를 만든 어린 소년에 대한 오래된 이야기가 있다. 그 소년은 자신이 만든 배의 선체에 꼼꼼하게 칠을 하고 작은 돛을 만들어 달았다. 배가 완성되자 소년은 개울에 배를 띄웠다. 배는 한동안 잘 떠 있었지만 곧 물살에 휩쓸려 떠내려가고 말았다. 소년은 잃어버린 배를 찾으려 했지만 찾을 수 없었다. 얼마 후 소년은 어느 가게 진열창에서 자기 배를 발견하고는 깜짝 놀랐다. 그는 안으로 달려 들어가 말했다. "내 배가 여기 진열창에 있어요!" 그러자 점원은 대답했다. "얘야, 미안하지만 값을 치러야 한단다." 소년은 몇 주 동안 열심히 일해서 자기 배를 다시 살 수 있는 돈을 모았다. 그는 자신의 배를 손에 들고 가게를 떠나면서 이렇게 말했다. "작은 배야, 이제 너는 다시 내 거야. 내가 너를 만들었고, 너를 찾았고, 너를 다시 샀단다."

예수님과 그분의 백성과의 관계는 여러 면에서 이 어린 소년과 배의 관계와 비슷하다. 하나님의 아들이 우리를 창조하셨지만, 우리는 죄에 빠져 길을 잃어버렸다. 그럼에도 주님은 우리를 결코 잊지 않으셨다. 주님은 잃어버린 자를 찾아 구원하시기 위해 이 땅에 오셨다. 그리고 우리를 찾으신 후에는 우리를 죄에서 구원하시고 영광스러운 새 하늘과 새 땅에서 우리가 누릴 미래의 복을 확보하시기 위해 궁극적인 값, 즉 자신의 죽음이라는 값을 치르셨다.

1

영원

주요 용어와 개념

경륜적 삼위일체(economic Trinity)
목적(purpose)
신성(divinity)
야훼/여호와(*Yahweh/Jehovah*)
영원한 계획(eternal counsel)
예지(foreknowledge)
하나님의 본질(essence of God)
하나님의 위격들(persons of God)

구속 언약(covenant of redemption)
삼위일체(Trinity)
엘로힘(*Elohim*)
영원(eternity)
영원한 작정(eternal decree)
존재론적 삼위일체(ontological Trinity)
하나님의 속성(divine attributes)

예수님에 대해 말할 때 우리 그리스도인들은 보통 예수님의 지상 생애와 예수님이 지금 하늘에서 하고 계신 일에 초점을 맞춘다. 이런 것들도 모두 매우 중요한 가르침이기는 하지만, 사실 우리가 예수 그리스도로 알고 있는 삼위일체의 두 번째 위격은 우리의 영원하신 하나님이시다.

그러므로 우리가 신학적인 관점에서 예수님에 대해 생각할 때 예수님이 시초부터, 즉 역사가 시작되기 전부터 우리의 구속을 계획하시고 일하셨다는 것을 이해하기 위해서는 역사를 훨씬 더 거슬러 올라가 시작하는 것이 도움이 된다.

신학자들은 하나님이 영원의 영역에 존재하신다는 데 동의하지만, 이 영역의 성격에 대해서는 의견이 완전히 일치하지 않는다. 어떤 이들은 시간이 창조의 측면이며 영원의 측면이 아니기에 하나님의 창조 행위 이전의 시간에 대해 말하는 것은 불가능하다고 주장한다.

그러나 우리의 목적을 위해 여기서는 하나님이 우주를 창조하시기 전 영원 가운데 계셨던 하나님의 존재에 초점을 맞출 것이다. 창조 이전의 영원 가운데는 오직 하나님만 존재하셨다. 또한 하나님은 성부와 성자와 성령의 삼위일체로 존재하셨다. 성자가 우리의 구속자로서 영원한 사역을 수행하신 것은 바로 이 삼위일체 위격들의 맥락 안에서였다.

신성

예수님이 영원히 하나님으로 존재하시는 것을 예수님의 신성(divinity, deity)이라고 부른다. 성경은 신약 이전에는 예수님을 삼위일체의 구별되는 위격으로 계시하지 않는다. 그렇지만 성경은 예수님이 영원 전부터 하나님이시라고 가르친다. 그러므로 신약에서 예수님의 신성에 대해 말하는 것들은 우주 창조 이전에도 사실이었고, 영원토록 사실로 남을 것이다. 히브리서 13장 8절은 이렇게 말한다. "예수 그리스도는 어제나 오늘이나 영원토록 동일하시니라."

예수님의 신성에 대한 명시적인 진술

여러 본문이 예수님을 하나님이라고 직접 언급함으로써 예수님이 하나님이심을 명시적으로 가르친다. 예를 들어 요한복음 20장 28절에서 사도 도마는 예수님을 "나의 하나님"이라고 불렀다. 디도서 2장 13절에서 바울은 예수님을 "우리의 크신 하나님 구주 예수 그리스도"라고 했으며, 베드로후서 1장 1절에서 베드로는 예수님을 "우리 하나님과 구주 예수 그리스도"라고 불렀다. 그리고 요한일서 5장 20절에서 요한은 예수님을 "참 하나님이시요 영생이시라"라고 했다.

예수님의 신성을 명시적으로 언급하는 구절 중 가장 유명한 구절은 아마 요한복음 1장 1절일 것이다. "태초에 말씀이 계시니라 이 말씀이 하나님과 함께 계셨으니 이 말씀은 곧 하나님이시니라." 요한은 말씀이 곧 하나님이시며 태초부터, 즉 우주가 창조되기 이전부터 이 말씀이 계셨다고 주장한다. 그런 다음 요한복음 1장 14-18절에서 자기가 말하는 말씀이 곧 예수님이라고 말함으로써 예수님이 하나님이라는 사실에 의심의 여지를 남기지 않는다. 예수님은 모든 면에서 언제나 완전히 하나님이셨으며, 앞으로도 언제나 완전한 하나님이시다.

구약의 여호와

신약의 저자들은 또한 예수님을 구약의 여호와 하나님과 동일시함으로써 예수님을 하나님으로 인정했다. 구약에서 하나님은 자기 백성에게 자신을 **야훼**(*Yahweh*), 곧 **여호와**(*Jehovah*)라는 이름으로 계시하셨다. 많은 영어 성경은 이를 단순히 '통치자'나 '주인'을 의미하는 '주'(Lord)라는 말로 번역한다. 그러나 몇몇 역본들은 야훼나 여호와로 하나님의 이름을 유지한다. 어쨌든 신약의 저자들은 예수님을 구약의 여호와와 동일시함으로 예수님이 하나님이심을 분명히 한다. 예를 들어 구약 말라기 3장 1절과 이사야 40장 3절은 선지자나 사자가 여호와에 앞서 올 것이라고 이야기한다. 그런데 신약 마가복음 1장 2-3절은 세례 요한이 예수님을 위해 길을 예비했을 때 이 예언들이 성취되었다고 말한다. 다시 말해 세례 요한은 여호와 앞에 오는 선지자나 사자였으며, 예수님은 주 여호와 자신이셨다. 마찬가지로 바울도 빌립보서 2장 11절에서 예수 그리스도가 주님이시라는 기독교의 근본적인 선언을 언급함으로써 예수님과 여호와를 연관 지었다.

구약에서 하나님을 가리키는 또 다른 일반적인 이름은 히브리어로 **엘로힘**(*Elohim*)인데, 이 이름은 '지고하신 하나님'을 의미한다. 모세는 창세기 1장 1절에서 엘로힘이라는 이름을 사용하여 "태초에 하나님[엘로힘]이 천지를 창조하시니라"라고 말했다. 따라서 사도 요한이 "태초에"(요 1:1) 계신 하나님과 예수님을 동일시한 것은 예수님이 엘로힘, 즉 천지를 창조하신 분이시라는 말이었다. 더욱이 모세는 창세기 2장 4절에서 시작하는 천지 창조에 대한 두 번째 설명에서 여호와라는 이름을 사용했다. 그러므로 요한복음 1장 3절에서 만물이 예수님으로 말미암아 존재하게 되었다고 말했을 때, 요한은 구약에서 엘로힘과 여호와로 알려지신 창조주 하나님을 예수님과 동일시한 것이었다.

하나님의 속성

신약 저자들은 또한 하나님의 속성들을 예수님께 돌림으로 예수님의 신성을 확증했다. 이 속성들은 오직 하나님만 소유하시는 속성이므로, 만일 예수님이 이 속성을 소유하신다면 예수님은 하나님이심이 틀림없다. 예를 들어 히브리서 1장 2-3절은 예수님을 "아들"이라고 부르면서 예수님이 "하나님의 영광의 광채시요 그 본체의 형상이시라 그의 능력의 말씀으로 만물을 붙드시며"라고 말한다. 여기서 아들은 하나님 및 그분의 영광과 동일시되는데, 이는 아들의 신성을 암시한다. 또한 아들은 하나님의 창조와 보존의 무한한 능력을 행사하신다. 유한한 존재는 그 누구도 무한한 능력을 소유할 수 없으며, 오직 무한하신 하나님만이 소유하실 수 있다. 그러므로 아들은 하나님이심이 틀림없다.

당연히 요한복음의 처음 구절들 역시 하나님의 속성을 예수님께 돌린다. "태초에"(요 1:1) 말씀이 계셨다는 요한의 말의 의미는, 창세기 1장 1절에서 하나님이 창조 이전에 영원부터 계셨다고 가르치는 것과 마찬가지로, 무언가가 창조되기 이전에 영원부터 아들이 계셨다는 것이다. 다시 말해 하나님이 존재하시는 한 아들도 존재하셨다. 아들은 영원토록 아버지 하나님과 함께 존재하셨다. 그런데 오직 하나님만이 영원한 존재라는 속성을 소유하실 수 있으므로, 아들은 하나님이심이 틀림없다. 더욱이 창조 이전부터 예수님이 존재하셨기에 예수님은 창조되지 않으셨다. 오직 하나님만이 창조되지 않으셨는데(자존하시는데), 이것은 요한이 예수님께 돌리는 하나님의 두 번째 속성으로, 예수님이 완전한 신성을 지니셨음을 또다시 입증한다.

삼위일체

삼위일체 교리는 기독교 신앙에서 아주 중요하다. 한편으로 삼위일체 교리는 하나님이 우리의 이해력을 훨씬 넘어서신다는 것을 가르쳐 주는 교리들 가운데 하나다. 삼위일체 교리는 하나님이 신비하고 놀라우시다는 것을 가르쳐서 우리로 하나님을 경배하게 한다. 다른 한편으로 이 교리는 기독교를 다른 모든 종교와 구별되게 한다. 어떤 종교들은 하나님이 단순히 한 분이라고 믿고 또 다른 종교들은 많은 신이 있다고 믿지만, 성경의 삼위일체 교리는 하나님이 어떤 의미에서는 세 분이시고 어떤 의미에서는 한 분이시라고 가르친다. 역사적으로, 이 독특한 기독교 교리는 그리스도에 대한 우리의 고백의 핵심이었다.

'삼위일체'라는 용어는 성경에 나타나지는 않지만, 하나님이 세 위격이시며 한 본질이시라는 성경의 개념을 표현한다. '위격'이라는 용어는 자의식을 지닌 구별된 인격을 가리킨다. 성경은 하나님의 세 위격이 성부와 성자와 성령이라고 가르친다. 또한 '본질'이라는 용어는 하나님의 근본적인 본성 또는 하나님이 구성하시는 실체를 가리킨다.

기독교의 삼위일체 교리는 한 하나님이 성부 하나님과 성자 하나님과 성령 하나님이라는 세 위격의 연합으로 영원히 존재하신다고 가르친다. 그리스도인들이 하나님에 대한 이런 이해에 도달한 것은 오랜 세월 동안 성경과 씨름한 결과다. 이 교리 발전의 주요한 추동력은 초기 그리스도인들이 부활하고 승귀하신 그리스도를 숭배한 것이었다. 성경은 예수님이 하나님이시라고 분명하게 가르친다. 또한 성자가 성부와 똑같은 본성을 지니셨다고 말함으로 예수님이 하나님이심을 표현한다. 그러면 그리스도인들은 그리스도 숭배와 하나님이 한 분이심을 어떻게 조화시켰을까? 열쇠는 '위격'과 '본성'의 구분이었다. 마침내 그리스도인들은 성경의 인도를 받아, 성부 하나님과 성자 하나님이 존재로는 한 분이시지만 위격으로는 구분되신다고 확언했다.

키스 존슨(Keith Johnson)

존재론적 삼위일체

일반적으로 신학자들은 삼위일체를 두 가지 관점에서 설명해 왔다. 첫째로, 신학자들은 삼위일체 구성원들 사이의 존재론적 관계를 이야기해 왔다. '존재론적'(ontological)이라는 말은 '존재와 관련된'을 의미한다. 그러므로 삼위일체 위격들 사이의 존재론적 관계에 대해 생각할 때, 우리는 삼위가 어떻게 서로 통일되시는가 하는 점과 삼위가 하나의 신적인 본질이나 본성을 공유하신다는 사실에 관심이 있다. 하나님의 세 위격 모두가 똑같은 신적인 본질을 공유하시므로 세 위격 모두 무한성과 영원성, 불변성 같은 똑같은 하나님의 속성을 소유하신다.

바울은 삼위일체의 존재론적 측면에 대해 이렇게 말했다. 예수 그리스도는 "근본 하나님의 본체시나 하나님과 동등됨을 취할 것으로 여기지 아니하시고 오히려 자기를 비워 종의 형체를 가지사 사람들과 같이 되셨고 사람의 모양으로 나타나사 자기를 낮추시고 죽기까지 복종하셨으니 곧 십자가에 죽으심이라"(빌 2:6-8).

이 구절은 예수님에 대해 많은 것을 말한다. 그러나 우리는 '근본 하나님의 본체'라는 말에 초점을 맞추려 한다. 이 문구에서 바울은 성자가 하나님의 본성이나 본질을 성부 하나님과 공유하신다고 명시적으로 가르친다. 그리고 다른 구절들은 성령도 마찬가지라는 것을 보여준다(마 28:19; 행 5:3-4; 고후 13:14; 히 9:14; 벧전 1:2).

삼위는 모두 똑같은 하나님이시다. 요한복음 10장 30절에서 예수님은 친히 "나와 아버지는 하나이니라"라고 말씀하셨다. 예수님이 하시는 이 놀라운 말씀을 들은 자들은 불신자들조차도 예수님이 자기가 하나님이라고 주장하신다는 것을 이해했으며, 따라서 신성 모독을 이유로 예수님을 돌로 치려고 했다.

경륜적 삼위일체

신학자들이 삼위일체를 설명하기 위해 일반적으로 취하는 두 번째 관점은 경륜적 관점이라고 부를 수 있다. '경륜적'(economic)이라는 말은 '가정 경영과 관련된'을 의미한다. 따라서 삼위일체 안의 경륜적 관계에 대해 말할 때, 우리는 성부와 성자와 성령이 구별된 위격으로서 서로 어떻게 관계를 맺고 상호작용을 하시는지에 관심이 있다.

존재론적 관점에서 성자는 성부 및 성령과 똑같은 신적인 본질을 소유하신다. 그러나 경륜적 관계에서 성자는 성부의 뜻에 복종하시며 성령에 대해 권위를 가지신다. 따라서 예수님은 성부에 대해 "내가 하늘에서 내려온 것은 내 뜻을 행하려 함이 아니요 나를 보내신 이의 뜻을 행하려 함이니라"(요 6:38)라고 말씀하셨다. 또 "내가 스스로 아무것도 하지 아니하고 오직 아버지께서 가르치신 대로…항상 그가 기뻐하시는 일을 행하므로"(요 8:28-29)라고 하셨다. 삼위일체의 경륜에서 성자는 언제나 성부의 권위와 뜻에 따르신다.

마찬가지로 성부와 성자는 성령에 대해 권위를 가지신다. 요한복음 15장 26절에서 성자는 성령에 대한 자신의 권위에 대해 이렇게 말씀하셨다. "내가 아버지께로부터 너희에게 보낼 보혜사…그가 나를 증언하실 것이요." 성부가 성자를 보낼 권위를 갖고 계시듯이 성자도 성령을 보낼 권위를 갖고 계신다.

물론 삼위일체의 위격들 사이에는 어떠한 갈등도 없다. 성부와 성자와 성령은 언제나 의견이 일치하신다. 세 위격은 언제나 한 마음이시다. 그렇지만 관계의 경륜에 있어서는 명확한 위계질서가 있어서 성부가 최고의 권위를 가지시며, 그다음이 성자이시고, 마지막이 성령이시다.

우리가 삼위일체의 본성과 삼위의 관계를 완전히 이해하기란 불가능한 일이다. 그러나 삼위일체의 많은 측면을 이해할 수 없음에도 우리는 성경이 계시하는 점이 참되다는 것을 믿음으로 안다. 또한 우리는 삼위일체의 둘째 위격이 성부 및 성령과 존재론적으로 동등하시며, 경륜적으로 성부에게 복종하신다는 사실에서 위로와 격려를 얻을 수 있다.

계획

'영원한 계획'이나 '영원한 작정'은 하나님이 창조 사역 이전에 확정하신 우주에 대한 계획을 가리킨다. 하나님의 영원한 계획은 사도행전 2장 23절과 로마서 8장 28-30절, 베드로전서 1장 2절 같은 곳에 언급되어 있다.

하나님의 계획의 본질과 범위에 대해서는 신학 전통마다 서로 다른 믿음을 갖고 있다. 어떤 이들은 하나님의 영원한 계획이 역사의 세부 사항을 모두 포함한다고 믿는다. 다른 이들은 하나님이 어떤 일들은 정해 놓으셨지만 어떤 일들은 정하지 않으셨다고 믿는다. 그렇지만 그리스도가 성취하신 일이 하나님의 계획의 핵심이라는 데는 모두의 의견이 일치한다. 즉 하나님은 그리스도를 통한 구원을 예정하셨으며, 그리스도는 실패하지 않으셨다는 것이다.

바울이 말했듯이, 하나님은 창세 전에 우리로 사랑 안에서 그 앞에 거룩하고 흠이 없게 하시려고 그리스도 안에서 우리를 택하셨으며, 모든 일을 자신의 뜻의 결정대로 일하시는 그분의 계획을 따라 우리가 예정을 입었다(엡 1:4, 11). 하나님이 그리스도 안에서 행하신 일은 우연히 일어난 일이거나 예기치 않은 문제에 대한 해결책이 아니라 하나님의 영원한 작정에 따라 정해진 일이었다.

예지와 목적

그런데 그리스도에 대한 하나님의 영원한 계획에 대해 생각할 때 예지와 목적이라는 두 가지 측면을 구분하는 것이 도움이 된다. 이사야 46장 10절은 하나님의 영원한 계획의 이 두 가지 측면이 분명하게 드러나는 구절인데, 여기에서 하나님은 이렇게 말씀하셨다. "내가 시초부터 종말을 알리며 아직 이루지 아니한 일을 옛적부터 보이고 이르기를 나의 뜻이 설 것이니 내가 나의 모든 기뻐하는 것을 이루리라 하였노라." 하나님의 예지에 대해 하나님은 시초부터, 즉 창세 전부터 자신이 아직 일어나지 않은 일을 알고 계셨다고 말씀하셨다. 하나님의 목적에 대해 하나님은 자신의 모든 계획이 이루어질 것이라고 말씀하셨다.

예지는 역사의 과정에서 발생할 사건들에 대해 창조 이전에 하나님이 지니신 지식을 가리킨다. 성부와 성자와 성령은 모든 것을 알고 계시며, 이 삼위의 지식은 미래에까지 미친다(사 42:9; 45:11-13; 행 15:17-18). 만물을 창조하신 하나님의 목적은 그리스도 안에서 하나님 나라를 통해 하나님의 영광을 드러내시고 높이시기 위함이었다(시 145편; 딤전 1:17; 히 1:1-13; 벧전 1:20-2:9; 계 1:5-6).

구속 언약

최근 몇 세기 동안 일부 신학자는 그리스도 안에서 하나님 나라를 통해 하나님의 영광을 높이시려는 하나님의 영원한 계획을 '구속 언약'으로 설명하는 것이 도움이 된다는 점을 알게 되었다. 성경은 창세 전에 하나님의 위격들이 구속을 확보하여 타락한 피조물에 적용하기로 엄숙하게 합의하셨다는 것을 보여준다. 특히 성자는 타락한 인류를 죄로 말미암은 결과에서 구속하기 위해 성육신하여 죽기로 약속하셨다. 그리고 성부는 죄인들의 구속을 위한 대가로 성자의 희생을 받기로 약속하셨다. 또한 일부 신학자는 구속받은 죄인들에게 구원을 적용하기로 한 성령의 약속을 구속 언약에 포함하기도 한다.

구속 언약은 예수님이 성육신을 통해 이미 행하신 일과 계속 행하시는 일을 설명한다. 이 언약을 통해 맺어진 약속은 시편 110편과 에베소서 1장

3-6절 같은 곳에 언급되어 있으며, 베드로전서 1장 20절과 요한계시록 13장 8절 같은 곳에 암시되어 있다. 일례로 요한복음에 나오는 예수님의 말씀을 생각해 보라. "내가 하늘에서 내려온 것은 내 뜻을 행하려 함이 아니요 나를 보내신 이의 뜻을 행하려 함이니라 나를 보내신 이의 뜻은 내게 주신 자 중에 내가 하나도 잃어버리지 아니하고 마지막 날에 다시 살리는 이것이니라 내 아버지의 뜻은 아들을 보고 믿는 자마다 영생을 얻는 이것이니 마지막 날에 내가 이를 다시 살리리라"(요 6:38-40).

구속 언약은 성부가 자기 백성을 위해 구원을 계획하시고, 세상에 와서 성육신할 육체를 성자에게 주겠다고 결정하신 합의다. 성자는 이 땅에 오셔서 자신의 완전한 삶을 십자가 위에 내려놓고 하나님의 백성을 위한 대속물이 되겠다고 동의하신다. 이 언약은 또한 그리스도가 이루시는 일을 하나님의 백성에게 적용하는 분인 성령을 보내시는 것을 포함한다.
제프 로먼(Jeff Lowman)

하나님의 영원한 계획은 모든 신자에게 놀라운 위로의 근거임이 틀림없다. 영원 전부터 하나님은 자신의 영광을 드러내시기 위해, 그리고 인류가 그리스도의 자비로운 통치 아래 살기에 적합한 장소가 되도록 피조계를 설계하셨다. 어떤 것도 하나님을 놀라시게 할 수 없으며, 어떤 것도 이 영원한 계획을 좌절시킬 수 없다. 하나님은 인류가 죄에 빠지는 것에 충격을 받지 않으셨으며, 우리의 구원은 예기치 않게 망가진 어떤 것을 고치시려는 하나님의 최후 시도가 아니다. 반대로, 모든 일은 하나님의 계획에 따라 일어난다. 놀랍게도 바로 이 하나님이, 즉 만물의 설계자이자 창조자이신 하나님이 나사렛 예수로 성육신하셨다. 하나님은 그분의 영원한 목적에 따라, 그리고 우리를 회복시키기 위해 피조계에 들어오셨다.

구속은 창세 전에 하나님 안에서 구상된 영원한 계획과 관련이 있다. 이 신비는 우리가 헤아릴 수 없다. 하나님은 무한하시고, 어떤 일들은 우리에게 감춰져 있으며, 하나님은 그 일들을 밝히지 않으셨다. 그러나 우리는 하나님이 밝히신 모든 것은 이해하기를 원한다. 성경은 삼위일체 하나님이 자기의 영광을 영원히 나타내실 언약을 삼위 사이에 맺으셨다는 사실을 보여준다. 이 구속의 일부로 하나님 이외의 존재들이 하나님의 영광을 누릴 것이며, 그 누림은 끝없이 커질 것이다. 성경을 보면, 하나님은 형벌을 받아 마땅한 죄악된 인간들을 택하시고 구속하심으로 이 일을 행하셨다. 성경에서 알 수 있는 대로 이 언약은 창세 전에 이루어졌다. 성부는 백성을 선택하실 것이고, 성자는 죽으심으로 그 백성을 구속하기 위해 오실 것이며, 성령은 그 백성을 하나님께로 이끄셔서 죄로 인한 부패를 제거하심으로 그들이 회개하고 그리스도를 영접하게 하실 것이다.

토머스 J. 네틀스(Thomas J. Nettles)

The Life
and Work
of Jesus

복습 문제

1. 성경은 그리스도의 신성에 대해 무엇을 가르치는가?
2. 성경적인 삼위일체 개념을 설명하라. 신학자들이 존재론적 삼위일체와 경륜적 삼위일체라는 말을 써서 나타내려는 의미는 무엇인가?
3. 그리스도에 대한 하나님의 영원한 계획은 무엇인가?

토론 문제

1. 예수님이 영원하신 하나님이시라는 사실을 아는 것은 당신이 성경을 읽는 방식에 어떤 영향을 미치는가?
2. 삼위일체의 각 위격이 하는 역할을 이해하는 것은 우리의 복음 전도에 어떻게 도움이 되는가?
3. 당신은 하나님의 영원한 구원 계획에서 어떤 위로와 격려를 발견하는가?

참고 도서

Bavinck, Herman. *Reformed Dogmatics*. Edited by John Bolt. Translated by John Vriend. 4 vols. Grand Rapids: Baker Academic, 2003-2008.

Bray, Gerald. *The Doctrine of God*. Downers Grove, IL: InterVarsity Press, 1993.

Poythress, Vern S. *Knowing and the Trinity: How Perspectives in Human Knowledge Imitate the Trinity*. Phillipsburg, NJ: P&R Publishing, 2018.

Reymond, Robert L. *Jesus, Divine Messiah: The New Testament Witness*. Phillipsburg, NJ: Presbyterian and Reformed, 1990.

Warfield, Benjamin B. "The Biblical Doctrine of the Trinity." In *Biblical Doctrines*. Vol. 2 of *The Works of Benjamin B. Warfield*. Reprint, Grand Rapids: Baker Book House, 2003.

1장 퀴즈

2

창조

주요 용어와 개념

구속자(Redeemer)   부패(depravity)
인류의 타락(fall of humanity)   죄책(guilt)
창조 주간(creation week)   최초의 복음(first gospel)
하나님 나라의 지연(delay of God's kingdom)
허무한 데 굴복함(subjection to futility)

이 장의 목적을 위해, 우리는 창조의 초기 기간이 창조 주간에서 시작하여 인류가 죄에 빠져 타락하고 에덴동산에서 추방되는 데서 끝나는 것으로 정의할 것이다. 이 사건들은 성경 전체에 걸쳐 자주 언급되지만 주로 묘사되는 곳은 창세기 1-3장이다.

창조 주간

하나님의 세상 창조에 대해 말할 때 우리 그리스도인들의 생각은 보통 성부 하나님께 기울어진다. 그러나 성경은 창조 때에 성자가 성부 곁에 계셨으며, 성부가 성자로 말미암아 또는 성자를 통해 세상을 창조하셨다고 가르친다. 예를 들어 골로새서 1장 16절은 성자가 창조에 참여하심에 대해 이렇게 말한다. "만물이 그에게서 창조되되 하늘과 땅에서 보이는 것들과 보이지 않는 것들과…만물이 다 그로 말미암고 그를 위하여 창조되었고." 이 구절에서 바울은 창조가 성자로 말미암아, 일부 번역본에 따르자면 성자를 통해 이루어졌다고 분명하게 말한다. 요한복음 1장 1-3절과 히브리서 1장 2절에서도 비슷한 개념을 볼 수 있다.

골로새서 1장은 성자 하나님이 만물을 지으셨으며, 만물이 그분을 위해 지어졌고, 또한 그분 안에서 존속한다는 것을 우리에게 상기시키는 풍성한 본문이다. 실제적으로 말하자면, 이것이 의미하는 바는 피조물을 만들고 지으신 분, 자연법칙과 그분 자신의 신적인 의지의 결합을 통해 피조물을 유지하시는 분이 바로 우리가 이 땅에서 피조물의 일부로서 그리고 성령에 의해 재창조될 때 경험하는 일을 아시는 분이라는 점을 우리가 확신할 수 있다는 것이다. 오늘날에도 하나님의 본래 목적 및 하나님의 섭리와 연결되는 복됨을 누릴 수 있다.
제임스 D. 스미스 3세(James D. Smith III)

창조의 시초에 성자는 **로고스**(Logos), 즉 참 말씀으로 존재하셨다. 창세기 1장에서 하나님은 "빛이 있으라"(창 1:3), "물이 한곳으로 모이고 뭍이 드러나라"(창 1:9)라고 하심으로, 말씀으로 창조하신다. 그런데 요한복음에서 요한은 "말씀이 육신이 되어"(요 1:14)라고 선언한다. 그러므로 우리는 예수님이 진리와 말씀과 로고스이시며, 하나님이 예수님을 통해 온 우주를 창조하시고 다스리신다고 이해한다.
스티븐 찬(Stephen Chan)

신약을 읽으면서 우리는 구약을 전혀 새로운 시각으로 읽게 하는 놀라운 점들을 아주 많이 발견한다. 예를 들어 요한복음 서언에서 우리가 발견하는 사실들 가운데 하나는 그리스도가 태초부터 존재하셨다는 것이다. 그리스도는 구약의 모든 구절에 들어 있다. 요한은 우리에게 창조로 거슬러 올라가라고 이야기한다. 그리고 그리스도가 창조의 주체이신 말씀, 즉 하나님의 로고스이시며, 하나님이 그리스도를 통해 세상을 만드셨다고 이야기한다. 그다음 골로새서에서 바울은 성자가 세상을 창조하셨을 뿐만 아니라 만물을 존재하게 하셨다고 말한다. 그런데 창세기는 하나님이 말씀하셨다고 이야기한다. 즉 하나님의 창조는 말씀으로 이루어졌다. 하나님은 말씀을 발하셨다. 따라서 우리는 그 말씀이 그리스도라고 이해한다.
R. 앨버트 몰러 2세(R. Albert Mohler, Jr.)

흥미롭게도 성경의 창조 이야기는 천지 창조 이전에 일어난 일에 초점을 맞추는 것으로 시작하지 않는다. 대신에 어떻게 하나님이 자신이 기뻐하시는 방식으로, 즉 우주에 대한 자신의 영원한 계획에 일치하는 방식으로 우주의 질서를 세우시고 우주를 채우셨는지를 이야기하는 데 시간을 들인다. 창세기 1장 1절은 창조 기사의 표제 역할을 하며, 하나님이 창조주이심을 알려 준다.

그런 다음 창세기 1장 2절은 세상의 시초 상태를 이렇게 묘사한다. "땅이 혼돈하고 공허하며 흑암이 깊음 위에 있고." 하나님이 질서를 세우시고 채우시기 전에 우주는 형체가 없었고 모양이나 질서가 없었다. 거주하는 피조물이 없는 공허한 상태였다. 이런 상태의 세상은 하나님의 영광스러운 나라가 되기에 부적합했다. 따라서 하나님은 피조계를 채우고 질서를 세우시는 데 6일을 보내셨다. 그리고 이런 하나님의 창조 방식은 세상에 대한 하나님의 영원한 계획의 근본적인 차원들을 보여준다.

창조의 처음 3일 동안 하나님은 세상에 형태 또는 모양을 부여하셨다. 하나님은 말씀의 능력으로 빛과 어둠, 하늘과 바다, 마른 땅과 물을 분리하셨다. 그리고 나중에 만드실 피조물의 식물이 될 초목을 창조하셨다.

성경, 특히 창세기는 인류와 하나님의 본래 관계를 풍성하게 묘사한다. 인간은 하나님의 창조의 최고 절정이다. 여섯째 날 마지막에 "하나님이 이르시되 우리의 형상을 따라 우리의 모양대로 우리가 사람을 만들고"(창 1:26)라고 하신다. 하나님은 하나님의 형상과 모양대로 사람 곧 남자와 여자를 만드셨다. 따라서 인간은 하나님이 피조물에 자신의 형상과 모양을 넣기 원하신 모든 것의 극치다.

창세기 2장은 같은 사실을 약간 다른 말로 묘사한다. 하나님은 땅의 흙으로 아담을 지으시고 생기를 불어넣으셨다. 하나님은 자신의 신적 생명을 아담에게 나누어 주셨다. 그러므로 인류와 하나님의 본래 관계는 아마도 인간이 피조계에서 하나님의 친구, 하나님의 자녀, 하나님의 동반자가 되는 것이라는 말로 가장 잘 설명이 될 것이다. 즉 인간은 하나님을 섬길 뿐만 아니라, 가장 중요하게는 하나님을 알고 사랑해야 했다.

스티브 블레이크모어(Steve Blakemore)

창조의 두 번째 사흘 동안 하나님은 비어 있던 세상을 채우심으로 하나님 나라가 올바로 질서를 잡고 다스려지게 하셨다. 하나님은 계절을 표시하기 위해 해와 달과 별을 창조하셨다. 해가 낮을 주관하고 지배하며 달이 밤을 지배하도록 지정하셨다. 그런 다음 물에 사는 물고기와 다른 바다 생물들을, 공중에 사는 새들을 창조하셨으며, 땅 위에 사는 모든 동물을 창조하셔서 마른 땅을 채우셨다. 마지막으로 하나님은 인간을 창조하셔서 땅에 충만할 뿐 아니라 물과 하늘과 땅의 모든 피조물을 다스리게 하셨다. 인류의 창조에 대한 다음 설명을 읽어 보라. "하나님이 자기 형상 곧 하나님의 형상대로 사람을 창조하시되 남자와 여자를 창조하시고 하나님이 그들에게 복을 주시며 하나님이 그들에게 이르시되 생육하고 번성하여 땅에 충만하라, 땅을 정복하라, 바다의 물고기와 하늘의 새와 땅에 움직이는 모든 생물을 다스리라 하시니라"(창 1:27-28).

창조 주간 여섯째 날 마지막까지 하나님은 우주를 창조하여 하나님 나라가 되게 하셨으며, 인류를 임명하여 하나님께 영광을 돌리는 방식으로 땅을 다스리게 하셨다. 그러나 궁극적으로 피조물을 다스리는 인류의 권위는 그리스도의 왕권을 통해 실현된다. 바울의 말을 다시 생각해 보라. "만물이 그[그 아들]에게서 창조되되 하늘과 땅에서 보이는 것들과 보이지 않는 것들과 혹은 왕권들이나 주권들이나 통치자들이나 권세들이나 만물이 다 그로 말미암고 그를 위하여 창조되었고"(골 1:16). 이 구절에서 바울은 왕권들과 주권들, 통치자들, 권세들을 강조했다. 성경에서 창조는 단지 존재에 대한 것만이 아니라 지배의 문제이기도 하다. 세상은 하나님의 영원하신 아들의 통치 아래 하나님의 나라가 되기 위해 존재한다.

히브리서 1장 2절에서도 똑같은 연관성을 볼 수 있다. "[하나님이] 이 아들을 만유의 상속자로 세우시고 또 그로 말미암아 모든 세계를 지으셨느니라." 히브리서 저자는 성자의 창조 사역을 성자가 만물을 상속하실 것이라는 사실,

즉 성자가 왕으로서 피조계 전체를 다스리실 것이라는 사실과 연결했다. 실제로 이 주제는 히브리서 1장 전체를 관통한다.

창조는 성자 하나님을 통해, 그리고 그분으로 말미암아 이루어졌다. 성경은 창조의 목적이 하나님의 영원하신 아들의 통치 아래 피조계가 하나님 나라로서 섬기는 것이라고 일관되게 가르친다. 우리는 심지어 성자의 창조 사역이 성자의 왕권과 권위의 표현이었다고 말할 수도 있다. 성자는 피조계를 창조하셨기 때문에 피조계를 다스릴 권위를 가지고 계신다. 그러므로 모든 피조물은 왕이신 성자 하나님께 기꺼이 공손하게 복종해야 한다.

> 기독교 신앙의 흥미로운 진리 가운데 하나는, 우리 주님이자 구주이신 예수 그리스도가 우주의 창조에서 중요한 역할을 하셨다는 것이다. 우리 주님, 우리 구주는 분명히 우리의 구속자이시다. 하지만 더 완전한 표현은 그분이 우리의 창조주이자 구속자라는 것이다. 이것은 우리에게 여러 가지 중요한 의미가 있다. 첫째, 우리 구주가 얼마나 위대하신가를 상기시킨다. 그분은 만물의 창조주이시다. 이는 정말로 경이로운 생각이다. 둘째, 성자가 성부보다 못하다고 생각하는 잘못에 빠지지 않게 해준다. 오히려 성자는 이 놀라운 우주를 창조하는 일에 온전히 참여하셨다. 셋째, 예수 그리스도의 마음이 주님의 교회에만 미치는 것이 아니라 창조 질서 전체와 모든 피조물에게까지 미치며, 따라서 우리가 마지막 때에 그리스도를 통해 완전히 이루어지기를 고대하는 구속이 또한 신음하고 있는 이 피조물의 구속이 될 것임을 상기시킨다. 마지막으로, 예수 그리스도를 따르는 이들이 예수님과 같은 마음을 품어야 한다는 것, 즉 이 세상을 창조하신 예수님처럼 우리도 이 세상과 세상의 거주자들에게 관심을 기울여야 한다는 것을 상기시킨다.
>
> **글렌 G. 스코기**(Glen G. Scorgie)

인류의 타락

인류가 죄에 빠지는 것은 비극적인 이야기다. 하지만 이 사건도 성자의 중요성을 보여준다. 창세기 2장에서 하나님은 우리의 첫 조상인 아담과 하와를 창조하시고 그들을 아름다운 에덴동산에 두셨다. 그들이 할 일은 에덴동산을 돌보는 것과 그 동산을 확장하여 온 세상을 채울 만큼 충분한 자손을 낳아 지구 전체를 하나님이 거하시기에 적합하게 만드는 것이었다. 그러나 창세기 3장에서 사탄은 뱀의 모습으로 하와를 유혹하여 하나님이 금하신 선악을 알게 하는 나무의 열매를 먹게 했다. 하와는 그 열매를 먹자마자 아담에게 주었고, 아담도 그것을 먹었다. 이것이 인류의 첫 번째 배신행위였다. 아담과 하와는 뱀의 말을 신뢰함으로 하나님의 돌보심과 경고를 불신하는 행동을 했다.

하나님은 아담과 하와, 뱀을 저주하심으로써 이 죄에 대응하셨다. 이 저주의 심판은 인류가 불순종한 결과를 요약하는 것이며, 이는 하나님의 창조 목적의 성취를 지연시켰다. 그러면 이 모든 일에서 성자 하나님은 어떤 역할을 하셨는가? 인류가 죄를 지었을 때 성자는 성부 및 성령과 함께 인류를 저주하는 일에 참여하셨으며, 바로 이 저주에서 마침내 인류를 구원하러 오실 약속된 구속자가 성자이셨다는 것으로 성자의 사역을 요약할 수 있다.

개인적인 결과

아담과 하와가 죄를 지었을 때 하나님은 일반 생식법을 통해 그들에게서 나는 모든 인류, 즉 예수님을 제외한 모든 인간을 저주하셨다. 이 저주는 극적인 방식으로 우리 모든 사람에게 고통을 주었으며, 우리 존재의 모든 측면에 영향을 미쳤다. 우리의 목적을 위해 이 저주들을 네 가지 범주로 요약할 수 있다.

깨진 관계. 하나님은 이 세상을 자신의 피조물과 함께 거하실 장소로 설계하셨다. 그러나 아담과 하와의 죄는 그들을 하나님에게서 멀어지게 했다. 그들과 하나님의 교제가 깨졌다. 그들의 불순종은 수치심을 불러일으켰고, 그들은 하나님의 임재에 대한 만족과 확신을 잃어버렸다. 따라서 그들은 동산에서 하나님과 함께 거닐며 대화하기보다 하나님의 임재를 피해 숨었다. 이 교제는 단지 인간의 관점에서만 깨진 것이 아니었다. 하나님도 그들의 존재를 거부하시고 에덴동산에서 추방하셨다. 결과적으로 인류의 가장 큰 필요 가운데 하나는 이 관계를 회복하는 것이다.

나아가 인류와 하나님과의 관계가 깨진 결과로 아담과 하와의 교제도 깨졌다. 이는 그들이 벌거벗은 것을 부끄러워하게 되고 무화과나무 잎으로 몸을 가렸다는 사실에서 분명히 알 수 있다. 또 창세기 3장 16절에서 하나님이 인류에게 선언하신 저주에서도 이런 사실을 볼 수 있다. 여기서는 결혼생활에서 죄가 갈등의 원인이라고 말한다. 따라서 인류는 이런 인간관계의 회복을 위해서도 구속이 필요하다.

> 인류가 죄에 빠진 것은 근본적으로 하나님에 대한 반역이었다. 즉 그것은 하나님의 성품을 반영하는 하나님의 도덕적인 명령에 대한 위반이었다. 이 반역은 모든 면에서 비극적인 분리를 낳았지만, 무엇보다도 하나님과의 분리를 낳았다. 하나님의 형상으로 창조된 하나님의 피조물인 우리는 하나님을 영화롭게 하도록 지음을 받았지만, 그렇게 하지 않는다. 우리는 언제나 하나님의 영광에 미치지 못하는데, 우리가 에덴동산에서 하나님께 반역했을 때 하나님은 의도적으로 피조물을 저주하셔서 하나님 자신과 피조물을 분리하셨다. 따라서 인류는 안전과 의미, 정체성, 존재의 궁극적인 원천과 단절되어 있다. 우리는 하나님과 분리되어 있다.
>
> 우리는 또한 서로 분리되어 있다. 하나님이 인간이 모든 기쁨과 정체성과 만족을 하나님 안에서 찾도록 의도하셨기 때문이다. 따라서 우리가 그렇게 하지 않을 때 우리는 세상에서 그것들을 찾는다. 사람들은 우리의 애정과 사랑의 대상이 되기보다 우리가 정체성을 찾기 위해 추구하는 이 세상 것의 경쟁자가 된다. 이는 우리를 사람들과 분리시킨다.
>
> **K. 에릭 토에네스**(K. Erik Thoennes)

죄책. 타락의 결과로 인류는 아담의 죄에 대한 죄책을 짊어지고 있다. 바울은 이 문제를 "한 범죄로 많은 사람이 정죄에 이른 것"(롬 5:18)이라고 설명했다. 아담의 불순종 행위 하나가 모든 인류를 정죄했다. 다시 말해 하나님은 아담의 죄를 모든 타락한 인간의 죄로 간주하시며, 따라서 우리가 모두 첫 범죄에 대해 유죄라고 여기신다. 하나님이 이렇게 하시는 이유는 아담이 모든 인류의 언약 대표였기 때문이다. 아담은 자신을 대표했을 뿐만 아니라 그의 아내와의 자연적인 생식법을 통해 나올 다른 인간들도 대표했다. 결과적으로 우리는 이 죄책과 그것으로 말미암는 영원한 형벌에서 우리를 해방할 구속이 필요하다.

로마서 5장은 한 사람 아담으로 말미암아 죄가 세상에 들어왔으며 모든 사람에게 사망이 이르렀는데, 이는 모든 사람이 죄를 지었기 때문이라고 말한다. 이 말은 아담 안에서 모든 사람이 죄를 지었다는 것을 의미한다. 아담은 인류 전체를 대표했으며, 따라서 아담이 죄를 지었을 때 그의 죄책과 타락한 본성이 인류 전체에게 전가되었다. 비록 정확한 비유는 아니겠지만, 하나님이 아담을 창조하실 때 아담 안에 작은 독약 병을 넣어 두시고 "만일 네가 내 뜻을 거스르면 그 작은 병이 깨질 것이다."라고 말씀하셨다고 생각할 수 있다. 아담이 하나님의 뜻을 거슬렀을 때, 그 작은 병이 깨져 아담의 생각을 오염시켰고(아담은 바른 사고를 하지 않았다), 아담의 마음을 오염시켰으며(아담은 바른 것을 사랑하지 않았다), 아담의 의지를 오염시켰다(아담은 바른 것을 선택하지 않았다). 그런 다음 아담이 아이를 낳자 그 타락한 본성이 그들에게도 전달되었으며, 따라서 인류 전체는 하나님을 반역하는 타락한 본성을 갖고 태어난다.
프랭크 M. 바커 2세(Frank M. Barker, Jr.)

부패. 아담의 죄는 모든 타락한 인류의 부패를 낳았다. '부패'라는 신학 용어는 죄로 인한 인간 본성의 오염을 가리킨다. 신학 전통마다 부패의 정도를 다르게 이해하지만, 모든 복음주의 그리스도인은 우리가 하나님의 호의를 얻는 것을 부패가 방해한다는 데 동의한다.

성경은 로마서 3장 9-18절 등 많은 곳에서 인간 본성의 부패에 대해 말한다. 바울이 하는 다음 말을 곰곰이 생각해 보라. "의인은 없나니 하나도 없으며 깨닫는 자도 없고 하나님을 찾는 자도 없고 다 치우쳐 함께 무익하게 되고 선을 행하는 자는 없나니 하나도 없도다"(롬 3:10-12).

바울은 인간의 부패에 대한 성경의 일관된 가르침을 강조하기 위해 구약의 여러 구절을 결합했다. 우리의 행위가 부패했기 때문에 의인이 하나도 없고, 선을 행하는 자가 하나도 없다. 우리의 지성이 부패했기 때문에 깨닫는 자가 하나도 없다. 또한 우리의 의지가 영향을 받았기 때문에 하나님을 찾는 자가 하나도 없다. 사실 바울은 인간 본성이 우리의 거룩하신 하나님 앞에서 무가치하게 되었다고까지 말했다. 우리는 하나님의 복을 받을 자격이 없으며, 자신을 구속하기 위해 아무것도 할 수 없다. 우리를 구해 줄 다른 누군가가 필요하다.

고난, 고통, 죽음. 타락 이전에는 삶이 완벽하고 만족스러웠다. 인간은 고통과 고난, 질병, 죽음을 겪지 않았다. 그러나 아담과 하와가 죄를 지은 다음에 하나님은 그들과 그들에게서 자연적으로 태어나는 모든 자손을 저주하셨다. "여자에게 이르시되 내가 네게 임신하는 고통을 크게 더하리니 네가 수고하고 자식을 낳을 것이며…아담에게 이르시되…땅은 너로 말미암아 저주를 받고 너는 네 평생에 수고하여야 그 소산을 먹으리라 땅이 네게 가시덤불과 엉겅퀴를 낼 것이라…네가 흙으로 돌아갈 때까지 얼굴에 땀을 흘려야 먹을 것을 먹으리니"(창 3:16-19).

> 20세기가 시작되었을 때 세계에는 많은 낙관론이 일어났다. 특히 서양에서 그랬는데, 이는 과학의 발전과 교육 기회의 확대, 모든 기술적 발견과 진보 때문이었다. 철학자들과 사회 과학자들, 심지어 자유주의 신학자들 가운데서도 낙관주의 분위기가 팽배했다. 20세기는 더 이상 전쟁이 없는 평화의 세기가 된다고 생각했다. 인간의 이성이 다스리는 세기, 이성적인 존재가 서로 죽이지 않는 세기가 된다고 여겼다. 이런 낙관적인 인간론은 죄에 대한 교리가 없었기에 잘못된 것이었으며, 따라서 사회적 재앙을 초래했다. 제1차 세계 대전, 볼셰비키 혁명, 홀로코스트, 제2차 세계 대전, 히틀러, 나치즘 등이 일어났다. 기록된 자료가 허락하는 대로 계산해 보면, 20세기 말까지 전쟁으로만 약 1억 1,280만 명의 민간인과 군인이 죽었다. 이는 지난 4세기 동안 누적된 숫자의 네 배다.

이것은 우리에게 무엇을 말해 주는가? 무언가 근본적으로 잘못된 것이 있다는 것이다. 단지 사회적 상황뿐만 아니라 모든 지식, 과학의 발전, 문명의 혜택에도 문제가 있다. 인간의 본성에는 무언가 근본적인 문제가 있다. 그리고 그 문제는 바로 '죄'다. 죄라는 말은 언론이나 학계에서 별로 인기가 없다. 라인홀드 니부어(Reinhold Niebuhr)가 말했듯이, 죄에 대한 기독교 교리는 모든 교리 가운데 가장 인기가 없는 것이지만, 가장 압도적인 경험상의 증거를 어디에서나 볼 수 있는 것이다.
피터 쿠즈믹(Peter Kuzmič)

    이런 저주는 인간에게 고통과 고난을 가져다주었을 뿐만 아니라 또한 하나님이 그들에게 맡기신 임무를 완수하지 못하게 방해했다. 인류는 번성하여 땅을 채우는 일과 땅을 일구고 돌보는 일, 땅을 다스리고 하나님 나라를 확장하는 일에 어려움을 겪기 시작했다. 더 심각하게 모든 인류가 죽음을 겪기 시작했다. 이 저주는 인간의 모든 세대에 걸쳐 확대되었다. 따라서 우리가 인류에 대한 하나님의 목적을 성취하려면 이런 방해물에서 우리를 구원하여 우리를 복되고 기쁨에 찬 존재로 회복시킬 수 있는 구속자가 필요하다.

타락의 결과 하나님은 남자와 여자를, 그리고 사실은 피조물 전체를 심판하셨다. 예를 들어 아담과 하와가 타락 전에 종사하던 일이 노동이 되어 인간은 일과 애증의 관계를 맺게 되었다. 남자와 여자의 관계도 변질되고 왜곡되었다. 더 많은 하나님의 형상을 창조하기 위해 하나님이 주신 또 다른 은사인 출산이 고통스러워졌다. 기본적으로 전체적인 결과는 하나님이 아담과 하와에게 계속 누리도록 주신 선한 것들이 어떤 면에서 뒤틀리고 왜곡되었으며, 따라서 온전히 누리지 못하게 되었다는 것이다.
사이먼 비버트(Simon Vibert)

보편적인 결과

    인류가 하나님 나라 목적의 중심이기 때문에 우리의 반역은 온 세계에 저주를 가져왔다. 그때부터 계속해서 인간 사회는 하나님의 영광보다는 자신의 영광을 위해 살아왔다. 우리는 서로를 부당하고 불공평하게 대했다. 또한 하나님의 뜻에 끊임없이 반역함으로써 지상의 하나님 나라는 자애로운 왕이시며 창조주이신 하나님의 완전한 영광을 드러내지 못했다. 자연계도 영향을 받았다. 부패와 죽음이 땅과 모든 피조물을 오염시키고 손상시켰다. 따라서 피조계의 모든 측면에서 구원과 구속이 필요하다.

인류 타락의 결과로 인류는 자기 길로 돌아섰다. 죄는 하나님의 계명에 대한 불순종이며, 인간은 완전하지 않다. 인간은 더 이상 하나님의 기준에 도달할 수 없다. 따라서 타락 이후 우리는 하나님과 분리되었으며, 인류 전체가 죽음이라는 현실을 마주하고 있다. 예외 없이, 하나님이 보시기에 의로운 사람은 아무도 없다. 비록 인간이 여전히 하나님의 형상이기는 하지만, 우리는 부패했다. 그리스도 안에서 구속을 얻지 않고는 아무도 자연적으로 하나님을 찾을 수 없으며, 선에 대한 하나님의 기준에 부응하여 살 수 없다.
스티븐 찬(Stephen Chan)

인간에게는 구속자가 필요하며, 하나님을 거스르는 죄의 본질 때문에 하나님이 인간의 구속자가 되셔야 한다. 하나님은 우주를 존재하게 한 비인격적인 힘이 아니시다. 삼위일체 교리가 하나님이 성부와 성자와 성령이시라고 말하듯이, 하나님은 인격이시다. 하나님은 친밀하게, 심오하게 인격적이시기 때문에 우리의 죄는 하나님을 인격적으로 거스르는 것이다.
우리의 죄는 다름 아닌 우리의 창조주에 대한 배신이며, 우리의 죄가 배신이기 때문에 이를 바로잡기 위해 우리가 할 수 있는 일이 아무것도 없다. 배신당한 당사자만이 그 배신에 대해 무언가를 할 수 있을 뿐이다. 하나님이 우리에게 구속을 베푸시고 깨진 관계를 바로잡으실 때, 비로소 우리는 구속을 얻을 수 있다.
그런데 우리는 또한 죄가 인간의 상태에 끼친 일 때문에도 구속자가 필요하다. 죄는 우리를 옭아맸다. 우리가 하나님을 외면하고 우리 자신에게로 돌아섬에 따라, 죄는 끌어당기는 강력한 힘으로 우리를 옭아맸다. 오직 하나님의 은혜만이 우리가 자신의 죄에서 벗어나 다시 한 번 우리의 마음과 삶을 하나님께로 향하게 할 수 있다. 하나님과 우리의 관계를 바로잡을 수 있는 분, 우리의 죄악된 상태에 손을 내밀어 죄의 권세를 풀어 줄 수 있는 분만이 우리를 구원할 수 있는 유일한 구속자이시다.
스티브 블레이크모어(Steve Blakemore)

하나님 나라의 지연. 하나님이 세상을 창조하셨을 때는 유일하게 에덴동산만이 낙원이었다(창 2:8). 나머지 세상은 개발되지 않았다. 창세기 1장 28절에 따르면 땅을 정복함으로, 즉 땅을 경작하고 거기에 인간 사회를 세움으로 온 세상이 하나님의 특별한 동산을 닮게 하는 것이 인류가 할 일이었다. 우리는 또한 하나님의 종인 왕들로서 땅을 다스림으로 하나님의 영광스러운 하늘 통치를 땅의 피조계 전체에 올바로 확장하게 되어 있었다. 이 일이 이루어지면 세상을 하나님의 특별한 지상 왕국으로 삼아 거하시겠다는 것이 하나님의 계획이었다.

하지만 인류가 죄에 빠져 세상을 올바로 경작하는 일과 세상에 대한 우리의 통치를 지연시켰다. 인류의 타락은 또한 하나님 나라의 도래도 지연시켰다. 경작하고 통치하려는 우리의 시도는 죄로 오염되었으며, 우리가 만든 세상은 하나님이 영광스러운 임재를 나타내시기에 적합한 장소가 아니었다. 의심할 여지 없이 인간은 땅에 충만해지는 데는 성공했지만, 우리가 세운 사회는 하나님이 세우라고 명령하신 완전한 세상과는 거리가 멀다. 전쟁과 범죄, 갈등, 증오, 거짓 종교가 만연해 있다. 심지어 교회 안에서도 우리는 종종 하나님에 대한 믿음과 헌신이 없는 사람들을 발견한다. 세상의 이 모든 죄의 결과로 하나님 나라는 아직도 온전하게 임하지 않았다.

베드로는 이 문제를 다루면서 이렇게 말했다. "거룩한 행실과 경건함으로 하나님의 날이 임하기를 바라보고 간절히 사모하라"(벧후 3:11-12). 어떤 의미에서 하나님은 원하시기만 하면 어느 때나 이 땅에 하나님 나라가 임하게 하실 수 있다. 원하시기만 하면 어느 때나 세상에서 죄를 제거하실 능력이 있으시기 때문이다. 그러나 하나님의 계획은 구속자이신 예수 그리스도를 통해 이 일을 하시는 것이다. 이 구절에서 베드로는 우리가 세상의 부패에 맞서 싸울 때 실제로 피조계가 원래의 목표를 향해 나아가기 시작하며 하나님이 이 땅에 거하기 위해 임하실 날을 앞당길 수 있다고 가르쳤다.

허무한 데 굴복함. 고통과 고난이 인간의 경험에 들어오면서 다른 피조물의 평화와 생산력도 방해를 받았다. 땅이 저주를 받아 가시덤불과 엉겅퀴를 내기 시작했으며, 피조물 전체가 혼돈과 부패로 고통을 받았다. 바울은 피조물이 허무한 데 굴복했으며, 썩어짐의 종노릇을 하고 있고, 해산의 고통을 겪는 것처럼 신음하고 있다는 말로 이 저주를 묘사한다(롬 8:20-22). 다시 말해 피조물은 본래 생산하게 되어 있던 좋은 것들을 더는 생산하지 않으며, 더 이상 하나님이 의도하셨던 완전한 세상이 될 수도 없다.

우리 주변 세상을 한 번 흘끗 보기만 해도 이런 사실을 확인할 수 있다. 허리케인이 우리의 해안선을 황폐하게 한다. 지진이 도시와 마을을 무너뜨린다. 때때로 홍수가 마을 전체를 쓸어버린다. 해충과 동물들, 질병 등이 농작물을 파괴한다. 수많은 사람이 병과 부상 때문에 고통과 죽음을 겪는다. 타락의 영향은 어디에나 있으며, 세상이 바르게 될 수 있는 유일한 길은 하나님이 이 저주에서 피조물을 구속하시는 것뿐이다.

인류의 소망

하나님이 인류 구속을 위한 자신의 계획을 밝히시는 데는 시간이 오래 걸리지 않았다. 사실 인류의 소망에 대한 첫 번째 희미한 빛은 하나님이 인류를 저주하셨다는 사실에서 나타난다.

창세기 2장 17절에서 하나님은 우리의 첫 조상들에게 선악을 알게 하는 나무의 열매를 먹으면 죽을 것이라고 경고하셨다. 하지만 금단의 열매를 먹었을 때 아담과 하와는 곧바로 죽지 않았다. 오히려 하나님은 그들의 죽음을 연기하심으로 어느 정도 자비를 베푸셨다. 또 그동안 인류가 계속 하나님을 섬길 수 있도록 허락하심으로 더욱 자비를 베푸셨다.

하나님은 인류를 하나님의 창조 계획에서 배제하지 않으시고 계속 하나님의 일의 중심에 두셨다. 그러고도 더더욱 자비를 베푸셔서, 사탄의 계획을 무너뜨리고 하나님의 백성을 충성스럽게 회복시킬 구속자를 보내시겠다고 약속하셨다.

아담과 하와가 죄를 지었을 때 피조물과 인류에게 미친 결과는 광범위했다. 이는 인류가 창조된 목적 때문이었다. 창세기는 사람이 남자와 여자로 지어졌으며 땅을 다스리도록 창조되었다고 말한다. 하나님과 피조물 사이의 중재자로서 인류가 하는 일은 피조물 전체에 영향을 미친다. 이는 아담이 흙으로 창조되었다는 사실에서 알 수 있다. 즉 창조된 실체의 운명은 인간이 취하는 행동과 관련이 있다.

그러므로 아담과 하와가 죄를 지으면 세상은 생명과 창조에 적대적으로 된다. 인류는 피조물을 하나님의 질서 안으로 그리고 하나님과의 관계 안으로 이끌어 가거나 그 안에서 이끌지 못한다. 오히려 피조물에 대한 인간의 잘못된 통치는 멸망과 하나님에게서 멀어짐을 낳는다. 바울은 로마서 8장에서 이것에 대해 말한다. 즉 자연재해와 질병 등 세상의 고통은 모두 피조물이 허무한 데 굴복한 것과 관련이 있다고 말한다. 하나님은 피조물을 우리 손에 맡기셨지만, 우리는 죄악된 통치로 인해 근본적으로 피조물을 잃어버렸다. 바울은 피조물을 의인화하여 "피조물이 고대하는 바는 하나님의 아들들이 나타나는 것"(롬 8:19)이라고 말한다. 어떤 의미에서 인류가 저지른 일 때문에 피조물이 심판당한 것처럼, 모든 피조물은 인류를 통해 하나님 아래에서 올바로 기능할 때 구원받을 수 있다. 우리는 아직 이것을 보지 못했지만, 둘째 아담이 다시 오시고 창조된 인류가 해야 했던 일을 그리스도가 맡으실 때 이를 보게 될 것이다. 그리스도는 마땅히 그래야 했던 대로 하나님의 통치와 올바른 다스림 아래 피조물의 질서를 세우실 것이다. 이사야 11장은 그리스도가 동물 세계에서 그리고 인간과 동물 사이에서 평화를 회복하시는 일을 묘사하면서 이를 예견하고 있다.

우리는 피조물이 원래대로 영광스러운 질서를 갖추기를 고대한다. 이 일은 하나님의 형상을 지닌 인류의 중재를 통해 하나님이 피조물에 대해 그분의 뜻을 실행하시는 때에 이루어질 것이다.

존 매킨리(John McKinley)

이 구속자에 대한 첫 번째 언급은 흔히 '최초의 복음'이라고 부르는 아담과 하와가 죄를 지은 후 하나님이 뱀에게 선언하신 저주에서 나타난다. 하나님은 뱀에게 이렇게 말씀하셨다. "내가 너로 여자와 원수가 되게 하고 네 후손도 여자의 후손과 원수가 되게 하리니 여자의 후손은 네 머리를 상하게 할 것이요 너는 그의 발꿈치를 상하게 할 것이니라"(창 3:15). 타락 때 아담과 하와는 하나님이 아니라 반역적인 뱀에게 동조했다. 하지만 하나님은 자기 백성을 버리지 않으셨다. 이 뱀에 대한 저주에서 하나님은 여자의 후손이 뱀을 물리치고 마침내 인류를 구원할 것이라고 약속하셨다.

요한계시록 12장 9절과 20장 2절은 이 뱀이 사실은 사탄이었다고 가르친다. 따라서 복음주의 신학자들은 이 최초의 복음이 단순한 동물에 대한 보복의 약속 이상이었다고 일관되게 이해한다. 뱀의 머리를 상하게 할 구속자를 보내시겠다는 하나님의 약속은 죄의 결과에서 인류를 구원하시겠다는 약속이었다. 즉 인류를 사탄과의 공모에서 벗어나게 해서 하나님 나라의 신실한 시민으로서 하나님과 교제하도록 회복하시겠다는 약속이었다.

하나님은 이 소망의 말씀을 창세기 3장 21절에서 확증하셨다. 이 구절에서 하나님은 아담과 하와에게 가죽옷을 지어 입히심으로 그들의 벌거벗음과 수치를 가려 주셨다. 이 일은 인류에 대한 하나님의 사랑과 돌보심이 계속된다는 것을 보여주었을 뿐만 아니라 하나님의 백성을 구속하고 그들의 죄를 덮어 주기 위해 더 완전한 희생 제물이 드려질 날이 올 것을 예기했다. 신약이 분명히 밝히듯이, 이 희생 제물은 성자 하나님이시다.

The Life
and Work
of Jesus

복습 문제

1. 창조 주간에 성부 하나님과 성자 하나님은 어떤 역할을 하셨는가?
2. 인류는 어떻게 죄에 빠졌는가?
3. 죄에 빠진 인류의 개인적인 결과와 보편적인 결과를 설명하라.

토론 문제

1. 피조물의 목적은 하나님의 영광을 드러내기 위해 하나님의 특별한 나라로서 섬기는 것이다. 이를 아는 것에서 우리는 어떤 실질적인 함의를 끌어낼 수 있는가?
2. 당신은 삶의 어떤 면에서 타락의 영향을 느끼는가?
3. 하나님이 세상을 다시 시작하시지 않고 인류에게 회복의 소망을 주신 이유는 무엇이라고 생각하는가?

참고 도서

Berkouwer, G. C. *Sin*. Translated by Philip C. Holtrop. Studies in Dogmatics. Grand Rapids: Eerdmans, 1971.

Blocher, Henri. *In the Beginning: The Opening Chapters of Genesis*. Translated by David G. Preston. Leicester: InterVarsity Press, 1984.

Hoekema, Anthony A. *Created in God's Image*. Grand Rapids: Eerdmans, 1986.

Murray, John. "Calvin's Doctrine of Creation." *Westminster Theological Journal* 17.1 (November 1954): 21-42.

_____. *The Imputation of Adam's Sin*. Grand Rapids: Eerdmans, 1959.

Pink, Arthur W. *Gleanings from the Scriptures: Man's Total Depravity*. Chicago: Moody, 1970.

2장 퀴즈

3

구속

주요 용어와 개념

구속(redemption)
능동적 순종(active obedience)
모세 경륜(Mosaic administration)
부활(resurrection)
수동적 순종(passive obedience)
아담 경륜(Adamic administration)
은혜 언약(covenant of grace)

노아 경륜(Noahic administration)
다윗 경륜(Davidic administration)
법정적 의(forensic righteousness)
새 언약(new covenant)
승천(ascension)
아브라함 경륜(Abrahamic administration)
출범(inauguration)

아담과 하와가 죄에 빠진 것은 인류와 나머지 피조물에 끔찍한 결과를 초래했다. 그러나 우리의 첫 조상들이 인류를 파멸로 몰아넣은 직후에 하나님은 우리의 구원에 대한 그분의 계획을 밝히셨다. 애초부터 성부 하나님은 죄인들을 구원하고 피조계 전체를 회복시킬 구속자로 성자를 임명하셨다.

구속사의 시대는 창세기 3장의 타락 직후에 시작하여 예수님이 재림하셔서 천지가 완성될 때까지 계속된다. 이 시대에 성자가 하시는 사역은 특히 죄 사함과 구원이 특징이다. 성자는 타락 직후부터 죄인들을 구원하기 시작하셨다. 즉 하나님은 하와의 후손 가운데 하나가 가져올 미래의 구속에 근거하여 아담과 하와에게 자비를 베푸셨다. 그 이후 성자는 줄곧 죄인들을 구원하셨다. 즉 자기 죄를 회개하고 믿음으로 주님을 의지하는 사람들을 구원하셨다. 신약 이전까지는 성자가 자신을 예수로 드러내지 않으셨지만, 성자는 항상 삼위일체 하나님의 한 위격이셨다. 그러므로 구약에서도 사람들이 믿음으로 하나님을 의지할 때마다 그들은 성자를 포함하여 삼위일체 세 위격 모두를 의지한 것이었다.

하나님의 사랑

성자가 죄인들을 구속하신 동기는 복잡하며 여러 가지로 설명될 수 있다. 성자는 삼위일체가 영광을 받으시기를 바라셨다. 성자는 피조물이 피조물의 목적을 성취하기를 원하셨다. 성자는 공의와 자비를 추구하셨다. 그렇지만 구속에 대한 성자의 동기를 설명하기 위해 성경이 사용하는 가장 잘 알려진 단어 가운데 하나는 '사랑'이다. 즉 하나님에 대한 사랑, 피조물에 대한 사랑, 인류에 대한 사랑이다. 그리고 이 사랑은 성자에게만 국한되지 않으며, 삼위일체의 모든 위격이 그 사랑을 공유하셨다.

> 하나님이 우리를 구속하고자 하신 이유는 하나님이 사랑이시기 때문이다. 성경은 이 점을 분명하게 밝힌다. 요한일서 4장 8절은 "하나님은 사랑이심이라"라고 말하며, 세상에서 가장 잘 알려진 성경 구절 가운데 하나인 요한복음 3장 16절은 "하나님이 세상을 이처럼 사랑하사"라는 말로 시작한다. 하나님이 우리를 구원하시고 구속하신 동기는 무엇인가? 하나님의 사랑이다. 즉 하나님의 바람과 계획은 하나님의 피조물, 특히 인간 피조물이 하나님을 알고 하나님과 관계를 맺고 살며 하나님 안에서 충족함을 누리는 것이다.
>
> 스티브 블레이크모어(Steve Blakemore)

삼위일체 위격들 간의 사랑

하나님이 우리를 사랑하셨기 때문에 구속하기로 하셨다는 점에는 의심의 여지가 없다. 그러나 우리가 때때로 잊어버리는 세부 사항 가운데 하나는 인간에 대한 하나님의 구속적 사랑이 성자에 대한 성부의 사랑의 한 측면이라는 것이다. 우리를 구원하기로 하신 성부의 결정을 바울이 어떻게 설명하는지 생각해 보라. "창세 전에 그리스도 안에서 우리를 택하사 우리로 사랑 안에서 그 앞에 거룩하고 흠이 없게 하시려고 그 기쁘신 뜻대로 우리를 예정하사 예수 그리스도로 말미암아 자기의 아들들이 되게 하셨으니 이는 그가 사랑하시는 자 안에서 우리에게 거저 주시는 바 그의 은혜의 영광을 찬송하게 하려는 것이라"(엡 1:4-6).

이 짧은 본문에서 바울은 하나님이 "그리스도 안에서", "예수 그리스도로 말미암아", "그가 사랑하시는 자 안에서", 즉 그리스도 때문에 우리를 구속하기로 하셨다고 세 번이나 언급했다. 바울이 말하는 요점 가운데 하나는 우리에 대한 하나님의 사랑이 성자에 대한 성부의 사랑에서 나온다는 것이었다. 이 삼위일체 내부의 사랑이 우리의 구속의 궁극적인 동기다. 로마서 8장 39절과 디모데전서 1장 14절에서도 비슷한 가르침을 볼 수 있다.

신약은 성자에 대한 성부의 사랑이 우리의 구속에 매우 중요하다는 사실에 자주 주의를 환기시킨다. 성부 하나님은 예수님의 세례와 변모 때에 이 점을 분명히 밝히셨다(마 3:17; 17:5; 벤후 1:17). 예수님은 자신에게 구속과 심판의 권세가 있다는 사실을 설명하실 때 이 점을 언급하셨다(요 3:35; 5:20-23). 또한 나중에 바울은 구속 자체를 묘사하기를, 성부가 사랑하시는 성자의 나라의 시민이 되는 것이 구속이라고 했다(골 1:13-14). 이 사랑은 목적이 없는 것이 아니다. 거기에는 삼위일체의 위격들이 공경과 순종을 받고, 하나님의 영광이 높임 받고 드러나며, 하나님의 목적이 성취되고, 모든 피조물에 대한 하나님의 왕 되심이 인정되고 찬양받기 원하시는 바람이 담겨 있다. 인류가 하나님의 창조 목적의 중심이므로, 우리의 구속은 삼위일체 내부의 사랑의 자연스러운 귀결이다.

> 하나님이 우리를 구속하시는 것은 우리가 없이는 사실 수 없다거나 구속받은 인류가 없이는 외로우셨기 때문이 아니라는 점을 깨닫는 것이 중요하다. 하나님은 독립적이시다. 충족되지 않은 필요가 없으시다. 어떤 것에도 우리나 다른 피조물이 필요하지 않으시다. 하나님은 필요해서 창조하지 않으시며, 필요해서 구속하지도 않으신다. 구속과 창조를 포함해서 하나님이 행하시는 모든 일은 궁극적으로 자신을 영화롭게 하시고 자신의 성품을 드러내 보이시기 위함이다.

하나님의 영광을 선포하는 하늘에서부터 하나님의 영광을 반영하도록 하나님의 형상으로 창조된 인간에 이르기까지, 모든 피조물은 하나님이 그분의 성품을 나타내시고 그분의 거룩함과 가치와 아름다움을 보여주실 수 있게 하려고 존재한다. 하나님이 행하시는 모든 일은 이 궁극적인 목적을 위한 것이다. 그러면 구속은 거기에 어떻게 기여하는가? 하나님은 구속받은 피조물을 통해 하나님의 영광을 드러내기 위해 구속하신다.

K. 에릭 토에네스(K. Erik Thoennes)

피조물에 대한 하나님의 사랑

구속에서 성자가 하시는 역할도 피조물에 대한 하나님의 사랑이 동기였다. 이 동기는 여러 면에서 분명하게 나타난다. 우리는 하나님이 창조주로서 자기가 지으신 만물을 돌보시는 것에서, 특히 자기 형상으로 창조하신 인간을 사랑하시는 것에서 그것을 알 수 있다. 이에 관해 가장 잘 알려진 예는 요한복음의 이 말씀일 것이다. "하나님이 세상을 이처럼 사랑하사 독생자를 주셨으니 이는 그를 믿는 자마다 멸망하지 않고 영생을 얻게 하려 하심이라 하나님이 그 아들을 세상에 보내신 것은 세상을 심판하려 하심이 아니요 그로 말미암아 세상이 구원을 받게 하려 하심이라 그를 믿는 자는 심판을 받지 아니하는 것이요 믿지 아니하는 자는 하나님의 독생자의 이름을 믿지 아니하므로 벌써 심판을 받은 것이니라"(요 3:16-18).

우리는 요한이 종종 '세상'이라는 단어를 다른 방식으로 사용했다는 점을 지적해야 한다. 여러 곳에서 요한은 우주와 땅, 인류 전체, 많은 사람, 하나님을 대적하는 사람들, 인간의 가치 및 실천 체계를 가리키는 데 세상이라는 말을 사용했다. 그러나 여기서는 피조계 자체나 그 피조계에 속한 모든 인류를 의미하는 것으로 보인다.

요한복음 3장 16-18절에 따르면, 하나님의 사랑이 세상을 구원하도록 하나님께 동기를 부여했다. 하나님은 여전히 세상이 하나님의 영광스러운 나라, 자기의 종이자 형상인 인류가 거주하며 다스리는 하나님 나라가 되기를 원하셨다. 그래서 하나님은 인류 가운데 믿는 자인 남은 자를 구속하기 위해 자기 아들을 보낼 계획을 세우셨다. 하나님은 신자들을 구원하여 새로운 인류를 창조하실 것이다. 그런 다음 하늘과 땅을 새롭게 하여 하나님의 영광스러운 나라가 되게 하시고 새롭게 구속받은 인류가 거주할 집이 되게 하실 것이다(롬 8:20-22; 벧후 3:13; 계 21:1-4).

신자들에 대한 하나님의 사랑

신자들에 대한 하나님의 사랑도 성자가 구속에서 하시는 역할에 동기를 부여했다. 성경은 여러 곳에서 하나님이 신자들을 특별히 사랑하신다고 말한다. 하나님은 우리와 친밀히 교제하며 우리에게 복 주시기를 원하신다. 또 이에 보답하여 우리가 하나님을 사랑하고 하나님과의 관계를 영원히 누리기를 원하신다. 사실 신자에 대한 하나님의 사랑은 아주 특별해서, 성경은 우리가 태어나기도 전에 하나님이 우리를 아시고 사랑하셨다고 말한다(롬 8:29-39; 엡 1:4-12; 벧전 1:2). 성경은 성부가 구속의 성취를 위해 성자를 보내신 동기 및 성부의 뜻을 행하고자 하신 성자의 바람의 중요한 일부분이 신자에 대한 하나님의 사랑이었다고 분명히 밝힌다. 이 점은 특히 요한의 글에서 두드러지게 나타난다(요 3:16; 요일 3:16; 4:10-19).

하나님이 행하시는 모든 일은 적어도 어느 정도 하나님의 백성에 대한 사랑이 동기라고 말해도 과언이 아니다. 그리고 하나님의 사랑은 하나님의 아들 안에서 가장 온전하고 완전하게 나타난다. 우리는 모두 삶에서 역경을 겪으며, 때로 하나님이 우리를 사랑하신다는 사실을 의심하기도 한다. 하지만 우리가 역경을 겪거나 의심한다고 해서 하나님이 우리를 그만큼 덜 사랑하시는 것이 아니다. 진실은 하나님이 우리의 모든 죄와 역경을 아시며, 어쨌든 우리를 사랑하신다는 것이다. 심지어 우리가 하나님을 믿기도 전에, 우리가 죄에서 벗어나기를 원하기 전에도 하나님은 우리를 너무나 사랑하셔서 우리를 구속하기 위해 아들을 지명하셨다. 그것은 엄청난 대가였다. 예수님은 우리 죄의 짐을 지고 고난받으며 죽으셔야 했다. 하지만 예수님은 사랑 때문에 그렇게 하셨다. 이제 예수님은 부활하심으로 자기 백성을 구속하시는 하나님의 사랑에 대한 산 증거가 되셨다.

하나님의 약속

하나님의 약속은 변함이 없다. 하나님의 약속은 절대로 달라지지 않으며, 하나님은 절대로 약속을 어기지 않으신다. 하나님은 어떤 약속을 하시든지 반드시 이루신다. 이 점은 성자가 구속에서 하시는 역할을 이해하는 데 중요하다. 구속이 성부와 성자 사이의 약속에 근거하고 있기 때문이다. 1장에서 우리는 삼위일체의 위격들이 타락한 인류를 구속하기로 합의를 이루시는 것을 보았는데, 어떤 이들은 이 합의를 '구속 언약'이라고 부른다. 이 구속 언약은 인류가 죄에 빠진 후에 구속을 확보하기 위한 또 다른 언약의 체결을 낳았다. 이 언약을 신학자들은 흔히 '은혜 언약'이라고 부른다. 이 엄숙한 합의의 한편 당사자는 성부이고, 다른 편 당사자는 성자와 구속받은 인류다. 이 은혜 언약은 인류가 죄에 빠진 직후부터 시작하여 예수님이 영광 가운데 다시 오시는 때 궁극적인 성취에 도달하기까지 구속사의 전체 시대에 적용된다.

이 은혜 언약에서 성부 하나님은 성자를 통해, 특히 성자가 예수 그리스도로 성육신하심을 통해 피조물과 인류를 위한 하나님 나라의 계획을 성취하시겠다고 약속하셨다. 이에 따라 성자는 하나님이 선택하신 다윗왕의 혈통을 이어받은 인간으로 성육신하셔서 이전의 구속 언약에 명시된 조건들을 모두 성취하기로 약속하셨다. 성자는 타락한 인류를 위해 속죄의 죽음을 죽으실 것이며, 회개와 믿음으로 그분을 의지하는 모든 사람은 죄의 실재와 부패와 죄책에서 구속을 얻을 것이다. 이런 약속들과 함께 성부와 성자는 성자가 구원하실 이들에게 구원의 은택을 적용하실 성령을 보내기로 합의하셨다.

신학자들은 흔히 은혜 언약을 여섯 가지 경륜으로 구분한다. 이 구분은 역사를 통해 하나님이 은혜 언약을 자기 백성에게 확증하기 위해 행하신 여러 언약 의식에 따른 것이다. 일반적으로 각 경륜은 그 언약 의식이 실행되었을 때 하나님의 백성을 이끌었던 인물과 결부된다.

아담 경륜

은혜 언약의 첫 번째 경륜은 창세기 3장에서 타락 직후에 시작되며, 하나님의 언약 백성의 대표는 아담이다. 이 경륜은 일반적으로 은혜 언약의 아담 경륜, 혹은 단순하게 아담 언약으로 알려져 있다. 이 경륜 아래, 창세기 3장 15절에서 구속이 인류에게 처음으로 제시되었다. 앞에서 우리는 이 구절을 '최초의 복음'이라고 밝혔다.

노아 경륜

다음은 창세기 6-9장에서 노아에게 있었던 언약의 갱신이다. 은혜 언약의 노아 경륜에서 하나님은 성자의 구속 사역이 끝날 때까지 인류가 보존될 수 있도록 피조계를 안정적으로 유지하시겠다고 약속하셨다.

아브라함 경륜

이어서 하나님은 아브라함과 언약을 맺으셨는데, 이것은 창세기 15장과 17장에 기술되어 있고 창세기 22장에서 재차 확인된다. 이 언약은 아브라함 가족에게 특별한 특권과 의무를 부여하고 아브라함의 자손 가운데 하나가 구속자가 될 것이라고 약속한다. 갈라디아서에 따르면 이 특별한 자손은 예수님이다. "이 약속들은 아브라함과 그 자손에게 말씀하신 것인데 여럿을 가리켜 그 자손들이라 하지 아니하시고 오직 한 사람을 가리켜 네 자손이라 하셨으니 곧 그리스도라"(갈 3:16). 바울은 은혜 언약의 아브라함 경륜의 약속들이 아브라함에게만이 아니라 그리스도에게도 하신 것이라고 말했다. 하나님의 아들은 하나님의 언약의 모든 복을, 특별히 죄에서 구속받는 복을 하나님의 신실한 백성에게 가져다주실 약속된 구속자이셨다.

모세 경륜

다음으로 모세 시대에 이스라엘과 맺은 언약이 나오는데, 이 언약은 출애굽기 19-24장과 신명기 같은 곳에 기술되어 있다. 은혜 언약의 모세 경륜 또는 모세 언약에서 하나님은 제사 제도를 제정하셨다. 이 제사 제도는 성자가 나사렛 예수로 성육신하셔서 마침내 드리실 희생 제사를 보여주는 것이었다. 이 모세의 제사들은 성부와 성자가 창세 전에 맺으신 약속에 대한 가시적인 확증이었다. 이 제사들을 통해 하나님의 신실한 백성은 성자가 마침내 성취하실 구속을 미리 맛보았다. 이 기간에 이스라엘은 왕 같은 제사장과 거룩한 나라로 세워졌다. 이스라엘은 하나님의 언약에 순종함으로써 마침내 성자가 다스리실 지상 왕국을 건설해야 했다.

다윗 경륜

은혜 언약의 다섯 번째 경륜이자 구약 시대의 마지막 경륜은 다윗 아래에서의 경륜이었다. 은혜 언약의 다윗 경륜은 사무엘하 7장과 시편 89편, 132편 같은 곳에 언급되어 있다. 이때 하나님은 구속자가 다윗의 후손으로 오며, 그가 땅 위에 하나님 나라가 도래하게 하고, 자신의 의로운 통치를 통해 그를 믿는 모든 사람에게 구속을 가져다줄 것이라고 약속하셨다.

새 언약

마지막 여섯 번째 경륜은 예수님 시대에 시작하여 예수님이 재림하실 때까지 계속된다. 성경은 일반적으로 이 경륜을 "새 언약"(눅 22:20; 히 9:15; 12:24)이라고 부른다. 은혜 언약의 이 경륜 아래에서 모든 구속 사역이 실제로 이루어졌으며, 지금도 이루어지고 있다. 예수님은 죄를 위한 희생 제물로 죽기로 약속하신 자신의 역할을 수행하셨다. 성부 하나님은 예수님의 희생을 받으셨다. 그리고 성령은 예수님을 구속자로 믿는 모든 사람에게 구속을 신실하게 적용하고 계신다.

물론 성령은 은혜 언약의 모든 경륜에서 죄인들을 용서하시고 그들에게 영원한 생명을 주시는 등의 일을 행하셨다. 그러나 성령이 새 언약을 위해 유보해 놓으신 구속의 다른 측면들이 있다. 예를 들면 교회 전체에 영적인 은사를 광범위하게 적용하시는 일(행 2:2-18), 이방인에게까지 이르는 전 세계적인 구원의 확대(행 10:34-11:18), 미래에 죽은 자의 일반 부활에서 이루어질 우리 몸의 구속(롬 8:11-23; 고전 15:12-57), 우리가 새 하늘과 새 땅을 유업으로 받는 일(계 21:1-22:5)과 같은 것이다.

구원은 언제나 성자를 통해 이루어졌다. 구원의 초점이 회고적인지 예기적인지는 예수님이 실제로 사역하신 시대와 관련해 당신이 구속사에서 시대적으로 어디에 있는가에 달려 있다. 새 언약에 속한 우리는 예수님의 사역에서 성취되고 이루어진 약속들을 되돌아본다. 옛 언약에 속한 사람들은 지금의 우리처럼 구체적으로 이해하고 있지는 않았지만, 예수님에게서 성취된 하나님의 약속에 따라 미래를 내다보았다.
로버트 G. 리스터(Robert G. Lister)

그리스도가 오시기 전, 구약 시대에는 사람들이 지금과 다른 방식으로 구원을 받은 것은 아닌지 궁금해하는 사람들이 있다. 어떤 사람들은 통치 체제나 율법을 통해, 또는 이스라엘 백성이 되거나 할례를 받음으로, 또는 다른 어떤 수단을 통해 구원을 받았다고 주장했다. 그러나 성경의 전체 가르침은 그런 모든 일이 실제로 우리를 구원할 단 하나의 사건을 위한 순비였을 뿐이라는 것이다. 심지어 제사 제도가 아주 상세했고 또한 중요했지만, 선지자들도 백성들에게 하나님께로 향하는 마음이 없다면 제물을 드리는 일을 그만두라고 말했다. 히브리서는 황소와 염소의 피가 결코 죄를 없애지 못한다고 아주 분명하게 밝힌다. 죄를 없앨 수 있는 희생 제물은 오직 하나였으며, 그것은 그리스도의 인격의 독특성 때문이었다. 그리스도는 한 인격 안에 신성과 인성을 갖고 계신다. 이 인격의 특이성 때문에 그리스도는 우리를 구속하여 하나님께로 회복시킬 수 있는 유일한 존재이셨다.

토머스 J. 네틀스(Thomas J. Nettles)

성자의 사역

삼위일체의 사랑과 약속에 따라, 성자는 구속의 성취를 위해 자기에게 요구되는 모든 일을 하셨고, 하고 계시며, 하실 것이다.

하나님 나라의 출범

구약 시대 내내 하나님의 백성은 하나님이 그분의 나라를 극적으로 땅 위에 임하게 하시어 원수들을 완전히 멸하시고 신실한 자들이 영원히 복된 삶을 살 수 있게 하실 날을 고대했다. 이날은 인류에게 주어진 본래의 임무가 마침내 완수되는 날이었다. 하나님은 피조물을 완전히 회복시키실 것이며, 하나님의 뜻이 하늘에서 이미 이루어진 것같이 땅에서도 완전하게 이루어질 것이다(마 6:10).

구약 선지자들은 이 이스라엘과 인류와 피조물의 회복에 대해 말하면서 이 날을 종종 '여호와의 날'이나 '마지막 날'이라고 불렀다. 또한 선지자들은 메시아, 즉 그리스도가 마지막 날에 하나님 나라를 이끌 중요한 인물이라고 밝혔다. 신약에 따르면 하나님의 아들이신 예수님은 하나님 나라를 땅 위에 세우러 오신, 오랫동안 고대하던 메시아이시다.

예수님은 당시에 자신이 하나님 나라를 임하게 했다고 가르치셨다. 예를 들어 마태복음 12장 28절에서 예수님은 "하나님의 나라가 이미 너희에게 임하였느니라"라고 말씀하셨는데, 이는 하나님 나라가 거기에 이미 임했다는 의미였다. 또 누가복음 16장 16절에서는 "사람마다 그리로 침입하느니라"라고 말씀하심으로 사람들이 이미 하나님 나라에 들어가고 있다고 가르치셨다.

애석하게도 예수님 당시에 많은 사람이 하나님 나라가 이미 임했다는 개념을 거부했다. 왜냐하면, 그들은 하나님 나라가 모든 사람이 인정하는 부인할 수 없는 지상의 실체로 임할 것이라고, 즉 모든 세상 질서를 명백하게 물리적으로 전복시킬 것이라고 기대했기 때문이다. 그러나 예수님은 하나님 나라가 다른 방식으로 임했다고 가르치셨다. "하나님의 나라는 볼 수 있게 임하는 것이 아니요 또 여기 있다 저기 있다고도 못하리니 하나님의 나라는 너희 안에 있느니라"(눅 17:20-21).

분명히 예수님은 하나님 나라가 완전히 임하게 하지 않으셨다. 예수님은 그 일을 시작하셨을 뿐이다. 우리는 여전히 예수님이 시작하신 그 일을 마치시기를, 즉 하나님 나라가 완전히 임하게 하시기를(또는 완성하시기를) 기다리고 있다. 그런데 이것은 느린 과정이다. 예수님이 마태복음 13장과 마가복음 4장, 누가복음 13장의 비유들에서 가르치셨듯이, 하나님 나라는 자라는 데 시간이 걸리는 씨앗과 같거나 부풀게 하는 데 시간이 걸리는 누룩과 같다. 이 비유들에 따르면, 하나님 나라는 이미 심겼지만, 그 추수 날은 예수님이 장차 다시 오시는 때에야 임할 것이라고 말할 수 있다.

신약은 성육신하신 하나님의 아들 예수님이 하나님 나라를 땅 위에 출범시키셨으며, 예수님이 영광 가운데 다시 오시는 때에 이 악한 세대가 완전히 끝나고 새 하늘과 새 땅이 하나님의 백성에게 완전한 회복을 가져다준다고 분명하게 가르친다. 이 사실은 우리에게 커다란 소망과 확신을 준다. 타락한 세상에서는 때로 악이 승리하고 우리가 헛되이 고난을 겪는 것처럼 보이지만, 하나님은 심판을 영원히 미루지 않으실 것이다. 하나님이 원수들에게 최종 심판을 내리실 날이 다가오고 있다. 세상에서 죄와 고통과 죽음을 완전히 몰아내고, 하나님의 신실한 백성 모두에게 하나님 나라의 영원한 유업을 상으로 주실 날이 다가오고 있다. 예수님은 많은 기적과 가르침을 통해 자신을 입증하셨으며, 우리가 누릴 하나님 나라의 복에 대한 계약금으로 성령을 우리에게 주시기까지 하셨다(엡 1:13-14). 우리는 예수님이 하나님 나라를 완성하시고 우리에게 완전한 유업을 주시기 위해 다시 오실 것임을 확신할 수 있다.

성부에 대한 순종

2장에서 우리는 인류가 죄에 빠짐으로 인한 개인적인 결과들을 생각했다. 우리는 아담의 첫 범죄의 죄책이 모든 인류에게 전달되었으며, 이는 아담이 우리의 언약의 머리로서 인류를 대표했기 때문이라는 점을 보았다. 우리는 또한 하나님과의 교제가 깨지는 일과 우리 스스로 구원을 얻지 못하도록 하는 부패를 겪었다. 중요한 점은 우리의 구속자이신 예수님의 역할이 아담이 실패한 곳에서 성공하는 일을 포함했다는 것이다. 예수님은 성부에게 완전히 순종하는 삶을 사셨는데, 이는 십자가 죽음에서 절정에 이르렀다. 이 순종을 통해 예수님은 아담이 잃어버렸던 복을 얻으셨다. 그리고 이제 그 복을 자신의 신실한 백성 모두에게 나눠 주신다. 바울은 로마서 5장 12-19절에서 예수님과 아담의 유사점을 길게 이야기했으며, 고린도전서 15장 45절에서는 심지어 예수님을 마지막 아담이라고 불렀다.

신학자들은 종종 예수님이 일생 드리신 순종의 두 가지 측면을 이야기한다. 순종의 첫 번째 유형은 예수님의 수동적 순종으로, 십자가형에서 절정에 이르는 비하와 고난의 삶에 순복하신 것이다. 예수님의 십자가 죽음은 죄가 죽음으로 처벌받아야 한다는 하나님의 공의로운 요구를 만족시켰다. 수동적 순종을 통해 예수님은 우리의 대리자가 되셨다. 예수님은 우리의 죄가 자신에게 전가되는 것을 허락하셨다. 즉 우리의 죄를 자기 몫으로 간주하셨다. 이렇게 하심으로 하나님이 보시기에 죄가 있다고 여겨지신 예수님은 우리를 대신하여 죽으셨다. 이 한 번의 행위가 우리의 모든 죄의 값을 치렀으며, 따라서 하나님의 심판과 진노는 더 이상 우리를 두렵게 하지 않는다. 그 일은 우리의 죄에 대한 용서를 가져왔으며, 율법의 형벌에서 우리를 해방했다. 바울은 이렇게 말했다. "한 범죄로 많은 사람이 정죄에 이른 것같이 한 의로운 행위로 말미암아 많은 사람이 의롭다 하심을 받아 생명에 이르렀느니라 한 사람이 순종하지 아니함으로 많은 사람이 죄인 된 것같이 한 사람이 순종하심으로 많은 사람이 의인이 되리라"(롬 5:18-19).

바울은 아담과 예수님을 명시적으로 비교했다. 바울의 요점은, 이전에 아담이 우리를 대표한 것과 마찬가지로 예수님도 우리를 대표하시므로, 예수님의 십자가 희생이 하나님의 공의로우신 정죄에서 우리를 해방하며 하나님이 우리를 의롭다고 여기시게 한다는 것이었다.

예수님이 드리신 순종의 두 번째 유형은 능동적 순종이다. 이것은 성부가 명령하신 모든 것에 순종하신 예수님의 삶이다. 성육신하신 예수님은 하나님의 율법을 완전하게 준수하셨다. 전혀 죄를 짓지 않으셨으며, 하나님의 명령을 언제나 이행하셨다. 우리의 죄가 십자가에서 예수님께 전가된 것과 마찬가지로 예수님의 의로운 순종도 우리에게 전가되었다. 신학자들은 흔히 이것을 '법정적 의'라고 부르는데, 이는 우리가 내재하는 죄의 현존에서 완전히 해방되지 않았음에도 의롭다고 선언 받는 것을 의미한다. 이 법정적 의를 통해 하나님은 우리가 마치 성육신하신 하나님의 아들 예수님인 것처럼 보신다. 즉 우리가 예수님의 완전한 삶을 살고 우리가 예수님이 행하신 모든 선한 일을 행한 것처럼 보신다. 그 결과 하나님과 우리의 교제가 회복된다. 죄로 인한 부패가 우리 스스로 구원 얻는 것을 여전히 가로막고 있음에도, 하나님은 예수님의 공로에 근거하여 우리에게 구원의 복을 베푸신다.

> 성경이 에베소서 2장 3절에서 말하듯이 진노의 자녀인 우리가 죄악된 타락 상태에서 구속받으려면 하나님이 우리의 문제를 해결하셔야만 한다. 우리는 무력하고 소망이 없으며, 우리 자신의 죄 문제를 해결할 수 없다. 그러나 하나님은 은혜롭게도 우리를 대표하도록 아들을 보내심으로 우리의 문제를 해결하신다. 성자 하나님은 인간이 되셔서 완전한 순종의 삶을 사시고, 십자가에서 완전한 죽음을 죽으시며, 무덤에서 걸어 나오심으로 우리를 위해 죽음을 물리치신다. 우리가 구속받을 수 있는 유일한 방법은 이 새로운 피조물에 속하는 것, 즉 예수님이 대표하시는 부활하고 구속받은 생명을 지닌 첫 열매에 속하는 것이다. 그리고 우리가 이 첫 열매에 속하는 방법은 예수님을 신뢰하는 것, 즉 타락한 상태에서 구속받은 이 새로운 인류를 대표하시는 새로운 사람, 새로운 아담이신 그리스도를 믿는 것이다. 우리는 그리스도를 믿음으로, 즉 그분의 구속 사역에서 우리를 대표하시는 하나님이자 사람이신 그리스도를 믿음으로 구속을 받는다.
> **K. 에릭 토에네스**(K. Erik Thoennes)

부활

예수님의 육체 부활은 예수님의 구속 사역에 대단히 중요했다. 죽은 자 가운데서 살아나심으로 예수님은 죽음을 정복하셨으며, 예수님을 믿는 모든 사람의 영원한 육체적 생명을 확보하셨다. 바울이 예수님의 부활을 어떻게 설명하는지 보라. "그러나 이제 그리스도께서 죽은 자 가운데서 다시 살아나사 잠자는 자들의 첫 열매가 되셨도다 사망이 한 사람으로 말미암았으니 죽은 자의 부활도 한 사람으로 말미암는도다"(고전 15:20-21).

아담의 죄는 죽음을 가져왔다. 그러나 예수님이 죽은 자 가운데서 살아나셨을 때, 예수님은 그분을 믿는 모든 사람의 부활을 보장하셨다. 예수님이 다시 오시는 때에 우리는 우리의 구속자가 이미 갖고 계신 몸과 같이 영광스러운 몸을 입고 영원히 살게 될 것이다.

승천

부활하신 예수님은 40일 동안 제자들에게 나타나셔서 하나님 나라에 대해 가르치셨다. 이 기간이 끝나자 예수님은 육체를 가지고 하늘로 올라가셨다(눅 24:50-51; 행 1:3-11). 적어도 두 가지 이유에서 승천은 예수님의 구속 사역에서 중요했다. 첫째, 예수님은 왕으로 즉위하기 위해 하늘로 올라가셨다. 지금 예수님은 성부의 섬기는 왕으로서 모든 피조물, 특히 주님의 백성인 교회를 다스리고 계신다(고전 15:23-25; 히 12:2; 벧전 3:22). 둘째, 승천은 예수님이 하늘 성전에서 자신의 희생 제사를 마치시고 성부 앞에 계시면서 자기 백성을 위해 중보하시며 간구하실 수 있게 했다. 예수님은 중보자의 역할을 통해 자신이 십자가에서 드리신 희생 제사를 성부에게 상기시키심으로, 성부가 하나님의 신실한 백성에게 계속 용서와 복을 베푸실 수 있게 하신다(히 7:25-26; 9:11-28).

> 성자 예수님 안에, 오직 거기에만 구원이 있다. 예수 그리스도의 완전한 지위에 도달한 종교 지도자는 아무도 없으며, 아무도 영원하지 않다. 더 중요한 점은 예수 그리스도가 유일하게 하나님과 사람 사이의 중보자 자격이 있으시다는 것이다. 이 세상의 종교와 철학이 우리에게 삶의 선한 원리들을 제시할 수는 있지만, 하나님에게서 오시고 하나님에게 가시는 분은 오직 예수 그리스도뿐이시다. 오직 예수님만이 우리를 하나님과 화해시키실 수 있으며 우리 죄를 대신 지실 수 있다. 따라서 예수님이 하나님과 사람 사이의 중보자이시다. 단지 도덕적이거나 철학적인 의미에서가 아니라 예수님의 인격에 있어서 그러하시다. 성경적인 용어로 말하면, 예수님은 유일한 신인(神人), 즉 인간을 위한 구속자이시다. 아무도 개인적인 노력이나 도덕적인 행위로 이 완전한 지위에 도달할 수 없다.
> **스티븐 찬**(Stephen Chan)

어떤 의미에서, 성자는 창세 전에 성부와 맺으신 구속 언약 때문에 언제나 우리의 중보자이셨다. 그런데도 성자는 승천하신 후에 특별한 방식으로 우리의 중보자가 되셨다. "하나님은 한 분이시요 또 하나님과 사람 사이에 중보자도 한 분이시니 곧 사람이신 그리스도 예수라 그가 모든 사람을 위하여 자기를 대속물로 주셨으니"(딤전 2:5-6). 성육신하신 하나님의 아들 예수 그리스도는 죄인들을 위한 희생 제물로 죽으셨다. 이제 예수님은 성부의 보좌 앞에서 사역하시면서 자신이 십자가에서 치르신 대속의 값이 우리의 삶에 지속적으로 적용되게 하신다. "[예수는] 자기를 힘입어 하나님께 나아가는 자들을 온전히 구원하실 수 있으니 이는 그가 항상 살아 계셔서 그들을 위하여 간구하심이라"(히 7:25).

우리는 모두 삶에서 시련과 역경을 겪는다. 우리는 모두 하나님이 우리의 기도를 들으시는지 가끔 의심한다. 우리의 의심에도 불구하고 성경은 예수님이 우리를 죄에서 구속하기 위해 값을 치르려고 죽으셨다고 확언한다. 또한 예수님은 우리에게 영생을 보장하기 위해 살아나셨다. 우리의 유익을 위해 하나님 나라를 다스리시고, 우리를 위해 지속적으로 중보하기 위해 하늘 보좌에 오르셨다. 이 말은 우리의 삶이 항상 수월하다는 의미가 아니다. 그렇지 않다. 하지만 이 말은 우리의 구속자가 항상 우리에게 귀를 기울이시고, 우리를 동정하시며, 우리를 사랑하시기에 그분이 가져다주시는 우리의 구원이 확고하다는 것을 의미한다.

복습 문제

1. 예수님이 죄인들을 구속하신 동기는 무엇인가?
2. 구속을 확실하게 해주는 하나님의 약속들을 이야기해 보라.
3. 죄인들의 구속을 이루기 위해 예수님이 하신 일은 무엇인가?

토론 문제

1. 왜 예수님이 당신의 구속자가 되셔야만 하는가?
2. 예수님의 구속을 받은 이후 당신의 삶은 구체적으로 어떻게 달라졌는가?
3. 당신이 현재 참여하고 있는 사역은 무엇이며, 그 사역들은 당신이 불신자들에게 예수님을 전하는 데 어떤 도움을 주는가?

참고 도서

Dumbrell, W. J. *Covenant and Creation: A Theology of Old Testament Covenants*. Nashville: Thomas Nelson, 1984.

Gaffin, Richard B., Jr. *Resurrection and Redemption: A Study in Paul's Soteriology*. Phillipsburg, NJ: Presbyterian and Reformed, 1987.

Hill, Charles E., and Frank A. James III, eds. *The Glory of the Atonement: Biblical, Historical & Practical Perspectives*. Downers Grove, IL: InterVarsity, 2004.

McComiskey, Thomas Edward. *The Covenants of Promise: A Theology of the Old Testament Covenants*. Grand Rapids: Baker Book House, 1985.

Murray, John. *The Covenant of Grace*. 1954. Reprint, Phillipsburg, NJ: Presbyterian and Reformed, 1987.

_____. *Redemption Accomplished and Applied*. Grand Rapids: Eerdmans, 1955.

Robertson, O. Palmer. *The Christ of the Covenants*. 1980. Reprint, Phillipsburg, NJ: Presbyterian and Reformed, 1987.

3장 퀴즈

4

완성

주요 용어와 개념

새 예루살렘(new Jerusalem)   예수님의 재림(Jesus's return)
완성(consummation)   일반 부활(general resurrection)
창조의 갱신(renewal of creation) 최후의 심판(last judgment)
하나님의 영광(glory of God)

하늘과 땅의 완성은 예수님의 미래의 재림을 둘러싸고 일어나는 사건들로 이루어진다. 완성은 그때부터 끝없는 미래까지 이어질 우리의 구원의 마지막 단계다. 그것은 하나님의 모든 원수의 멸망, 하나님의 백성에게 궁극적인 복을 베푸심, 하나님의 구속받은 백성이 영원히 거하게 될 완전히 새롭게 된 피조계의 설립을 포함한다.

예수님의 재림

예수님의 지상 초림은 위대한 비하였다. 세상 대부분 지역에서는 예수님을 거의 알지 못했다. 심지어 예수님이 사셨던 곳에서도 세속 역사가들은 예수님에 대해 거의 말하지 않았다.

그러나 예수님의 재림은 아주 다를 것이다. 예수님은 "그들이 인자가 구름을 타고 능력과 큰 영광으로 오는 것을 보리라"(마 24:30)라고 말씀하셨다. 또 바울은 예수님의 재림을 이렇게 표현했다. "주께서 호령과 천사장의 소리와 하나님의 나팔 소리로 친히 하늘로부터 강림하시리니"(살전 4:16). 성경의 이 구절과 다른 구절들은 예수님이 재림하시는 방식에 대해 몇 가지 세부 사항들을 알려 준다. 우선 예수님의 재림은 인격적이고 육체적일 것이다. 우리 주 예수 그리스도는 우리가 지금 사는 바로 이 세상에 재림하실 것이다. 사도행전 1장 11절은 예수님이 하늘로 올라가신 것과 같은 방식으로 재림하신다고 상세한 설명을 덧붙인다. 이는 아마도 예수님이 구름 가운데서 내려오시는 것을 의미할 것이다. 또한 예수님의 재림은 공개적이고 가시적일 것이다. 모든 사람이 예수님을 볼 것이며, 세계적인 하나님의 나팔 소리와 천사장의 호령이 예수님의 재림을 알릴 것이다. 이뿐만 아니라 예수님의 재림은 승리의 재림이 될 것이다. 예수님은 강력한 정복자로 다시 오실 것이다. 마태복음 16장 27절과 24장 31절, 25장 31절 같은 구절에 따르면 천사들의 군대가 예수님을 수행할 것이다.

이 밖에도 성경은 예수님의 재림이 갑작스러울 것이라고 밝힌다. 재림은 우리가 예상하는 때에 일어나지 않을 것이다. 실제로 마태복음 24장 36절에 따르면 재림의 날짜는 오직 아버지만 아신다. 신자들은 자신이 그리스도라고 주장하거나 그리스도가 재림하시는 때를 안다고 주장하는 사람들을 절대로 믿지 말아야 한다.

재림의 사건들

재림하실 때 예수님은 땅 위에 하나님 나라를 완성할 사건들을 시작하실 것이다. 이 사건들은 하나님의 신실한 백성에게 완전한 삶을 회복시키고, 세상에서 죄를 제거하며, 피조계를 하나님이 영광스러운 임재를 나타내실 완전한 낙원으로 변화시킬 것이다.

일반 부활

그리스도가 재림하시면 이미 죽은 모든 사람이 부활할 것이다. 악인과 의인 모두에게 영원한 새로운 몸이 주어질 것이다. 예수님은 요한복음 5장 28-29절에서 이 점을 분명하게 가르치셨다. "무덤 속에 있는 자가 다 그의 [아들의] 음성을 들을 때가 오나니 선한 일을 행한 자는 생명의 부활로, 악한 일을 행한 자는 심판의 부활로 나오리라." 요한계시록 20장 13절 같은 곳에서도 비슷한 개념을 볼 수 있는데, 거기서는 육체가 없어진 사람들도 부활할 것이라고 말한다. 아무도 빠지지 않을 것이다. 모든 인류가 심판을 받기 위해 부활할 것이다.

신자들의 부활체에 대해 성경은 죄의 존재와 죄로 인한 부패에서 자유로울 것이라고 가르친다. 죄가 더 이상 우리 몸에 거하지 않을 것이며, 우리는 영원토록 완전히 건강할 것이다. 바울이 가르쳤듯이, 주 예수 그리스도가 우리의 낮은 몸을 자기 영광의 몸의 형체와 같이 변하게 하실 것이다(빌 3:20-21). 마지막 상태에서 우리의 몸은, 예수님이 죽은 자 가운데서 부활하셨을 때 받으신 몸, 즉 지금 갖고 계신 영광스러운 인간의 몸과 똑같이 영광스러울 것이다.

불신자들의 몸도 영원할 것이지만, 그들은 죄에서 구속받지 못할 것이다. 오히려 불신자들의 몸은 죄에 대한 하나님의 저주의 영향으로 계속 고통당할 것이다. 사실 그 저주는 불신자들이 심판받을 때 실제로 더 심해질 것이다. 성경은 요한복음 5장 28-29절과 사도행전 24장 15절 같은 곳에서 불신자의 육체 부활을 말하며, 마태복음 5장 29-30절과 10장 28절에서는 그들이 당하는 육체적 정죄를 언급한다.

최후의 심판

일반 부활 직후에 예수님은 왕의 권세와 능력을 행사하셔서, 최후의 심판 때 모든 원수를 멸하시고 자신의 모든 신실한 백성에게 복을 주실 것이다. 모든 사람이 이 최후의 심판을 받을 것이다. 아무도 이 심판을 피할 수 없을 것이다(전 12:14; 마 12:36-37; 고후 5:10; 계 20:12-13).

예수님은 각 사람의 삶의 모든 측면을 재판의 증거로 삼으실 것이다. 예수님은 모든 생각과 말과 행위를 판단하실 것이다. 인류가 타락하여 죄에 빠졌으므로, 자신의 공로를 의지하여 예수님 앞에 서는 모든 인간은 이 심판을 통해 정죄를 받고 영원한 지옥의 형벌을 받게 될 것이다. 그러나 예수님은 믿음을 통해 은혜로 말미암아 죄 사함을 받은 사람들에게는 무죄를 선고하시고 영원한 유업을 상으로 주실 것이다. 요한복음 3장 18절은 이 문제에 대해 이렇게 말한다. "그를 믿는 자는 심판을 받지 아니하는 것이요 믿지 아니하는 자는 하나님의 독생자의 이름을 믿지 아니하므로 벌써 심판을 받은 것이니라"(참조. 요 5:24; 고전 11:32; 살후 2:12).

구속 사역에서 아들이 하시는 심판자 역할은 우리 자신의 정의대로 하나님의 사랑을 지나치게 강조하는 경향의 균형을 잡아 준다. 하나님의 본성은 근본적으로 거룩하시며, 하나님의 거룩하심은 의로운 기준과 자비로운 사랑이라는 두 가지 주요 측면을 갖고 있다. 성자가 사랑으로 십자가에서 자신을 주시기 위해 오시는 측면은 당연히 우리가 말하는 구속의 중심이다. 그러나 그 구속에서 우리는 또한 그분이 거룩하시고 의로우시며, 따라서 그분의 기준이 절대로 바뀌지 않는다는 사실을 직시해야 한다. 에덴동산에서부터 오늘날에 이르기까지 하나님의 기준은 변함이 없다.

우리는 모두 죄를 지었으며, 따라서 심판자이신 하나님의 공의가 십자가와 예수 그리스도의 구속 사역에 대한 우리의 개념의 주요 부분이 되어야만 한다. 그렇지 않으면 우리는 죄의 개념을 축소하게 된다. 우리에게 근본적인 회개가 필요하며 우리를 죄에서 구해 줄 구원자가 필요하다는 것을 이해하지 못하게 된다. 하나님은 단순히 내 문제에서 나를 건져 주시는 사랑의 신이 되실 뿐이다. 주 예수님의 공의와 의는 예수님이 십자가에서 행하신 일과 사람이 구원받은 이후에도 주님이 계속해서 신자의 삶에서 행하시는 일을 온전히 이해하는 데 필수적이다. 신자들은 인류 역사의 마지막에 예수님을 심판자로도 만나게 될 것이다. 그러므로 예수님의 심판자 되심이 모든 자비하심 가운데서 우리에게 나타내는 대로 우리의 삶은 사랑의 거룩함과 거룩한 의로움의 영향을 받는다.

빌 유리(Bill Ury)

창조의 갱신

인류를 심판하시고 불신자들을 인류 가운데서 몰아내시듯이, 예수님은 피조계 자체를 깨끗이 하시고 새롭게 하실 것이다. 베드로는 이 창조의 갱신을 이렇게 설명했다. "하늘이 큰 소리로 떠나가고 물질이 뜨거운 불에 풀어지고 땅과 그중에 있는 모든 일이 드러나리로다…그날에 하늘이 불에 타서 풀어지고 물질이 뜨거운 불에 녹아지려니와 우리는 그의 약속대로 의가 있는 곳인 새 하늘과 새 땅을 바라보도다"(벧후 3:10, 12-13).

요한계시록 22장 3절에 따르면, 이 갱신은 죄와 그 결과를 완전히 제거함으로써 천지를 정화할 것이다. 인간의 타락으로 인한 모든 영향을 근절시켜 하나님의 백성이 죄와 고통과 병과 죽음 없이 살 것이다.

요한계시록 21장 4절은 심지어 하나님이 우리 눈에서 모든 눈물을 닦아 주실 것이라고 말한다. 모든 피조물은 하나님의 원래 계획대로 회복될 것이며, 하나님의 백성은 하나님의 영원한 나라에서 영원한 생명의 축복을 받을 것이다.

> 인류의 구속은 나머지 피조물에게 영향을 미칠 것이다. 로마서 8장 22-23절은 이렇게 말한다. "피조물이 다 이제까지 함께 탄식하며 함께 고통을 겪고 있는 것을 우리가 아느니라…우리 곧 성령의 처음 익은 열매를 받은 우리까지도 속으로 탄식하여 양자 될 것 곧 우리 몸의 속량을 기다리느니라." 아담의 죄의 결과로 피조물은 허무한 데 굴복했다. 이 허무함은 무질서와 혼돈과 죽음으로 나타난다. 바울은 피조물이 지금 아이를 출산하는 여인의 진통 같은 일을 겪고 있다고 말한다. 이는 여기에서 무언가가 태어날 것이며, 피조물 전체가 구속받고 회복될 것임을 암시한다. 우리 곧 성령의 처음 익은 열매를 받은 우리가 양자 될 것 곧 우리 몸의 속량을 기다리듯이, 피조물도 그 현실의 성취를 기다리고 있다. 영화의 상태에서 신자가 회복되며 죽음과 죄와 부패에서 자유롭게 되듯이, 피조물도 속박에서 해방될 것이다. 새 하늘과 새 땅이 이루어질 것이다. 지금 우리 주위에서 보는 죽음이나 부패나 무질서가 전혀 없을 것이다.
> **짐 메이플스**(Jim Maples)

요한계시록 21-22장이 설명하는 대로, 완성된 하나님의 지상 왕국의 수도는 새 예루살렘이 될 것이다. 요한계시록 22장 2절은 새 예루살렘의 일부를 이렇게 묘사한다. "강 좌우에 생명나무가 있어…그 나무 잎사귀들은 만국을 치료하기 위하여 있더라."

창세기 2-3장은 생명나무가 에덴동산에 심겨 있었다고 기록한다. 창세기 3장 22-24절에서는 하나님이 아담과 하와를 동산에서 추방하신 것이 부분적으로는 그들이 생명나무 열매를 먹지 못하게 하시려는 것이었다고 말한다. 그러나 창조의 갱신을 통해 생명나무의 열매를 다시 먹을 수 있게 될 것이며, 이는 하나님의 영광스러운 왕권의 다스림을 받는 구속받은 인류에게 영원한 평화와 건강을 가져다줄 것이다.

> 아담과 하와는 하나님의 권위 아래 피조물을 다스리는 통치자로 세움을 받았으며, 그들과 그들이 다스리는 영역 사이에는 연관성이 있다. 아담과 하와가 죄에 빠졌을 때 그 결과는 단지 아담만이 아니라 피조물에도 미쳤다. 마찬가지로 피조물이 태초에 아담과 하와와 함께 "썩어짐의 종노릇"(롬 8:21)을 했듯이, 인류의 최종적인 구속에서도 인류가 최종적인 해방을 누리는 것처럼 피조물도 죄의 결과에서 해방될 것이다. 하나님의 형상을 지닌 하위 통치자들과 그들이 다스리는 영역 사이에는 연관성이 있다. 이 결과는 '죄'와 '인간이 죄에서 해방되는 것' 둘 다와 연결되어 있다. 즉 인간이 죄를 겪으면 피조물도 같은 타락을 겪으며, 인간이 죄에서 해방되면 피조물도 속박에서 해방되는 결과를 낳을 것이다.
> **로버트 G. 리스터**(Robert G. Lister)

재림의 결과

1장에서는 하나님이 그리스도 안에서 하나님 나라를 통해 자신의 영광을 나타내시고 높이시기 위해 우주를 창조하셨다는 말로 하나님의 창조 목적을 요약했다. 당연히 예수님의 재림의 결과는 이 목적의 최종 성취가 될 것이다. 예수님은 하나님이 사랑하시는 백성, 그리고 그 사랑에 대한 보답으로 하나님을 사랑하고 섬기며 예배하는 신실한 백성을 가진 하나님 나라를 땅 위에 온전히 이루기 위해 다시 오실 것이다.

> 하나님이 인류를 구속하시는 궁극적인 목적은 자신을 위해 백성을 회복시키시는 것이다. 이 회복은 아담과 하와가 에덴동산에서 누렸던 교제보다 훨씬 더 크고 완전할 것이다. 인류가 타락한 후에 하나님은 그들에게 복음의 첫 약속을 주셨으며, 여자의 후손으로 와서 뱀의 머리를 으스러뜨릴 구속자에 대해 말씀하셨다. 성경의 나머지 부분은 이 회복 과정의 전개를 보여준다.
>
> 이스라엘 민족은 이 회복의 일부이자 그림이었다. 전 세계적인 교회는 이 회복의 더 큰 그림이다. 그리고 마침내 예수님이 재림하시면 새 하늘과 새 땅의 회복이 이루어진다. 그곳에서는 하나님이 인류(믿음을 통해 그리스도를 알게 된 모든 사람)와 직접 교제하시고, 인류는 사탄이 더 이상 공격할 수 없으며 죄가 더 이상 존재하지 않는 이 완전한 상태를 누리면서 영원토록 하나님께 완전한 영광을 돌리게 될 것이다.
>
> **제프 로먼**(Jeff Lowman)

하나님의 영광

그리스도가 다시 오시면 하나님 나라의 왕이신 그리스도의 통치가 가장 높고 가장 영광스러운 상태에 이르게 될 것이다. 모든 인류가 예수님의 다스림을 인정하고 그분의 권위에 꿇어 엎드릴 때, 하나님께 영광을 돌리려는 목표가 이루어질 것이다. 이에 대해 바울은 이렇게 말했다. "하나님이 그를 지극히 높여 모든 이름 위에 뛰어난 이름을 주사 하늘에 있는 자들과 땅에 있는 자들과 땅 아래에 있는 자들로 모든 무릎을 예수의 이름에 꿇게 하시고 모든 입으로 예수 그리스도를 주라 시인하여 하나님 아버지께 영광을 돌리게 하셨느니라"(빌 2:9-11).

삼위일체 하나님은 우리의 구속을 위해 행하신 일로 영원히 영광을 받으실 것이다. 하나님은 그분의 영광을 위해 이 일을 행하셨다. 이는 하나님의 공의와 의, 하나님의 율법의 불변성과 완전한 거룩함을 나타낼 뿐만 아니라, 하나님이 지혜로우시고 그분의 모든 속성을 유지하시면서도 자비로우시며 죄인들을 용서하시고 의롭다 하실 수 있음을 보여주기 위한 것이다. 이 모든 일은 하나님의 영광과 죄인들의 구원을 위한 것이다. 그러나 하나님이 궁극적으로 의도하신 결과는 하나님의 영광이 영원무궁토록 계속해서 더더욱 드러나는 것이다.
토머스 J. 네틀스(Thomas J. Nettles)

하나님의 자애는 하나님께 영광이 돌아가게 할 것이다. 하나님이 사랑과 인자하심으로 회개하는 죄인들을 용서하시고 우리에게 상상할 수 없는 복을 주실 것이기 때문이다. 그에 응답하여 우리는 하나님을 찬양하며 하나님의 선하심을 선포할 것이다. "또 [우리를] 함께 일으키사 그리스도 예수 안에서 함께 하늘에 앉히시니 이는 그리스도 예수 안에서 우리에게 자비하심으로써 그 은혜의 지극히 풍성함을 오는 여러 세대에 나타내려 하심이라"(엡 2:6-7).

예수님이 다시 오시면 우리의 충성에 대해 상을 주실 것이며, 하나님의 모든 신실한 백성이 새 하늘과 새 땅을 유업으로 받을 것이다. 거기서 우리는 아담과 하와가 누렸던 것보다 훨씬 더 좋은 방식으로 하나님의 임재를 누릴 것이다(계 21:1-5). 에덴동산에 국한됐던 하나님의 가시적인 영광과 달리, 새 하늘과 새 땅에서는 하나님의 영광이 모든 피조물에 충만할 것이다.

타락하기 전에 인류는 하나님과 자유롭고 정돈된 관계를 누렸다. 그러나 인류가 타락한 다음 하나님은 구속에 착수하셔서 인류가 타락 전에 누렸던 것보다 더 위대하고 충만한 하나님과의 관계를 고대하게 하셨다. 아담은 하나님의 친구로 불렸지만, 모든 신자는 아들로 불리는 특권을 누릴 것이다. 많은 사람이 지적하듯이 이 아들이라는 용어는 훨씬 더 친밀한 관계를 시사한다. 우리는 에덴동산으로 다시 돌아가지 않고 새 예루살렘으로 간다. 성경의 신학은 일관되게 새 예루살렘, 새 하늘과 새 땅을 향해 나아가는 듯하다. 그것은 우리가 전에 있던 곳으로의 복귀가 아니다.
사이먼 비버트(Simon Vibert)

중요한 것은 인간의 타락, 즉 하나님에 대한 거부가 비극적이고 통탄할 일이라는 사실을 인정하는 것이다. 그것은 하늘의 높으신 왕께 대한 반역이다. 우리는 타락의 큰 비극을 조금도 축소하고 싶지 않다.

하지만 하나님의 주권적인 계획이 이루어져 가는 것을 보면서, 결국 우리가 무죄한 상태의 아담과 하와처럼 동산에 머물렀더라면 얻었을 결과보다 훨씬 더 나은 결과를 얻게 된다는 것을 알 수 있다. 이는 우리가 구속을 통해 결국은 무죄한 상태에 있게 될 뿐만 아니라 바로 삼위일체 하나님의 교제에 참여하게 될 것이기 때문이다.

그리스도 안에서의 구속과 그리스도에 대한 우리의 믿음으로 말미암아, 우리는 성부와 성자와 성령이 영원토록 갖고 계신 삼위일체의 교제에 초대를 받으며, 하나님의 성품에 참여하는 자가 되고, 그리스도와 함께 상속자가 된다. 그리스도 안에서 우리의 상태는 우리가 있을 수 있었던 상태보다 훨씬 탁월하다. 따라서 우리는 타락으로 인해 생긴 놀랍고도 주권적인 복이 있다고 말할 수 있다. 타락이 비통하지 않은 것은 아니다. 그러나 오히려 하나님의 주권적인 선하심과 능력으로 인해 타락은 우리가 타락하지 않았을 경우보다 더 위대한 무언가를 만들어 내는 것이 틀림없다.

K. 에릭 토에네스(K. Erik Thoennes)

물론 예수님의 재림에는 하나님께 영광이 될 또 다른 측면, 즉 모든 인류에게 커다란 경고 역할을 하는 측면이 있다. 주님은 자기 백성에게는 복을 주시지만, 구속자와 왕이신 주님을 거부한 자들에게는 저주를 내리실 것이다. 그들에 대한 징벌은 하나님께 영광이 될 터인데, 이는 이 징벌이 하나님의 거룩하심의 영광을 지켜 주고, 하나님의 공의를 실증하며, 하나님의 백성을 죄의 존재로 인한 억압과 고통에서 벗어나게 해줄 것이기 때문이다. 요한계시록 19장 1-2절과 같은 구절에 따르면 하나님의 의로운 백성은 악인들의 심판을 기뻐할 것이다. 하지만 그때가 오기 전까지 그리스도인들은 일반적으로 이런 생각들로 기뻐하지 않는다. 오히려 가능한 한 많은 사람이 이 끔찍한 운명을 피할 수 있도록 그리스도 안에 있는 죄 사함과 구원의 복음을 선포하는 일에 전념한다.

구속의 기쁨

성경은 신자가 자신의 구속에서 발견할 끊임없는 기쁨의 여러 원천을 언급한다. 아마도 그 가운데 가장 큰 기쁨의 원천은 우리가 하나님과 완전한 교제를 누리게 된다는 사실일 것이다.

아담과 하와는 에덴동산에서 죄를 지은 후 하나님과 서로를 피해 숨었다(창 3:8). 그런 다음 그들은 하나님의 저주를 받고 하나님의 특별한 임재에서 추방을 당했다(창 3:23-24). 그러나 구속의 완성 때 예수님은 우리가 육체로 하나님의 특별한 임재에 들어가며 하나님의 영광을 우리의 눈으로 볼 수 있도록 인간의 본성을 회복시키실 것이다(요 17:24; 요일 3:2; 계 21:3). 4세기 감독인 히포의 아우구스티누스(Augustinus)는 이 복을 다음과 같이 요약했다.

> 미덕의 창조자이신 하나님이 친히 거기 계셔서 상급이 되실 것이다. 하나님보다 더 크거나 좋은 것이 없기 때문에 하나님은 자신을 약속하셨다. 선지자들을 통해 "나는 너희의 하나님이 되고 너희는 내 백성이 될 것이니라."라고 하신 말씀의 의미가 "내가 그들의 만족이 되리라. 내가 사람들이 올바르게 원하는 모든 것, 즉 생명과 건강과 양식, 풍성함과 영광과 명예, 평화와 모든 선한 것들이 되리라."라는 것이 아니면 무엇이겠는가? 이것은 또한 사도가 "하나님이 만유의 주로서 만유 안에 계시려 하심이라."라고 한 말의 올바른 해석이기도 하다. 하나님은 우리가 바라는 목표가 되실 것이다. 우리는 하나님을 끝없이 바라보고, 질리지 않고 사랑하며, 지치지 않고 찬양할 것이다. 이러한 애정의 발산, 이러한 활동은 영생 자체와 마찬가지로 모든 사람에게 틀림없이 공통될 것이다.[1]

---

1) Augustine, *The City of God*, trans. Marcus Dods (repr., Peabody, MA: Hendrickson Publishers, 2009), 779.

하나님과의 완전한 교제를 즐기는 것 외에도 신자들은 또한 서로 온전한 교제를 누리게 될 것이다. 아담의 죄는 하나님과 우리의 관계만 무너뜨리지 않았다. 그것은 우리의 인간관계도 파괴했다. 그러나 우리가 완전히 구속받으면 만국이 치유될 것이다(계 22:2). 전쟁이 끝나고, 불의가 그치며, 관계가 온전히 회복될 것이다. 온 세상이 서로 사랑하고 섬기는 사람들의 평화롭고 우호적이며 가족 같은 공동체가 될 것이다.

이 밖에도 새 하늘과 새 땅을 유업으로 받는 사람들은 그리스도와 함께 새 하늘과 새 땅을 다스릴 것이다. 바울은 이에 대해 이렇게 말했다. "참으면 또한 함께 왕 노릇 할 것이요"(딤후 2:12; 참조. 계 2:26-27; 3:21; 22:5). 아담과 하와는 하나님의 형상으로 창조되었으며, 하나님의 주권 아래 이 피조계를 다스리도록 에덴동산에 배치되었다. 그런데 아담의 죄로 인한 저주와 부패는 인류가 하나님의 궁극적인 목적을 이루도록 이 일을 하는 것을 가로막았다. 그러나 이제 예수님은 자신의 희생과 순종을 통해 아담이 할 수 없었던 일을 하기 시작하셨다. 이제는 예수님이 우리의 언약의 머리가 되셔서 피조물 전체를 다스리신다. 예수님을 통해, 구속받은 인류는 세상의 완성 때에 마침내 하나님께 영광이 되고 모든 피조물에 완전히 유익한 방식으로 피조물을 다스리게 될 것이다.

예수 그리스도는 의심할 여지 없이 이제껏 살았던 사람 가운데 가장 흥미롭고 복합적이며 중요한 인물이시고, 오늘도 여전히 살아 계신다. 예수님은 하늘 보좌에서 다스리시는 모든 피조물의 왕이시며, 언젠가 자신의 영광스러운 나라를 완성하기 위해 다시 오실 것이다. 그때까지는 바울이 말했듯이, "[하나님의 은혜가] 복스러운 소망과 우리의 크신 하나님 구주 예수 그리스도의 영광이 나타나심을 기다리게 하셨으니 그가 우리를 대신하여 자신을 주심은 모든 불법에서 우리를 속량하시고 우리를 깨끗하게 하사 선한 일을 열심히 하는 자기 백성이 되게 하려 하심이라"(딛 2:13-14).

그리스도인은 우리가 누릴 미래의 완전한 구속에 소망의 자세로 응답할 수 있다. 소망은 긍정적인 미래를 확신하며 고대하는 것이다. 소망의 놀랍고도 실제적인 특성은 우리를 북돋는다는 점이다. 소망은 우리를 인내하게 한다. 기운을 차리게 하며, 약속이 실현될 것을 확신하는 기대에 찬 기쁨을 준다. 우리가 지금 노력하는 일이 우리의 제한된 관점에서 볼 때는 약간 불안정하고 불확실하게 느껴질지라도, 소망은 그 결과의 확실한 필연성을 인식하게 함으로써 우리를 북돋는다.

글렌 G. 스코기(Glen G. Scorgie)

복습 문제

1. 성경의 몇 가지 예를 들어 예수님의 재림 방식을 설명하라.
2. 최후의 심판 때 모든 사람에게 일어날 일을 포함하여 완성 때에 예수님이 시작하실 중요한 사건들을 알아보라.
3. 예수님이 재림하시면 어떤 결과가 발생하는가?

토론 문제

1. 완성 때 모든 관계가 회복된다는 사실을 아는 우리는 어려운 관계에 어떻게 접근해야 하는가?
2. 그리스도가 재림하실 때 하나님이 피조물을 새롭게 하신다는 사실을 아는 우리는 지금 피조물을 어떻게 바라보고 대해야 하는가?
3. 현재 상황에서 당신이 얻게 될 최종적인 구속에 응답할 수 있는 구체적인 방법은 무엇인가?
4. 당신이 완성에서 고대하는 일들은 무엇인가?

참고 도서

Berkouwer, G. C. *The Return of Christ*. Translated by James Van Oosterom. Edited by Marlin J. Van Elderen. Studies in Dogmatics. Grand Rapids: Eerdmans, 1972.

Erickson, Millard J. *Contemporary Options in Eschatology: A Study of the Millennium*. Grand Rapids: Baker Book House, 1977.

Hoekema, Anthony A. *The Bible and the Future*. Grand Rapids: Eerdmans, 1979.

Vos, Geerhardus. *The Pauline Eschatology*. Phillipsburg, NJ: Presbyterian and Reformed, 1979.

4장 퀴즈

1부 테스트

2부

그리스도

종종 '예수'가 개인 이름이고 '그리스도'가 성이라고 오해하기도 하지만, 사실 그리스도라는 단어는 하나님 나라에서 예수님이 행하시는 섬김과 영광을 나타내는 칭호다. 이 단어는 단순하게 '기름 부음 받은 자'를 의미한다. 그리스도에 해당하는 영어명(Christ)은 구약 히브리어 마시아흐(*māšiah*), 즉 메시아를 신약 헬라어로 번역한 크리스토스(*christos*)의 영어식 표기다. 많은 사람이 성경이 기름 부음을 받은 자라는 용어를 예수님께만 사용하지는 않는다는 것을 알고 놀란다. 이 용어는 구약에서 하나님의 특별한 종임을 나타내기 위해 기름을 부었던 사람들을 가리키는 아주 일반적인 용어다. 구약 역사의 어느 단계에서는 모든 선지자와 제사장과 왕을 일반적으로 기름 부음 받은 자라고 부를 수 있다. 예를 들어 구약에서 이 용어의 중요한 의미 중 하나는 왕으로 섬겼던 다윗의 자손들을 가리키는 것이었다. 그럼에도 불구하고 구약 성경 일부에서는 아주 특별한 기름 부음 받은 자가 미래에 오실 것이라는 기대를 일으켰다. 그분은 이 모든 역할을 독특하게 구현하실 것이며, 세상에서 하나님의 모든 목적을 성취하실 것이다. 그분은 유대인들 가운데서 단순하게 메시아나 그리스도라고 알려지게 되었다. 당연히 전 세계의 그리스도인들은 예수님이 이 위대한 메시아, 즉 궁극적인 기름 부음 받은 자 그리스도라는 것을 알고 있다.

5

탄생과 준비

주요 용어와 개념

그리스도(Christ)
다윗의 자손(heir of David)
동정녀 탄생(virgin birth)
불가범성(impeccability)
세례(baptism)
신성(divine nature)
위격적 연합(hypostatic union)
칼케돈 신경(Chalcedonian Creed)

기름 부음 받음(anointed)
동정(同情, sympathy)
메시아(Messiah)
성육신(incarnation)
순종(obedience)
예수님의 시험(Jesus's temptation)
인성(human nature)

예수님이 태어나시기 전, 천사들은 동정녀인 예수님의 어머니 마리아와 정혼자 요셉에게 예수님의 탄생을 알렸다. 천사 가브리엘이 마리아에게 예수님의 탄생을 예고했으며(눅 1:26-38), 주의 사자가 요셉에게 비슷한 메시지를 전달했다(마 1:20-21).

요셉과 마리아는 로마 제국에 속해 있던 이스라엘에 살았다. 마리아의 임신 말기에 요셉과 마리아는 가이사 아구스도의 명령에 따라 베들레헴 마을에서 인구 조사를 위한 호적 신고를 해야 했다(눅 2:1-5). 그들이 베들레헴에 있을 때 마리아의 해산날이 찾기에 예수님은 베들레헴에서 탄생하셨다(눅 2:6-20). 수많은 천사가 인근에 있던 목자들에게 예수님의 탄생을 알렸으며, 와서 예수님을 본 목자들은 자기들이 보고 들은 소식을 전파했다. 역사학자들은 대부분 누가가 언급한 통치자들과 당대의 사건들뿐만 아니라 성경 외부의 역사에 근거하여 예수님이 주전 4년경에 태어나셨다는 데 동의한다.

성경에는 예수님의 어린 시절이 많이 기록되어 있지 않지만, 누가복음 2장 21절은 예수님이 태어나신 지 8일 만에 이름이 지어지고 할례를 받았다고 말한다. 약 한 달 뒤쯤 그 부모가 예수님을 성전에 데려갔을 때, 하나님의 신실한 종인 시므온과 안나는 예수님이 그들이 오래 고대하던 그리스도이심을 알아보았다(눅 2:22-40). 또한 별들의 초자연적인 이동을 통해 예수님의 탄생을 알게 된 동방 박사들도 예수님이 유대인의 왕이심을 알아보았다(마 2:1-12).

그러나 예수님은 이스라엘에 오래 머물지 않으셨다. 유대인의 왕인 헤롯 대왕은 동방 박사들을 통해 새로운 유대인의 왕이 탄생했다는 것을 알게 되자 새로 탄생한 메시아를 죽이려 했고, 베들레헴 인근의 두 살 이하 남자아이들을 모두 죽이라고 명령했다. 그러나 하나님의 경고하심으로 요셉은 가족과 함께 애굽(이집트)으로 도망했다. 헤롯이 죽자 예수님의 가족은 이스라엘로 돌아왔지만, 하나님의 또 다른 경고에 따라 요셉은 새로운 유대 왕인 헤롯의 아들 아켈라오에게서 멀리 떨어진 나사렛이라는 작은 마을에 정착했다(마 2:13-23).

예수님이 성장하시자 예수님의 가족은 예루살렘에 올라가 유대인의 절기들에 참석했다. 예수님이 열두 살 되셨을 때, 이런 절기에 참석하기 위한 여행 중 예수님은 그분의 지식과 지혜로 종교 지도자들과 교사들에게 큰 감명을 주셨다(눅 2:41-52). 그리고 서른 살쯤 되셨을 때, 예수님은 공적인 사역을 준비하기 시작하셨다. 먼저 예수님은 세례 요한에게 세례를 받으셨다(마 3:13-17; 막 1:9-11; 눅 3:21-23). 세례를 받으신 후에는 곧바로 광야에서 40일 동안 금식하셨다(마 4:1-11; 막 1:12-13; 눅 4:1-13). 이 기간에 예수님은 공적인 사역의 시작을 위해 등장하시기에 앞서 사탄의 시험을 물리치셨다.

성육신

'성육신'이라는 신학 용어는 영원하신 성자 하나님이 인간의 몸과 영혼 모두를 포함하는 인간 본성을 취하신 일을 가리킨다. 성경은 많은 곳에서 성육신에 대해 말한다(요 1:14; 빌 2:6-7; 히 2:14-17).

동정녀 탄생

예수님의 어머니 마리아는 임신하여 예수님을 낳았을 때 동정녀였다. 마리아는 성령의 기적적인 개입을 통해 예수님을 잉태했으며, 예수님을 낳을 때까지 동정녀 상태로 남아 있었다(마 1:18-25; 눅 1:26-38).

예수님은 여자에게서 나셨으므로 참 인간이시다. 하나님이 최초에 세우신 질서는 피조물이 종류대로 번식하는 것이었다(창 1:21-28). 이 사실의 한 가지 구체적인 결과는, 인간 여자는 언제나 인간 아기를 낳는다는 것이다. 이 말은 예수님이 다른 모든 인간 아기와 똑같이 모태에서 발육하셨으며, 따라서 육체와 영혼으로 이루어진 참된 인간 본성을 받으셨다는 것을 의미한다.

주후 325년에서 389년경에 살았던 콘스탄티노폴리스 감독 나지안조스의 그레고리오스(Gregorios)는 예수님의 참된 인성의 중요성에 대해 이렇게 말했다. "왜냐하면 그분은 자기가 취하지 않으신 것을 치유하지 않으셨기 때문이다. …만일 아담이 절반만 타락했다면, 그리스도가 취하시고 구원하시는 것도 절반일 수 있다. 그러나 [아담의] 본성 전체가 타락했다면, 그것이 태어나신 그분의 본성 전체와 결합해야 하며, 그렇게 함으로 전체가 구원을 받아야 한다. 그러므로 그들이 우리의 완전한 구원을 못마땅해하거나 단지 뼈와 신경과 인류의 모습만을 구주에게 입히지 못하게 하라."[1]

히브리서 2장 17절을 반영하여 그레고리오스는 인간의 구원에는 우리와 마찬가지로 완전한 인성을 가지신 구주가 필요하다고 인정했다. 또한 예수님이 성령에 의해 기적적으로 잉태되셨으므로, 예수님의 인성은 죄에 전혀 오염되지 않으셨다. 자연적인 출산으로 태어난 모든 인간은 아담의 원죄로 인한 죄책을 짊어지고 있다(롬 5:12-19). 우리 역시 부패했고 죄가 내재하고 있

---

1) Saint Gregory Nazianzen to Cledonius the Priest, in *A Select Library of Nicene and Post-Nicene Fathers of the Christian Church*, 2nd ser., ed. Phillip Schaff and Henry Wace (1894; repr., Peabody: Hendrickson Publishers, Inc., 1995), 7:440.

다(롬 7:5-24). 그러나 예수님은 죄로 인한 죄책이나 부패, 내주하는 죄의 실재가 없이 태어나셨다(눅 1:35; 고후 5:21; 요일 3:5). 신학자들은 예수님이 인간 어머니에게서 죄책과 부패를 물려받지 않으신 방법에는 어떤 신비가 개입되어 있다는 점을 언제나 인정하는데, 대부분은 예수님의 초자연적인 잉태 때문이라고 본다.

> 예수님이 죄가 없으신 것이 중요했던 이유는 예수님이 죄인들을 구속하러 오셨기 때문이다. 예를 들어 구약의 제사 제도는 흠이나 결함이 없는 동물을 제물로 바치도록 요구했는데, 이 제사 제도 전체가 예표한 것은 우리를 대속하기 위해 오시는 예수님이 죄나 흠이 없으셔야 한다는 것이었다. 죄인들을 대속하시는 분은 죄가 없으셔야 한다.
> **로버트 G. 리스터**(Robert G. Lister)
>
> 대속 제물에 대한 구약의 이미지를 성취하려면 희생 제물이 죄가 없는 제물, 즉 완전한 제물이어야 한다. 만일 그리스도가 어떤 식으로든 죄악된 본성에서 우리와 동반자가 되어 죄악된 행동을 하는 경향이 있으셨다면, 거룩하신 하나님이 보시기에 예수님도 그분의 궁핍을 대신할 누군가가 필요했을 것이다. 그러나 예수님이 다른 궁핍한 자들의 중재자가 될 자격이 있으셨던 것은 예수님이 죄가 없으셨기 때문이었다.
> 이와 모순되지 않고 이것을 보완해 주는 또 다른 관점은, 예수님을 둘째 아담, 즉 첫째 아담이 실패한 곳에서 그 일을 올바로 해내신 분으로 이해하는 것이다. 아담은 완전한 순종의 삶을 드리는 데 실패했지만, 예수 그리스도는 그것을 성취하셨다. 그러므로 예수님을 둘째 아담으로 보든지 죄에 대한 완전하고 적합한 제물로 보든지, 그리스도의 무죄성은 메시아에 대한 좋은 소식에 대단히 중요하다.
> **글렌 G. 스코기**(Glen G. Scorgie)

동정녀 잉태와 탄생 또한 예수님이 자기 백성을 죄와 죽음에서 구원할 메시아가 되시는 데 필수적이었다. 꿈에 천사가 요셉에게 한 말을 생각해 보라. "[마리아가] 아들을 낳으리니 이름을 예수라 하라 이는 그가 자기 백성을 그들의 죄에서 구원할 자이심이라"(마 1:21). 복음서 저자 마태는 요셉의 예언적인 꿈을 이렇게 해석했다. "이 모든 일이 된 것은 주께서 선지자로 하신 말씀을 이루려 하심이니 이르시되 보라 처녀가 잉태하여 아들을 낳을 것이요 그의 이름은 임마누엘이라 하리라 하셨으니 이를 번역한즉 하나님이 우리와 함께 계시다 함이라"(마 1:22-23). 이 설명에서 마태는 이사야 7장 14절을 인용했다. 이는 처녀가 아들을 낳는 표징이 하나님이 이스라엘을 지상의 원수들에게서 구원하실 것을 입증한다고 가르쳤다(사 7:3-16). 비슷하면서도 더 위대한 방식으로, 예수님이 동정녀 마리아에게서 나심은 하나님이 자기 백성을 죄에서 구원하실 것임을 입증했다. 또한 천사가 분명히 밝히듯이 하나님은 태어난 이 아이를 통해 그 구원을 이루실 것인데, 이는 이 아이가 단순히 표징이 아니라 그리스도이셨다는 것을 입증한다.

어떤 복음주의 학자들은 동정녀 탄생에 대한 이사야의 예언이 예수님을 직접 가리키는 것이라고 믿지만, 다른 이들은 예수님을 예표적으로 가리킨다고 믿는다. 그러나 모든 복음주의자는 성령이 기적적으로 마리아가 임신하게 하셨다는 것과, 예수님의 동정녀 탄생은 그분이 약속된 메시아이시며 하나님이 예수님을 통해 죄와 죽음에서 자기 백성을 구원하실 것임을 입증한다는 데 동의한다.

다윗의 자손

예수님이 다윗의 자손이심을 인식하는 것이 중요한 이유는 이 점이 예수님께 메시아 또는 그리스도가 되실 합법적인 권리를 주기 때문이다. 주전 10세기에 하나님은 다윗과 언약을 맺으시고, 다윗의 자손 중 한 사람의 왕권 아래 이 땅에 영원한 나라를 세우시겠다고 약속하셨다(삼하 7장; 대상 17장).

구약 역사는 다윗과 그의 자손인 왕들의 죄가 하나님의 백성에게 많은 불행을 초래했다고 말해 준다. 다윗의 왕국은 그의 아들 솔로몬이 죽은 다음 분열했으며, 결국 외세에 패배하여 포로로 끌려갔다. 그러나 구약은 메시아 또는 그리스도라고 알려진 다윗 혈통에서 난 미래의 왕이 마침내 나라를 회복하실 것이라고 예언했다(시 89:3-4; 110:1-7; 132:17). 메시아는 다윗의 나라를 새롭게 하시고 포로들을 약속의 땅에 돌아오게 하실 것이다. 또한 회복된 나라에 하나님의 가장 큰 복을 내리실 것이다(렘 23장; 30장; 33장; 겔 34:20-31; 37:20-28). 마태복음 1장과 누가복음 3장에 나오는 예수님의 족보에서 예수님이 다윗의 자손이시라는 사실을 강조하는 이유가 이 때문이다. 이 족보들은 예수님이 메시아 또는 그리스도의 직분을 맡으실 합법적인 권리를 가지고 계신다는 것을 보여주기 위한 것이다.

> 마태복음 1장에 나오는 예수님의 족보는 예수님이 어째서 다윗의 자손이신지를 보여준다. 이 점은 참으로 중요하다. 왜냐하면 구약으로 거슬러 올라가 보면 하나님은 하나님 나라의 원형 즉 하나님의 통치를 세상에서 실행할 방법을 효과적으로 확립하셨으며, 하나님을 대신해 하나님의 백성을 다스리는 하나님의 통치의 예표나 본보기가 다윗이었기 때문이다. 하나님이 하나님 나라의 원형을 구약에 정립해 두셨으므로, 예수님이 오셔서 그 원형을 성취하시는 것은 정말 중요하다. 사무엘하 7장에서 하나님은 한 사람이 영원히 다윗의 보좌에 앉아 하나님의 왕적 통치를 시행할 것이라고 다윗에게 약속하셨다. 고대 이스라엘에 오륙백 년 동안 더 이상 왕이 없었으므로, 어떤 의미에서 이 약속은 깨졌다고 할 수 있다. 그런데 예수님이 오시고, 우리는 복음서에서 예수님이 이제 다윗의 보좌에 앉아 계신다는 글을 읽는다. 메시아가 오실 때 그분이 다윗의 혈통으로 오신다는 것은 매우 중요하다.
> **피터 워커**(Peter Walker)

위격적 연합

'위격적 연합'이라는 전문 용어는 예수님이 한 인격(위격)에 구분되는 두 본성(신성과 인성)을 지니셨으며 두 본성이 고유한 속성을 유지한다는 신비한 사실을 가리킨다. 예수님은 삼위일체의 두 번째 위격이시다. 예수님은 영원토록 하나님의 모든 속성을 완전하게 갖고 계신다. 인간으로 잉태되고 탄생하셨을 때 예수님은 인간의 모든 근본적인 속성으로 이루어진 참된 인간 본성을 자신의 인격에 더하셨다.

주후 451년에 열린 칼케돈 공의회는 위격적 연합에 대한 성경의 가르침을 칼케돈 신경 혹은 칼케돈 신조 혹은 칼케돈 정의라고 불리는 진술로 요약했다. 이 진술은 성자의 인격과 본성에 대한 성경의 여러 가르침을 축약된 교리로 농축한다. 부분적으로 보면, 칼케돈 신경은 이렇게 말한다. "우리 주 예수 그리스도는…하나님으로서 완전하시고 사람으로서도 완전하시다. 참 하나님이시며 이성적인 영혼과 몸을 가진 참 사람이시다. 그분은…모든 점에서 우리와 같으시나 죄는 없으시다. …두 본성이 혼합되지도 않고, 변하지도 않으며, 분할되거나 분리되지도 않음을 인정한다. 위격적 연합을 이룬다고 해서 두 본성의 구별이 없어지는 것도 아니다. 오히려 각 본성의 특성이 보존되면서 한 인격과 본체로 연합되어 있다."[2] 이 정의가 다소 전문적이기 때문에 그 신학적인 주장들 가운데 일부는 설명이 필요하다.

두 본성. 첫째, 칼케돈 신경은 예수님이 두 본성, 즉 신성과 인성을 갖고 계신다고 말한다. 신성과 관련하여, 하나님의 영원하신 아들은 하나님께 필수적인 모든 속성을 언제나 소유하셨으며 언제나 소유하실 것이다. 예를 들어 성자는 "존재와 지혜와 능력과 거룩함과 공의와 선과 진실함에 있어 무한하시고 영원하시며 불변하시다."[3] 결과적으로 구약이 하나님의 본성에 대해 말하는 것은 모두 예수님께도 해당된다(참조. 요 1:1-3; 10:30; 히 1:2-3). 이것은 예수님이 유일한 그리스도이심을 의미한다. 예수님은 언제나 하나님의 뜻을 행하시며 절대로 타락하지 않으신다. 예수님은 약속을 철회하시거나 이루지 못하시는 일이 결코 없다. 게다가 예수님의 본질적인 완전하심은 그분이 우리를 위해 십자가에서 죽으셨을 때 그분을 무한히 가치 있는 희생 제물이 되게 했다.

---

[2] Phillip Schaff, *The Creeds of Christendom, with a History and Critical Notes*, vol. 2, *The Greek and Latin Creeds, with Translations* (repr., Grand Rapids: Baker Book House, 1919), 62.
[3] 웨스트민스터 소요리문답 4문의 답.

> 위격적 연합에서 우리는 두 본성과 한 인격에 대해 말하는데, 이 두 본성은 그 한 인격에 연합되어 있다. 본성이라는 말은 예수님의 인성과 신성의 특성, 요소, 고유성, 본질을 의미한다. 인성은 반드시 두 가지 본질, 즉 육체와 영혼, 영적인 요소와 육적인 요소를 지닌다. 신성은 하나님의 모든 고유성과 모든 능력, 모든 특질을 지닌다. 예수님은 두 가지 실체, 두 가지 존재 양식, 두 가지 생활 방식을 모두 갖고 계신다. 예수님은 완전한 인간, 즉 백 퍼센트 인간이시며, 따라서 예수님의 인성을 언급하는 것은 예수님이 인간으로 간주되는 모든 특성을 가지셨다고 말하는 것이다. 또한 예수님의 신성은 예수님이 하나님, 즉 신적인 인격이 되시는 데 필요한 모든 특성을 가지셨다는 것을 의미한다.
>
> **존 매킨리**(John McKinley)

(전혀 죄가 없으신) 인성에 있어서 예수님은 인간의 육체적인 몸과 인간의 영혼과 같이 인간에게 필수적인 모든 속성을 소유하신다. 이런 이유로 예수님은 약함과 상처와 죽음을 겪으셨으며 일반적인 육체적 한계를 지니셨다(히 2:14, 17; 4:15; 빌 2:5-7). 예수님의 인성은 예수님의 그리스도 역할에 대단히 중요하다. 인성은 예수님이 다윗의 자손이 되실 수 있게 했으며, 선지자와 제사장과 왕과 같은 인간의 직책을 맡으실 수 있게 해주었다. 또한 인성은 예수님이 우리 대신 죽으셨을 때 우리의 대리자가 되실 자격을 부여했는데, 이는 오로지 인간의 죽음만이 인간의 죄를 속할 수 있었기 때문이다(히 2:14-17).

> 성육신에서, 영원히 성자를 낳으시는 하나님이 마리아를 덮으시며, 성령은 마리아가 인성을 잉태하게 하신다. 따라서 예수님은 우리의 인간성과 관련된 모든 것, 즉 하나님이 우리를 하나님의 형상을 지닌 사람으로 창조하셨던 데 필수적인 모든 것을 갖고 계신다. 예수님은 인간의 감정을 갖고 계신다. 예수님은 인간의 마음을 갖고 계신다. 예수님은 인간이 결정하는 방식으로 결정하신다. 인간이 고려하는 모든 것에 근거하여, 조나단 에드워즈(Jonathan Edwards)가 "이해의 마지막 지시"[4]라고 부른 것에 근거하여 결정을 내리신다. 이처럼 예수님은 인간인 우리의 존재 및 행위와 관련된 모든 것을 취하신다.

---

4) Jonathan Edwards, *Freedom of the Will* (1754; repr., Grand Rapids: Christian Classics Ethereal Library, 2009), 9.

그러나 동시에 신비하게도 그분이 성부 하나님과 함께 가지셨던 영광의 외적인 발현을 비우셨음에도 불구하고 예수님은 하나님의 아들이시라는 영원한 존재의 중심이 되는 속성들 가운데 어느 것도 비우지 않으셨다. 예수님은 전능하셨으며, 지금도 그러하시다. 예수님은 전지하셨으며, 지금도 그러하시다. 예수님은 불변하는 거룩함을 갖고 계셨으며, 지금도 그러하시다. 예수님은 하나님의 아들로서 구속이 필요한 이유를 완전히 알고 계셨으며, 지금도 그러하시다. 예수님은 그분의 영원한 신성에 속해 있던 이 모든 것 가운데 하나도 포기하지 않으셨다.

그러므로 위격적 연합에 존재하는 본성들을 생각할 때, 우리는 인간이 구속을 받아야 하므로 예수님이 완전한 인성을 갖고 계시며, 오직 하나님만이 그런 구속을 성취하실 수 있으므로 예수님이 완전한 신성을 갖고 계신다고 확언한다. 하나님이 구주이시다. 그러므로 예수님은 한 인격 안에 존재하는 완전한 신성과 완전한 인성을 갖고 계신다.

토머스 J. 네틀스(Thomas J. Nettles)

본성의 구별. 둘째, 칼케돈 신경은 또한 예수님의 두 본성이 구별된다고 주장한다. 예수님은 신성과 인성이 하나로 합쳐진 혼합 본성을 갖고 계시지 않는다. 예수님의 인성은 신성을 방해하지 않으며, 예수님의 신성이 인성을 어떻게든 향상시키지도 않는다. 각 본성은 변하지 않고 온전하게 남아 있다. 요한이 예수님의 신성과 인성을 확언하는 데서 이 점을 볼 수 있다(요 1:3; 8:40). 이런 이유로 예수님은 하나님이셨음에도 지식과 경험과 사랑스러움에 있어 자라셔야 했다(눅 2:52). 인성의 관점에서 보면, 예수님은 여전히 걷는 법과 말하는 법, 사고하는 법 등을 배우셔야 했다. 예수님은 여전히 하나님의 뜻을 배우셔야 했다. 이런 것들은 예수님의 그리스도 역할에 중요했다. 왜냐하면 예수님이 인간의 관점에서 지식과 경험에 있어 자라시게 함으로 우리의 연약함에 대해 더욱 자비로우시며 동정하실 수 있게 했기 때문이다(히 2:17-18).

한 인격. 셋째, 칼케돈 신경은 예수님이 오직 하나의 인격이라고 확언한다. 예수님은 마치 사람의 인격이 자기 몸에 하나님의 신격을 모신 것처럼 두 인격이나 두 마음을 갖고 계시지 않는다. 예수님은 마치 신격이 인격과 융합된 것처럼 구별되는 두 인격이나 마음이 조합되거나 혼합된 하나의 인격이 아니시다. 예수님은 항상 하나님의 아들로 알려진 영원히 동일하신 삼위일체의 둘째 위격이시다(요 17:1-5; 골 2:9). 이것은 예수님이 지금도 하나님의 모든 특성을 완전하게 나타내 보이신다는 것을 의미하기 때문에 대단히 중요하다. 예를 들어 인성의 관점에서 예수님은 지식을 습득하셔야 했지만, 신성과 신격의 관점에서 예수님은 언제나 전지하셨으며 언제나 전지하실 것이다. 예수님이 하나님의 모든 속성을 완전하게 나타내 보이시므로, 우리는 의문의 여지 없이 예수님을 믿고 섬길 수 있으며, 예수님이 모든 약속과 계획을 이루실 것을 신뢰할 수 있다.

> 위격적 연합에서, '위격'(hypostasis, 인격)이라는 단어는 주체나 행위자를 의미한다. 이 인격은 두 본성을 가진 통일체다. 이 인격은 그분이 하나님으로 행하시든 사람으로 행하시든 간에 그분의 본성을 통해 이루어지는 모든 행위의 배후에 있는 궁극적인 실체다. 인격은 본성을 소유한 어떤 사람이다. 이것은 누구의 몸인가? 이것은 내 몸이다. 이것은 나다. 그것이 인격이다. 본성은 내가 가진 본질이다. 그러므로 인격은 타인 및 자의식과 관련된 심오한 실체다.
> **존 매킨리**(John McKinley)
>
> 성육신의 신비는 인간의 의지와 하나님의 의지, 인간의 정서와 하나님의 정서, 인간의 지식 및 무지와 하나님의 전지하심이 있는 두 가지 본성이 모두 한 인격 안에 존재한다는 것이다. 예수님이 아버지 하나님께 순종하고 복종하시는 그리스도라는 인간의 역할을 감당하시는 중에 그 역할에 대해 특별하게 말씀하시는 때가 있다는 것을 깨달을 때, 우리는 성경에서 많은 것을 이해하게 된다. 때때로 예수님은 특이하게 신성 가운데서 행하신다. "이르시되 네 죄 사함을 받았느니라." 하나님 말고 누가 죄를 사할 수 있는가? 그런데 이런 일들을 모두 한 인격이 행하신다. 이는 구속을 위해서는 예수님의 인격에 통일성이 있어야 하기 때문이다. 이 인격에 하나님과 사람이 모두 있는 특이성이 있어야 하기 때문이다.
> **토머스 J. 네틀스**(Thomas J. Nettles)

예수님은 완전한 하나님이시자 완전한 인간으로 존재하시는 유일한 분이시며, 이 특별한 성질은 우리에게 커다란 위로를 준다. 예수님은 완전한 인간이시므로 우리의 모든 약함과 고통을 공감하실 수 있다. 우리 구주 예수님은 죄에 빠지지 않으셨지만, 그 모든 일을 겪고 견디며 사셨다. 그러므로 우리는 예수님을 완전히 신뢰하며 따를 수 있다. 동시에 예수님은 또한 하나님이시므로, 우리는 어떤 인간적인 약함도 우리를 구속하시는 예수님의 능력을 앗아 갈 수 없다는 것과 그분이 우리를 위한 계획과 약속을 이루실 무한한 능력과 권위를 갖고 계신다는 것을 전적으로 확신할 수 있다. 예수님은 완전한 하나님이시며 완전한 인간이시므로 완전한 통치자, 중보자, 구주이시다.

세례

그리스도인들이 예수님이 세례받으신 일을 생각할 때 때때로 혼란스러워하는 이유는, 우리가 흔히 세례를 죄 씻음과 연결하기 때문이다. 예수님은 당연히 죄책과 죄로 인한 부패, 내재하는 죄의 존재에서 완전히 자유로우시다. 그러므로 예수님의 세례는 예수님의 죄를 씻어 준 것이 아니다. 그러나 예수님의 세례는 다른 일을 했다.

그리스도이심의 확증

예수님은 성육신의 시작부터 그리스도 직분을 갖고 계셨다. 요셉의 아들로서 예수님은 유아 때부터 다윗 왕좌의 계승자이셨으며, 천사들은 예수님을 그리스도라고 선포했다(눅 2:11). 그렇지만 예수님이 세례를 받으시고 삼위일체의 다른 두 위격이 그것을 세상에 알리실 때까지, 예수님이 그리스도로 임명되신 것은 완전하게 공적으로 선포되지 않았다. 성령 하나님은 비둘기처럼 예수님 위에 임하심으로 예수님이 그리스도이심을 확증하셨으며, 성부 하나님은 하늘에서 들리는 음성을 통해 예수님이 그리스도이심을 확증하셨다.

비록 이때 성령 하나님도 성부 하나님도 '그리스도'라는 단어를 구체적으로 사용하지는 않으셨지만, 하나님은 이미 세례 요한에게 이 표징을 받는 이가 그리스도라고 알려 주셨다(눅 3:15-22; 요 1:19-36). 또한 성부 하나님이 예수님을 자기가 사랑하는 '아들'이라고 부르셨을 때, 그 말은 부분적으로 예수님이 새로운 다윗 계보의 왕이시라는 것을 의미했다. 고대 근동에서는 왕을 신의 아들이라고 부르는 것이 일반적이었다. 물론 예수님은 다른 의미에서도 하나님의 아들이셨다.

그렇지만 이 사건을 목격한 사람들은 이것이 예수님이 왕이시라는 선포라고 이해했을 것이다. 이 확증은 하나님의 그리스도가 마침내 오셨다는 것을 이스라엘과 세상에 공식적으로 선포함으로써 예수님이 직분을 행하실 준비를 하시게 했다.

임직의 기름 부음

예수님을 그리스도라고 부르는 것에 제기된 한 가지 이의는 예수님이 메시아 직분의 기름 부음을 받은 적이 전혀 없으시다는 것이다. 그러나 대부분의 기름 부음이 기름으로 행해진 것은 사실이지만, 예수님의 경우 하나님이 훨씬 더 위대한 기름 부음을 사용하셨다는 것에 대해서는 전혀 부적절한 점이 없다. 즉 하나님은 예수님의 세례 때 성령으로 기름을 부으셨다(행 10:38). 이 기름 부음은 예수님이 그리스도이심을 공식적으로 선포했으며, 사역을 위한 능력을 예수님께 부어 주었다.

성육신하신 하나님으로서 예수님은 전능하시다. 그러나 그리스도의 직분은 인간의 직분이다. 그러므로 성자 하나님은 사람을 구원하러 오셨을 때 사람처럼 되기 위해 자신의 능력과 영광을 가려 두셨다. 기름 부음 받은 다른 사람들처럼, 예수님은 성령의 능력을 의지하여 사역과 기적을 행하셨다(눅 4:1, 14; 행 10:38). 사도 요한은 예수님의 사역에 대해 이렇게 말한다. "하나님이 보내신 이는 하나님의 말씀을 하나니 이는 하나님이 성령을 한량없이 주심이니라"(요 3:34).

의를 이룸

예수님이 세례를 받으러 세례 요한에게 오셨을 때 요한이 반대한 이유는 예수님이 이미 의로우셨기 때문이었다. 예수님은 결코 죄를 지은 적이 없으셨기 때문에 회개할 필요도 없으셨다.

예수님은 자신이 죄가 없는 것만으로는 충분치 않다고 대답하셨다. 예수님은 자기에게 맡겨진 모든 필수적인 의로운 일을 성취하셔야 했다. 마태복음 3장 14-15절은 이렇게 말한다. "요한이 말려 이르되 내가 당신에게서 세례를 받아야 할 터인데 당신이 내게로 오시나이까 예수께서 대답하여 이르시되 이제 허락하라 우리가 이와 같이 하여 모든 의를 이루는 것이 합당하니라 하시니 이에 요한이 허락하는지라."

예수님의 세례의 중요성은 당시에 사람들에게 세례를 베푼 것이 요한만이 아니라는 점을 이해하면 더 분명해진다. 요한의 그룹을 포함해 다양한 유대인 그룹이 당시 예루살렘의 부패와 절연하고 자신들이 이스라엘의 의로운 남은 자들이라고 여겼다. 이 그룹들은 종종 세례나 정결 의식을 이용해 회원 가입을 받았다. 예수님도 비슷한 일을 행하신 것이다. 즉 요한에게 세례를 받으셨을 때, 예수님은 이스라엘의 신실한 남은 자들과 자신을 동일시하는 데 필요한 의로운 행위를 행하신 것이다.

더구나 예수님의 신분으로 인해 이 세례는 단순한 동일시가 아니었다. 우리와 예수님과의 연합을 통해 예수님의 세례는 우리의 세례가 된다. 우리에게 세례는 하나님에 대한 회개와 순종의 수단이며 상징이다. 물론 예수님 자신은 회개할 것이 전혀 없으시다. 그러나 예수님은 우리를 대신해 회개하셨다. 그 결과 성부 하나님에 대한 예수님의 완전한 회개 행위와 순종은 우리의 회개와 순종으로 간주된다. 이 말은 우리가 더 이상 하나님께 회개하거나 순종할 필요가 없다는 것을 의미하지 않는다. 이는 우리의 회개와 순종이 그 자체로는 절대로 완전하지 않더라도, 하나님이 그리스도 안에서 우리의 회개와 순종을 완전한 것으로 간주하신다는 것을 보증한다.

시험

예수님의 시험 이야기는 익숙한 이야기다. 이 시험의 자세한 내용은 마태복음 4장 1-11절과 누가복음 4장 1-13절에 기록되어 있다. 요약하자면, 성령이 예수님을 광야로 이끌어 가셨고, 거기서 예수님은 40일 동안 금식하신 후 사탄에게 시험을 받으셨다. 예수님은 육체적으로 약해진 상태에서도 영적으로나 정신적으로나 여전히 강하셨다. 예수님은 굶주리셨지만 자신의 필요를 채우기 위해 하나님의 능력을 사용하기를 거부하셨다. 예수님은 권위를 갖고 계셨지만 특권을 과시하여 자신을 증명하기를 거부하셨다. 아버지 하나님을 위해 세상을 정복하는 것이 예수님의 목표였지만 하나님의 대적을 섬기는 쉽지만 죄악된 길을 택하기를 거부하셨다.

많은 신학자가 예수님에 대한 이 사탄의 시험이 에덴동산에서 사탄이 아담과 하와를 시험한 일(창 3장)과 유사하다고 지적한다. 아담이 그랬듯이, 예수님은 자기 백성의 대표이셨다. 그러나 아담이 실패하여 인류 전체에 정죄를 가져온 반면, 예수님은 시험을 이기시고 자기 백성에게 구원을 가져오셨다(롬 5:12-19).

예수님은 시험을 받으셨다. 예수님은 모든 면에서 우리와 마찬가지로 시험을 받으셨지만 죄는 없으셨다고 성경은 말한다. 사람들은 당연히 광야 시험(또는 시험들)이라고 알려진 사건을 떠올릴 것이다. 이는 예수님이 공적 사역을 시작하실 때 세례를 받으신 후 겪으신 세 가지 시험으로, 이 시험에서 마귀를 직접 대하셨다. 아마 우리 대부분은 마귀를 직접 대하는 일이 전혀 없을 것이다(마귀의 졸개 하나 정도는 괜찮겠지만). 그러나 예수님의 경우에는 사탄이 직접 와야 했다.

사실 예수님의 생애는 전체가 시험이었다. 예수님이 광야에서만 시험을 받으셨다고 생각하는 것은 오산이다. 광야 시험은 비중이 크고 예수님의 정체성과 사명에 특별히 초점이 맞춰진 것이었다. 그러나 예수님은 평생 시험을 받으셨다.

요점은 예수님이 우리의 대표시라는 것이다. 예수님은 우리의 대리자이시다. 예수님은 마지막 아담, 두 번째 사람이시다. 그러므로 아담이 동산에서 시험을 받았듯이, 마지막 아담도 뱀에게 시험을 받으셔야 한다. 예수님이 우리를 대표하시려면, 우리가 시험을 받듯이 모든 면에서 시험을 받으셔야 한다. 그렇지 않으면 예수님은 우리의 대리자가 되실 수 없다. 성경은 예수님이 사역 기간에 한 번도 죄에 빠지신 일이 없다는 것을 매우 분명하게 보여준다. 예수님은 죄가 없으셨다. 예수님은 생각에도, 말에도, 행동에도 죄가 없으셨다. 그러나 예수님이 우리의 죄를 짊어지는 대리자가 되시기 위해서는 반드시 시험을 받으셔야 했다.

데릭 토머스(Derek Thomas)

순종

예수님은 전혀 죄가 없으셨다. 예수님은 하나님께 절대로 불순종하지 않으셨다. 그렇지만 예수님은 또한 완전히 그리고 참으로 인간이셨다. 인간으로서 예수님은 하나님의 의로운 요구들을 배우셔야 했으며, 평생 도전과 시험을 이겨 내셔야 했다. 히브리서 5장 8-9절은 예수님이 "받으신 고난으로 순종함을 배워서 온전하게 되셨은즉 자기에게 순종하는 모든 자에게 영원한 구원의 근원이 되시고"라고 말한다. 예수님이 받으신 시험에서 보듯이, 예수님은 율법의 요구를 준수하실 뿐만 아니라 또한 자기의 삶에 대한 아버지의 계획에 복종하심으로 하나님께 순종하셨다. 이 순종은 예수님의 그리스도 사역을 준비시켰다. 예수님이 하나님께 열납하실 만한 제사를 드리심으로 영원한 구원의 근원이 되실 수 있게 했기 때문이었다.

동정

예수님은 시험에 굴복하지 않으셨지만, 유혹을 강하게 느끼셨다. 예수님은 사탄이 제안하는 것들이 매력적이라고 인식하셨다. 금식하신 후 약해진 상태에 계셨기 때문에 이 유혹하는 것들은 훨씬 더 매력적으로 보였을 수 있다. 예수님의 이 경험은 삶에서 유혹을 당하며 씨름하는 우리에 대한 동정과 이해를 성장시켰다. 히브리서 4장 15절은 이렇게 말한다. "우리에게 있는 대제사장은 우리의 연약함을 동정하지 못하실 이가 아니요 모든 일에 우리와 똑같이 시험을 받으신 이로되 죄는 없으시니라."

> 예수님이 죄의 유혹을 당하시고 이겨 내신 것은 예수님이 모든 면에서 완전한 인간이셨다는 것이기에 그리스도인들에게 커다란 위로를 준다. 예수님은 시험을 당하셨지만 거기에 굴복하지 않으셨다. 예수님이 견뎌 내신 모든 일은 그리스도인들이 시험에 어떻게 대처해야 하는지 보여주는 모범이 된다.
> **사이먼 비버트**(Simon Vibert)
>
> 예수님은 죄의 유혹을 당하고 이겨 내셨다. 히브리서 4장은 여기에 대해 길게 이야기한다. 이 사실은, 우리가 무언가 잘못된 일이나 악에 이끌릴 때 우리 중 많은 이들이 자기가 혼자라고 느끼거나 자기만 그런 일을 겪는다고 여기는 두려움을 해결해 준다. 사실 예수님은 그때 지상 생애에서 시험당하는 것이 무엇인지 이해하셨으며, 우리의 대제사장으로서 하늘에 계시는 오늘날에도 그것을 이해하신다. 그러므로 우리는 혼자가 아니라는 것과 우리가 예수님께 가져갈 수 있는 것 가운데 예수님이 이미 이해하지 못하신 것은 아무것도 없음을 확신할 수 있다. 예수님은 지금 어떤 상황에서도 우리를 도울 수 있으시다.
> **제임스 D. 스미스 3세**(James D. Smith III)

불가범성

'불가범성'이라는 말은 '죄를 지을 수 없음'을 의미한다. 그리스도인들은 예수님이 죄를 지을 수 없으시다는 사실을 가리키기 위해 여러 세기 동안 이 단어를 사용해 왔다. 신학자들은 종종 예수님의 불가범성을 예수님의 시험과 관련해 이야기하는데, 이는 예수님의 생애에서 이때가 죄를 지으실 가능성이 가장 컸던 때였기 때문이다.

모든 그리스도인은 예수님이 절대로 죄를 지은 적이 없으시다는 것을 알고 있다. 예수님은 시험에 굴복하지 않으셨으며, 악한 생각이나 욕망을 품거나 죄악된 말을 한 적이 전혀 없으시다(고후 5:21; 히 4:15; 7:26; 벧전 2:22; 요일 3:5). 그러나 예수님이 죄를 지을 수 없으셨다는 것을 모든 사람이 이해하는 것은 아니다. 때때로 우리는 예수님이 참 사람이 되시려면 죄를 지을 수 있으셔야 했다고 생각하는 오류를 범한다.

그러나 죄를 지을 수 있는 능력은 인성에 본질적인 것이 아니다. 그것은 인간의 근본 속성이 아니다. 어쨌든 우리가 죽으면 다시는 죄를 지을 수 없을 것이다. 더욱이 예수님은 삼위일체의 둘째 위격이시며, 하나님은 죄를 지을 수 없으시다. 하나님은 의와 정결의 완전한 기준이시다. 하나님은 자기의 본성과 상반되는 것을 생각하거나 말씀하실 수 없다. 삼위일체의 세 위격 모두가 언제나 죄를 지을 수 없으셨으며, 언제나 그러실 것이다(합 1:13; 약 1:13; 요일 1:5).

이런 점이 예수님의 시험을 덜 현실적으로 만들지는 않는다. 그분의 인성 때문에 예수님은 인간의 관점에서 시험을 당하셨다. 예수님은 사탄이 제안하는 것들의 가치를 인식하셨고, 그것들이 줄 수 있는 유익을 예민하게 이해하셨다. 따라서 예수님의 순종과 동정은 조금도 약화되지 않는다. 사실 예수님은 죄를 지을 수 없으셨으므로 하나님에 대한 순종과 우리에 대한 동정이 실제로 더 커졌다고 말할 수도 있다. 예수님은 시험의 경험을 통해 완전하게 배우셨으며, 따라서 이제 우리의 필요에 완전히 적합하게 응답하신다.

예수님의 탄생과 준비는 복음서에 비교적 간략하게 기술되어 있어서 때때로 간과되기도 한다. 그러나 이 사건들은 절대로 우리의 신학의 변두리로 밀려나지 말아야 한다. 메시아이신 예수님의 탄생과 준비는 하나님의 백성을 향한 하나님의 크신 사랑과 자비를 보여준다. 또한 하나님이 약속하신 기름 부음 받으신 이가 오셨음을 우리에게 확신시켜 준다. 하나님은 우리를 죄와 죽음의 손아귀에 내버려 두지 않으셨다. 하나님은 자기 아들을 그리스도로 보내심으로써 약속을 지키셨다.

복습 문제

1. 예수님의 성육신에서 예수님이 그리스도이심을 증명하는 사항들은 무엇인가?
2. 예수님의 세례는 어떻게 예수님이 사역을 준비하시게 했는가?
3. 예수님의 광야 시험의 목적은 무엇이었는가?

토론 문제

1. 예수님이 완전한 인간이시며 완전한 하나님이시라는 점을 아는 것은 우리에게 어떤 위로를 주는가?
2. 예수님의 세례는 우리가 불신자들과 관계를 맺는 방식에 어떻게 영향을 미치는가?
3. 당신은 예수님이 죄의 유혹을 당하셨고 이겨 내셨다는 사실에서 어떤 위로와 격려를 얻는가?

참고 도서

Frame, John. "Virgin Birth of Jesus." In *Evangelical Dictionary of Theology*, edited by Walter A. Elwell, 1143–1145. Grand Rapids: Baker Book House, 1984.

Reymond, Robert L. *Jesus, Divine Messiah: The New Testament Witness*. Phillipsburg, NJ: Presbyterian and Reformed, 1990.

Strimple, Robert B. "Philippians 2:5–11 in Recent Studies: Some Exegetical Conclusions." *Westminster Theological Journal* 41, no. 2 (Spring 1979): 247–268.

Wells, David F. *The Person of Christ: A Biblical and Historical Analysis of the Incarnation*. Westchester, IL: Crossway, 1984.

5장 퀴즈

6

공적 사역

주요 용어와 개념

기적적인 능력(miraculous power)　　공적 사역(public ministry)
변모(transfiguration)　　복음(gospel)
사도적 고백(apostolic confession)　　하나님 나라(kingdom)
회개(repentance)

예수님의 공적 사역은 공개적으로 복음을 선포하심으로 시작하여 예루살렘에 도착하시는 마지막 절정으로 끝난다. 공적 사역을 시작하셨을 때 예수님은 서른 살 정도이셨다(눅 3:23).

사복음서, 특히 요한복음이 제공하는 단서에 근거해서 많은 학자들은 예수님의 공적 사역이 약 3년 동안 지속되었다고 믿는다. 특히 요한은 예수님이 이 공적 사역 기간에 서너 번 유월절을 지키셨다고 언급한다(요 2:23; 6:4; 11:55; 참조. 요 5:1).

예수님은 갈릴리 바다 북서쪽에 있는 갈릴리 지방의 도시 가버나움에서 공적 사역을 시작하셨다(마 4:13-17). 그분은 갈릴리 전역과 이스라엘의 다른 도시들에서 하나님 나라를 전파하시고 기적을 행하셨다(마 4:23-24). 이 기간에 예수님은 또한 열두 제자를 택하셔서 하나님 나라 선포에 참여하도록 준비시키셨다(마 10장; 막 3장).

나중에 예수님은 사마리아와 유대 등 이스라엘의 다른 지역까지 사역을 확장하셨고, 공적 사역의 마지막에는 십자가에 죽으시기 위해 예루살렘으로 올라가셨다. 도중에 예수님은 성령이 자신에게 기름을 부어 구원하라고 하신

바로 그 나라의 백성들에게 자신이 죽임을 당한다는 사실에 대해 제자들을 준비시키셨다.

예수님의 주된 사역은 하나님 나라가 가까웠으므로 회개하고 믿으라는 복음, 즉 좋은 소식을 선포하시는 것이었다. 예수님은 다양한 방식으로 이 일을 하셨다. 이스라엘의 보통 사람들과 종교 지도자들, 이방인들, 다른 온갖 유형의 죄인 등 다양한 사람들을 상대로 사역하셨다.

예수님은 수천 명의 무리에서 개별 가족들, 개인에 이르기까지 다양한 규모의 그룹들을 만나셨고, 가정과 회당, 열린 공간 등 다양한 장소에서 가르치셨다. 예수님은 비유와 질문, 예언, 설교, 기적 등 광범위한 교육 방법을 사용하셨다.

모든 경우에 사람들은 예수님이 특유의 권위를 가지고 사역하신다는 것을 인식했으며, 예수님께 강하게 반응했다. 어떤 사람들은 믿음과 회개로 반응했지만, 또 어떤 사람들은 분노와 배척으로 반응했다.

복음

예수님이 여러 가지 방법과 형태로 복음을 전하셨지만, 복음서의 저자들은 근본적으로 예수님의 메시지를 하나님 나라의 도래에 비추어 말씀하신 회개의 요청으로 요약하는 경향이 있었다.

마태는 그의 복음서에서 이렇게 설명했다. "예수께서 비로소 전파하여 이르시되 회개하라 천국이 가까이 왔느니라 하시더라"(마 4:17; 참조. 막 1:14-15). 마태는 세례 요한도 똑같은 메시지를 전했다고 말했다. "그때에 세례 요한이 이르러 유대 광야에서 전파하여 말하되 회개하라 천국이 가까이 왔느니라 하였으니"(마 3:1-2).

하나님 나라

당시의 모든 신실한 유대인들처럼 예수님은 하나님이 모든 피조물의 영원한 주권자이시며 가시적인 지상의 하나님 나라를 통해 하나님의 영원한 왕권을 나타내려고 계획하셨다는 사실을 알고 계셨다.

하나님은 세상을 창조하시고 아담과 하와에게 하나님의 종으로서 세상을 다스리라고 명령하심으로 이 과정을 시작하셨다(창 1:28). 그러나 아담과 하와는 세상의 완성이라는 주어진 임무에 비참하게 실패했다.

이스라엘 민족이 큰 왕국으로 자라 감에 따라 하나님 나라는 다시 앞으로 나아갔다. 그러나 하나님 나라는 이스라엘의 죄와 유배로 인해 다시 심각하게 후퇴했다. 하나님이 에스라와 느헤미야 시대에 하나님 나라의 확장을 권하셨지만, 이스라엘 백성의 불충은 여러 세기 동안 하나님 나라의 진전을 지연시켰다.

예수님 시대의 이스라엘은 그리스도가 하나님 나라를 충만히 임하게 하시고 그 나라의 복을 이 땅에 가져오시기를 기다리면서 수백 년 동안의 유배를 견디고 있었다. 그러므로 하나님 나라가 가까웠다는 좋은 소식을 예수님이 선포하셨을 때, 이 소식은 엄청난 소망의 메시지였다.

복음서를 읽을 때 우리가 반드시 발견하게 되는 사실은 예수님이 하나님 나라를 분명하게 전파하시고 가르치시며 모범으로 보여주셨다는 것이다. 우리는 세례 요한의 설교(예수님을 예고)에서, 그리고 예수님이 처음으로 하신 말씀(천국 곧 하나님 나라가 가까이 왔느니라)과 예수님의 다른 가르침(심령이 가난한 자는 복이 있나니 천국이 그들의 것임이요) 및 행위에서 이런 점을 볼 수 있다. 천국에 대한 모든 비유, 예수님이 자신이 진정한 다윗 계보의 왕이심을 보여주시는 모든 방법(예를 들어, 나귀를 타고 예루살렘에 들어가심), 이 모든 것은 복음서 저자들이 예수님의 메시지와 전 생애가 하나님의 통치나 하나님 나라의 회복에 대한 것임을 우리가 이해하기를 원했다는 점을 아주 분명하게 나타낸다.

조너선 T. 페닝턴(Jonathan T. Pennington)

자신의 시대에 하나님 나라가 땅 위에 도래한다는 예수님의 선포는 천국의 패턴이 온 세상의 특징이 될 것임을 알려 주었다. 하나님의 신실한 백성은 모두 하나님 나라에서 엄청난 복을 누릴 것이다(마 5:3-12). 그들의 슬픔이 그치고 온 땅을 유업으로 받을 것이다. 어떤 이방 세력도 거짓 숭배를 강요하지 않을 것이다. 종교 지도자들이 상대적 평화를 위해 이스라엘의 적들과 타협하지도 않을 것이다. 죄를 지은 자들은 사함을 받을 것이다. 유배를 당한 자들은 회복될 것이다. 약함과 질병의 저주를 받은 자들은 치유될 것이다. 주님이 친히 이스라엘의 적들을 물리치시고, 백성의 죄를 씻어 주시며, 피조계 전체를 새롭게 하실 것이다.

회개

하나님 나라에 대한 예수님의 복음 메시지는 틀림없이 아주 멋지게 들렸겠지만, 거기에는 회개라는 조건이 들어 있었다. 예수님은 하나님 나라는 하나님의 신실한 백성들에게 복으로 나타날 뿐만 아니라, 하나님의 원수들에게는 심판으로 나타날 것이라고 경고하셨다. 약속된 복을 받기 원하는 모든 사람은 먼저 자기 죄를 회개해야 한다.

회개할 때 우리는 하나님의 율법을 어긴 일과 우리의 죄가 영향을 미쳐 이웃들에게 상처를 준 일에 대해 진심으로 슬픔을 느끼면서 죄에서 돌아서기 시작한다. 우리는 하나님께 우리 죄를 고백하고 용서를 구함으로써 죄에서 완전히 돌아선다(렘 31:19; 행 2:37-38). 동시에 우리를 정결하게 해주시고 회복시켜 주시기를 하나님께 구하고 앞으로는 순종하기로 결단함으로써 하나님을 향해 돌아선다.

이것은 우리가 다시는 죄를 짓지 않는다는 뜻이 아니다. 다만 진정한 회개는 하나님의 명령에 순종함으로써 하나님을 기쁘시게 하고자 하는 바람을 담고 있다는 뜻이다(욜 2:12-13; 고후 7:10-11). 하나님 나라가 이 땅에 임한다는 예수님의 메시지는 놀라운 소식이다. 하지만 이 소식은 회개의 필요성과 절대로 분리할 수 없다. 자기 죄를 회개하고 믿음으로 하나님께 돌이키는 사람만이 하나님 나라의 복을 누릴 수 있다.

복음적인 죄의 회개는 죄에서 돌아서는 것일 뿐만 아니라 무언가를 향해 돌아서는 것과 관련이 있다. 그 무언가는 사실 어떤 분인데, 바로 예수님이시다. 죄를 버릴 때, 우리는 동시에 믿음으로 예수님께로 돌아선다.
그렇지만 우리는 회개가 포함하는 두 가지 다른 차원을 구분할 수 있다. 첫 번째 차원은 내 죄에 대한 지적인 혹은 인지적인 인식이다. 자신을 죄인이라고 인정하고 내가 어떤 방법이나 모양이나 형태로 하나님의 율법을 어겼다는 것을 깨닫지 못한다면, 회개하지 않을 것이다. 회개는 내가 죄인이며 내가 한 일이 하나님이 보시기에 잘못되었다는 자각이나 인식, 확신과 관련이 있다. 그러나 내가 한 일을 하나님이 기뻐하지 않으신다고 인식하면서도, 동시에 그것을 개의치 않는 것도 개념적으로는 가능하다. 따라서 회개의 두 번째 차원은 뉘우침이다. 내가 잘못했다는 감정적인 확신을 가질 뿐만 아니라 또한 그 일을 후회하는 것이다. 그 일이 불쾌하며, 내 죄에 대해 하나님이 가지시는 것과 같은 슬픔을 느낀다. 회개의 이 두 요소는 함께 세 번째 요소인 의지의 발휘로 이어진다. 즉 그것이 제시하는 어떤 즐거움이나 약속을 충족시키지 못하는 내 죄에서 돌아서고, 대신 더 뛰어난 약속과 즐거움의 근거이신 그리스도를 향하는 의지적인 능력의 발휘로 이어진다.
로버트 G. 리스터(Robert G. Lister)

성경에서 회개를 뜻하는 단어는 **메타노이아**(metanoia)인데, '변화'를 의미한다. 죄를 회개하게 되면 우리는 죄악된 길에서 방향을 전환한다. 어떤 방향으로 가고 있다가 그리스도가 우리의 삶에 손을 대시면 우리는 다른 방향으로 가기 시작한다. 우리는 예수님이 우리에게 바꾸기 원하시는 것은 무엇이든지 바꾼다. 사실 그러면 다 된 것이다.
마음의 변화는 단지 지적으로 믿는 것을 바꾸는 일만이 아니다. 구약에서 '알다.'를 뜻하는 단어는 **야다**(yada)인데, 이는 '경험하다.' 또는 '마주치다.'라는 의미다. 단순히 마음으로만 아는 것이 아니라 우리의 손과 발과 감정과 마음, 즉 우리의 모든 것으로 안다는 것을 의미한다. 마음의 변화는 모든 것의 변화를 의미한다. 예를 들어 자신이 하는 일들과 하려고 하는 일들을 바꾸기 시작한다. 행동을 바꾸기 시작한다. 만일 행동이 바뀌지 않는다면, 어쩌면 우리는 전혀 바뀌지 않은 것일 수 있다.
예전에 신학교 교수님이 이런 말씀을 하셨다. "여러분이 믿는 것을 행하고, 여러분이 행하는 것을 믿으십시오." 이 말은 마음이 회개와 많은 관련이 있다.
맷 프리드먼(Matt Friedeman)

능력

공적 사역 기간에 예수님이 행하신 많은 능력은 예수님의 메시지가 진리임을 증명했다. 사도 베드로는 예수님의 기적적인 능력을 이렇게 요약했다. "하나님이 나사렛 예수에게 성령과 능력을 기름 붓듯 하셨으매 그가 두루 다니시며 선한 일을 행하시고 마귀에게 눌린 모든 사람을 고치셨으니 이는 하나님이 함께 하셨음이라"(행 10:38).

예수님은 성령의 능력을 나타내는 많은 기적을 행하셨다. 물로 포도주를 만드셨을 때처럼(요 2:1-11) 피조물에 대한 지배력을 보여주셨다. 또 모든 악한 영과 그것들이 미치는 영향에 대한 권위를 보여주셨다(마 12:22; 막 1:23-26; 눅 9:38-43). 예수님은 병과 장애를 고치셨다(막 10:46-52; 눅 8:43-48; 요 9장). 죽은 자를 살리기도 하셨다(마 9:18-26; 눅 7:11-15; 요 11:41-45).

사실 예수님은 이스라엘 역사의 어떤 선지자보다 많은 기적을 행하셨다. 신약은 적어도 35개의 기적을 구체적으로 언급하는데, 예수님은 이것들 외에도 수많은 기적을 행하셨다. 요한은 요한복음 마지막 부분에서 이렇게 기록한다. "예수께서 행하신 일이 이 외에도 많으니 만일 낱낱이 기록된다면 이 세상이라도 이 기록된 책을 두기에 부족할 줄 아노라"(요 21:25).

신분의 확증

예수님이 능력으로 이루신 기적들은 예수님의 그리스도 신분, 즉 하나님 나라의 마지막 단계를 가져오도록 하나님이 특별하게 기름 부으신 분이 예수님이심을 확증했다. 그리스도로서 예수님은 하나님의 권위 있는 대사였으며, 예수님의 기적은 그분이 하신 모든 말씀에 대한 하나님의 강력한 승인을 보여주었다(눅 7:22; 요 5:36; 10:31-38). 실제로 성경 속 많은 사람이 예수님의 기적을 그리스도의 포괄적인 직분에 속하는 기름 부음 받은 직분과 바르게 연

관시켰다. 예를 들어 사람들은 예수님의 기적을 선지자 역할의 성취로 보았다
(눅 7:16; 요 6:14; 7:40). 예수님의 기적적인 능력도 제사장들의 직무(눅 17:12-19)
및 왕의 직분(마 9:27; 12:23; 15:22; 20:30)과 연결되었다. 결과적으로 많은 사람
이 예수님의 기적이 예수님이 그리스도이심을 확증한다고 인정했다.

예수님의 기적은 또한 복음 메시지가 참되다는 것을 증명했다. 예수님은
친히 이렇게 말씀하셨다. "만일 내가 내 아버지의 일을 행하지 아니하거든 나
를 믿지 말려니와 내가 행하거든 나를 믿지 아니할지라도 그 일은 믿으라 그
러면 너희가 아버지께서 내 안에 계시고 내가 아버지 안에 있음을 깨달아 알
리라"(요 10:37-38).

특히 예수님의 기적은 예수님이 참으로 그리스도이시며, 참으로 하나님 나
라의 마지막 단계를 땅 위에 가져오셨다는 것을 증명했다. 예수님은 친히 이
렇게 말씀하셨다. "내가 만일 하나님의 손을 힘입어 귀신을 쫓아낸다면 하나
님의 나라가 이미 너희에게 임하였느니라"(눅 11:20). 예수님의 권능은 예수님
이 하나님의 백성과 피조물에 대한 사탄의 폭정을 종식시키기 위해 천국을
땅 위에 가져오고 계신다는 것을 증명했다.

성공의 보증

예수님의 기적은 예수님이 자신의 주장과 약속을 이행하는 데 필요한 능력
을 갖고 계신다는 것을 보여주었다. 예수님은 하나님 나라가 하늘에서 이룬
것같이 땅에서도 이루어지게 하는 데 필요한 모든 능력을 갖고 계셨다. 실제
로 예수님의 복된 기적들은 하나님 나라를 미리 맛보게 해주었다. 예를 들어
병자를 고치시고 죽은 사람을 살리셨을 때, 예수님은 병이나 죽음이 없는 그
나라를 미리 보여주셨다(계 21:4). 수천 명의 주린 사람들을 먹이셨을 때는 영
원한 하나님 나라의 특징인 풍성함의 구체적인 예를 제시하셨나(출 23:25-26;
욜 2:26; 눅 12:14-24).

예수님은 또한 하나님 나라의 적들을 멸하는 데 필요한 모든 능력이 있으시다는 것을 보여주셨다. 예를 들어 귀신들을 쫓아내셨을 때, 예수님은 자신이 흔들리지 않는 나라, 즉 전혀 위협을 받지 않는 나라를 세우는 데 필요한 능력이 있으시다는 것을 보여주셨다(마 12:22-29).

예수님의 능력은 그것을 목격한 모든 사람의 관심을 끌었다. 예수님의 적들이 그 능력을 마귀의 속임수로 치부했지만, 진실은 예수님의 능력이 하나님에게서 왔다는 것이다. 예수님의 능력은 예수님이 그리스도이심을, 그리고 그분이 하신 모든 제안과 약속과 경고를 이행하실 능력이 있으심을 입증했다. 우리 그리스도인들에게 이것은 커다란 위로와 격려의 근거가 되며, 이는 예수님에 대한 우리의 믿음이 잘 자리 잡고 있음을 의미한다. 우리가 어떤 의구심을 품거나, 하나님이 예수님 안에서 시작하신 일을 이루시는 데 아무리 긴 시간이 걸린다 해도, 예수님은 우리가 그분을 믿을 수 있는 충분한 이유를 주셨다. 예수님은 참으로 기름 부음을 받으신 분, 즉 그리스도이시다. 그러므로 우리가 예수님께 충성하면 영원한 하나님 나라에서의 영광과 복이 보장된다.

확증들

예수님이 그리스도로 기름 부음을 받으셨다는 사실은 예수님의 공적 사역 기간에 여러 방법으로 확증되었다. 예를 들어 우리가 이미 보았듯이 예수님이 탄생하셨을 때 시므온과 안나가 이를 증언했다. 예수님이 사역을 준비하시는 기간에는 세례를 받으실 때 성부 하나님과 성령 하나님이 예수님의 메시아 되심을 선포하셨다. 공적 사역 기간에 보이신 예수님의 권능도 그리스도 신분을 확증했다.

사도적 고백

사도 베드로는 예수님이 그리스도이심을 고백한 것으로 유명하다. 마태가 기록한 베드로의 고백을 생각해 보라. "[예수께서] 이르시되 너희는 나를 누구라 하느냐 시몬 베드로가 대답하여 이르되 주는 그리스도시요 살아 계신 하나님의 아들이시니이다 예수께서 대답하여 이르시되 바요나 시몬아 네가 복이 있도다 이를 네게 알게 한 이는 혈육이 아니요 하늘에 계신 내 아버지시니라"(마 16:15-17; 참조. 막 8:27-30; 눅 9:18-20).

> 베드로의 고백은 마태복음과 마가복음과 누가복음, 즉 공관복음 세 권에 모두 나타나는데, 이 세 복음서의 중심축 역할을 한다. 세 복음서 각각의 전반부는 사실 예수님의 신적인 권위에 초점을 맞추고 있다. 즉 예수님의 기적과 축사(逐邪), 치유, 자연 기적, 가르침을 통해 예수님의 권위를 입증하는 데 초점이 있다. 그런데 베드로가 예수님이 참으로 메시아이시라고 인정하는 바로 그때부터 공관복음에서 메시아의 역할, 고난받는 역할이 시작된다.
>
> 마가복음과 누가복음에서 이 시점까지 나타나는 모든 기적은 베드로에게 예수님이 메시아이시라는 것을 명백하게 확증한다. 베드로는 하나님이 예수님을 통해 일하셨다는 사실을 인정하고 예수님이 그리스도이심을 시인한다. 마태복음에서 베드로의 고백이 있은 다음, 예수님이 처음 하시는 말씀은 이것이다. "바요나 시몬아 네가 복이 있도다 이를 네게 알게 한 이는 혈육이 아니요 하늘에 계신 내 아버지시니라." 이처럼 마태는 이것이 의심할 여지 없이 예수님의 사역과 예수님의 권위 있는 표적을 통한 하나님의 계시라는 사실을 크게 강조한다. 베드로가 실제로 이를 알게 된 것은 오로지 하나님이 그것을 베드로에게 계시하셨기 때문이다.
>
> **마크 L. 스트라우스**(Mark L. Strauss)

예수님이 행하시는 기적들을 보는 것만으로도 예수님이 그리스도시라는 것을 추론할 수 있어야 했지만, 사람들은 그러지 못했다. 그러므로 하나님이 개입하셔서 베드로에게 직접 예수님의 그리스도 직분을 계시하셨다. 이렇게 보면 베드로의 고백은 단순히 그가 마침내 이해한 사실을 진술한 것 이상이었다. 그것은 하나님이 베드로에게 계시하신 것에 대한 예언적 진술이었다.

그러므로 베드로의 고백은 예수님이 참으로 그리스도시라는 사실의 틀림없는 확증이었다.

> 복음서에서 가장 주목할 만하고 결정적인 순간들 가운데 하나는 시몬 베드로가 "주는 그리스도시요 살아 계신 하나님의 아들이시니이다."라고 선언하는 때다. 무엇이 그렇게 주목할 만한가? 예수님이 친히 말씀하셨듯이, 그것은 계시의 순간이다. 즉 하나님은 시몬 베드로에게 그가 스스로 이해할 수 없는 무언가를 계시하셨다. 그러나 그 순간을 주목할 만한 또 다른 이유는, 오실 메시아에 대한 갈망과 기대가 있었는데 베드로가 그 메시아가 지금 자기 앞에 서 계신다고 선언하기 때문이다. 엄청난 기대가 쌓인 끝에 갑자기 지금 바로 그 순간이 되었다.
> **피터 워커**(Peter Walker)

변모

'변모'는 예수님이 영광 가운데 제자들에게 자신을 나타내 보이신 사건에 신학자들이 붙인 이름이다. 변모는 예수님의 모습이 완전히 변하셔서 하나님으로서의 영광을 드러내신 사실을 가리킨다(마 17:1-8; 막 9:2-8; 눅 9:28-36; 참조. 벧후 1:16-18). 이 사건을 통해 하나님은 예수님의 그리스도 신분을 확증하셨다.

> 변모는 놀라운 장면이다. 첫째로 우리는 예수님이 변모하셔서 (성탄 찬송에서 말하듯이, 항상 존재하지만 육체에 가려져 있는) 그분의 영광이 드러나 보이는 것에서 그리스도의 두 가지 본성을 엿볼 수 있다. 제자들은 눈부신 예수님의 모습이 너무나 영광스러워서 산에서 내려올 때 흥분되어 있었다. 둘째로 우리는 언약의 성취를 볼 수 있다. 변모 때 예수님이 누구를 만나셨는가? 엘리야와 모세를 만나셨다. 따라서 우리는 예수님이 모세 언약의 성취이자 선지자 직분의 성취라는 것을 알 수 있다. 예수님이 율법의 전달자인 모세와 만나심으로 메시아이신 예수님 안에서 구약이 성취된다. 예수님이 엘리야와 만나심으로 위대한 선지자 직분이 성취된다. 예수님은 이 놀라운 변모에서 이 두 만남을 통해 자신의 메시아 신분을 확고히 하신다.
> **K. 에릭 토에네스**(K. Erik Thoennes)

변모는 예수님이 베드로와 야고보와 요한을 데리고 기도하러 산에 올라가셨을 때 일어났다. 그들이 산 위에 있을 때 예수님의 모습이 변했다. 예수님의 얼굴이 밝게 빛났고, 옷이 눈부시게 희어졌다.

예수님의 모습이 변해 있는 동안 모세와 엘리야가 나타나 예수님과 함께 있었으며, 하나님의 음성이 하늘에서 들려와 예수님이 하나님의 아들이심을 확증했다. 베드로가 자기들이 예수님과 모세와 엘리야를 위해 초막을 짓겠다고 제안하자, 하나님은 가장 큰 영광과 순종을 받으시기에 합당한 분으로 예수님을 지목하셨다.

이것은 의미심장하다. 왜냐하면 모세는 율법 전달자이자 하나님의 백성의 해방자였으며, 엘리야는 이스라엘 민족에게 배교에서 돌이키라고 외쳤던 신실한 선지자였기 때문이다. 이는 예수님이 율법 및 선지자들과 연속성을 갖고 계시며, 과거에 이스라엘의 가장 위대한 지도자들이 품게 한 기대를 성취하고 계신다는 것을 의미했다. 또한 예수님이 가장 위대한 기름 부음 받으신 분, 즉 하나님 나라를 이 땅에 가져오시는 궁극적인 다윗의 자손이시라는 것을 의미했다.

The Life
and Work
of Jesus

복습 문제

1. 예수님의 공적 사역을 약술하라.
2. 예수님이 선포하신 복음의 주된 메시지는 무엇인가?
3. 예수님이 행하신 몇 가지 기적과 예수님이 드러내 보이신 능력에 담긴 의미를 설명하라.
4. 베드로의 사도적 고백과 예수님의 변모는 예수님이 그리스도이심을 어떻게 확증했는가?

토론 문제

1. 당신이 지금 참여하고 있는 사역은 무엇이며, 그 사역은 어떻게 하나님 나라를 실질적으로 본받고 있는가?
2. 당신의 삶에서 죄를 회개하는 과정은 어떤 모습인가?
3. 당신은 예수님이 지상 사역 기간에 행하신 기적들에서 어떤 위안과 소망을 얻는가?
4. 당신의 현재 상황과 당신이 영향을 미치는 영역에서 예수님이 그리스도이심을 어떻게 확증하고 고백할 수 있는가?

참고 도서

Blomberg, Craig L. *Jesus and the Gospels: An Introduction and Survey*. Nashville: Broadman & Holman, 1997.

Bruce, F. F. *Jesus: Lord and Savior*. The Jesus Library. Downers Grove, IL: InterVarsity Press, 1986.

Ladd, George Eldon. *The Gospel of the Kingdom: Scriptural Studies in the Kingdom of God*. Grand Rapids: Eerdmans, 1959.

6장 퀴즈

7

수난과 죽음

주요 용어와 개념

고별 강화(Farewell Discourse)
수난(passion)
심판(judgment)
유월절(Passover)
주의 만찬(Lord's Supper)

속죄(atonement)
승리의 입성(triumphal entry)
십자가형(crucifixion)
전가(imputation)
최후의 만찬(Last Supper)

우리는 예수님이 당하신 고난, 특별히 십자가에 달리시던 주간에 당하신 고난을 가리켜 '수난'이라는 용어를 사용한다.

여러 면에서 수난은 예수님의 이야기 가운데 가장 어두운 부분이다. 이 주간에 예수님은 인류에게 거부당하셨기 때문이다. 예수님은 제자들에게 부인과 배신을 당하시고, 고발자들에 의해 처형되셨다. 더 심각한 것은 예수님의 하늘 아버지께서 우리 대신 예수님께 하나님의 진노와 심판을 쏟아부으신 것이다.

그러나 이 어두운 이야기에도 한 줄기 소망과 빛이 있다. 예수님의 수난과 죽음은 삼위일체 하나님이 우리를 구원하기 위해 얼마나 큰 희생을 기꺼이 치르셨는지를 보여준다. 예수님의 수난과 죽음은 우리의 감사와 순종과 찬양을 불러일으키는 하나님의 사랑과 희생을 증거한다.

예수님의 생애에서 이 부분은 약 일주일 정도의 기간이었지만, 많은 중요한 사건들을 담고 있었다.

승리의 입성

주후 30년경에 예수님은 유월절을 지키기 위해 예루살렘으로 가셨다. 예수님은 스가랴 9장 9절의 예언을 성취하시기 위해 나귀 새끼를 타고 예루살렘에 들어가셨다. 그분이 나귀를 타신 것이 의미심장한 이유는, 나귀는 왕들이 평화로울 때, 즉 아무런 위협이 없다고 확신할 때 탔던 짐승이었기 때문이다. 이 상징적인 행위는 예수님이 이스라엘의 합법적인 왕 그리스도이심을 선언했다. 이 일은 하나님 나라의 메시지를 충실히 따르는 사람들이 옳다는 것을 확증하고, 그렇지 않은 사람들을 꾸짖었다.

예수님이 예루살렘에 가까이 이르시자 사람들이 예수님을 알아보고 환영하기 시작했다. 예수님을 예우하기 위해 많은 사람이 종려나무 가지와 자기들의 겉옷을 길에 깔고, 큰 소리로 하나님과 그리스도를 찬송했다. 마가는 이렇게 기록했다. "앞에서 가고 뒤에서 따르는 자들이 소리 지르되 호산나 찬송하리로다 주의 이름으로 오시는 이여 찬송하리로다 오는 우리 조상 다윗의 나라여 가장 높은 곳에서 호산나 하더라"(막 11:9-10). 이런 이유로 이 사건은 예수님의 예루살렘으로의 승리의 입성으로 알려져 있다.

물론 모든 사람이 예수님을 환영한 것은 아니다. 예수님은 제사장과 율법 교사들, 즉 예수님의 오심에 가장 흥분했어야 할 당사자인 유대 지도자들에게 거부와 적대를 당하셨다. 그들은 하나님의 기름 부음 받으신 이를 거부함으로써 자기들의 사역이 하나님과 하나님의 일을 적대한다는 것을 입증했다.

예수님은 그들을 정죄하시며 이렇게 말씀하셨다. "너도 오늘 평화에 관한 일을 알았더라면 좋을 뻔하였거니와 지금 네 눈에 숨겨졌도다 날이 이를지라 네 원수들이 토둔을 쌓고 너를 둘러 사면으로 가두고 또 너와 및 그 가운데 있는 네 자식들을 땅에 메어치며 돌 하나도 돌 위에 남기지 아니하리니 이는 네가 보살핌 받는 날을 알지 못함을 인함이니라"(눅 19:42-44).

예루살렘에 들어가신 예수님은 성전의 환전상들을 보시고 노하셨다. 예수님은 환전상들의 상을 뒤엎으시고 그들을 성전에서 쫓아내셨는데, 이는 예언적인 정죄 행위이자 왕으로서 행하신 심판이었다(마 21:12-17; 막 11:15-18; 눅 19:45-48).

그 후 며칠 동안 예수님은 말씀을 들으러 나아오는 모든 사람을 가르치셨으며, 종교 권위자들과 논쟁을 벌이셨다. 종교 권위자들은 사람들 앞에서 예수님의 신망을 떨어뜨리기 위해 온갖 질문을 던졌다. 그들은 또한 로마 당국을 부추겨서 예수님을 적대하게 하려고 했으며, 예수님의 그리스도로서의 권위와 정체성에 반복해서 도전했다.

> 예수님의 승리의 입성 순간과 그 후 며칠 동안 사람들은 예수님을 찬양하고 받아들였지만 종교 권위자들은 예수님을 거부했다. 사람들은 왜 예수님께 다양한 반응을 보였을까? 이는 여러 차원에서 이해할 수 있다.
> 무엇보다도 권위자들은 잃어버릴 것이 많았다. 권력과 권위를 가진 사람들은 그것을 고수하고 싶어 한다. 그것이 인간 본성이다. 유대의 권위자들은 여느 사람들과 다를 바 없었으며, 예수님은 그들의 권력에 위협으로 다가왔다. 그들은 하나님의 나라를 편협하게 이해했다. 즉 국수주의적이자 자기 민족 중심으로, 민족적인 면으로 이해했다. 따라서 잃어버릴 것이 많았다.
> 마리아가 성전에서 시므온으로부터 당신의 아이는 이스라엘 중 많은 사람을 패하거나 흥하게 하며 비방을 받는 표적이 되기 위하여 세움을 받았다는 말을 들은 대로(눅 2:34), 요한복음은 "빛이 어둠에 비치되 어둠이 깨닫지 못하더라"(요 1:5)라는 예상으로 시작된다. 예수님은 세상의 빛으로 오셨으며, 어둠이 가진 것은 다 잃어버릴 것이었다. 종교 권위자들은 그 사실을 보여준다.
> 그러나 예수님을 따랐던 무리도 얼마 지나지 않아서 예수님 대신 바라바를 풀어 달라고 외쳤다. 예수님은 사람들이 하나님께 바라는 기대를 충족시키러 오신 것이 아니라 하나님이 하시기로 결정하신 일을 나타내려고 오셨다.
> 그것은 우리 자신의 독립성과 자율성에 대한 위협이며, 우리는 자기를 버리고 싶어 하지 않는다. 예수님은 우리 인간의 의지를 뒤집을 위협을 가져오셨으며, 결국 그것이 예수님이 인간의 차원에서 거부당하신 이유였다.
> **마이클 J. 글로도**(Michael J. Glodo)

주의 만찬

예수님의 수난과 죽음은 유월절 주간에 일어났다. 따라서 예수님이 이 주간에 하신 일 중 하나는 제자들과 유월절 음식을 드신 일이었다(마 26:17-30; 막 14:12-26; 눅 22:7-23). 유월절 전날 밤에 예수님은 제자들과 함께 흔히 '최후의 만찬'이라고 부르는 마지막 식사를 나누셨다. 식사를 나누는 동안 예수님은 이후로 그리스도인들이 계속 기념해야 할 아주 특별한 일을 행하셨다. 즉 예수님은 주의 만찬을 그리스도인의 성례 또는 규례로 제정하셨다.

최후의 만찬은 유월절 식사로서 하나님이 이스라엘 민족을 애굽(이집트)의 노예 생활에서 구원하신 일을 기념하는 것이었다. 그러나 이 식사 마지막에 예수님은 유월절 상징을 사용하여 자신의 그리스도 사역에 주목하게 하셨다. 구체적으로 저녁 식사의 두 가지 음식, 무교병과 포도주를 택하셔서 거기에 새 의미를 부여하셨다. 예수님은 죄를 위한 제물로 하나님께 드릴 자신의 몸과 떡을 연관시키셨고, 마찬가지로 죄를 위한 제물이 될 자신의 피와 포도주를 연관시키셨다(눅 22:17-20). 또한 마태복음 26장 29절과 마가복음 14장 25절의 말씀을 누가복음 22장 19절의 교훈과 결합해 보면, 예수님은 그분이 다시 오셔서 이미 시작하신 일을 마치실 때까지 그분을 기억하도록 제자들에게 이 요소들을 계속 반복해서 사용하라고 가르치셨다는 것을 알 수 있다.

> 기독교 전통에서는 주의 만찬을 흔히 그리스도의 가시적인 말씀으로 설명하는데, 이는 주의 만찬이 십자가에서 일어난 일을 가시적으로 보여주기 때문이다. 떼어진 떡과 부어진 포도주는 우리를 위해 그 몸이 십자가에 못 박히시고 피를 흘리신 그리스도를 가리킨다. 성찬의 상징은 우리에게 그리스도를 가리키며, 그리스도가 우리를 위해 행하신 모든 일을 기억하며 먹고 마심으로 그리스도의 죽음으로 인한 은택을 누릴 수 있게 해준다. 신자들은 또한 먹고 마실 때 영적으로 크게 강건해짐을 느낀다. 주의 만찬을 통해 우리는 그리스도가 우리를 위해 행하신 모든 일로 인한 은택에 참여한다.
> **사이먼 비버트**(Simon Vibert)

속죄

주의 만찬이 기본적으로 상징하는 의미는 이해하기 쉽다. 떡은 예수님의 몸을 나타내고 포도주는 예수님의 피를 나타낸다. 그런데 예수님의 몸과 피가 왜 중요한가? 예수님의 몸은 우리를 위해 주어진 것이었으며(눅 22:19), 예수님의 피는 죄 사함을 얻게 하려고 많은 사람을 위하여 흘리는 것이었다(마 26:28). 다시 말해 예수님의 몸과 피가 중요한 이유는 예수님이 우리의 죄를 속하기 위해 하나님께 드리신 것이기 때문이다.

예수님의 대속은 죄를 속하기 위한 구약의 모든 제사를 성취했다(출 24:6-8; 30:10; 레 8:15; 대하 29:22-24). 구약의 제사장들처럼 예수님은 그분의 성막에서 속죄의 피를 하나님께 드리셨다. 그러나 구약의 제사장들과 달리 예수님은 자신의 몸(히 10:5-10)과 피(히 9:12-14)를 하늘에 있는 하나님의 성막(히 9:11)에서 드리셨다. 그러므로 모든 주의 만찬 의식은 예수님의 대속의 죽음을 기억하고 선포하는 것이다(고전 11:24-26).

새 언약

누가복음 22장 20절에서 예수님은 "이 잔은 내 피로 세우는 새 언약이니 곧 너희를 위하여 붓는 것이라"라고 말씀하셨다. 여기서 예수님은 예레미야 선지자가 예언했던 새 언약을 언급하셨다(렘 31:31-34). 새 언약은 하나님이 이전에 아담과 노아, 아브라함, 모세, 다윗 시대에 하신 언약의 약속들에 대한 보증이며 갱신이다. 이러한 하나님의 언약의 이전 경륜들은 자기 백성에 대한 하나님의 자애를 보여주었을 뿐만 아니라 그들의 충성을 요구했는데, 하나님께 순종하는 자들에게는 복을 약속하고 하나님께 불순종하는 자들에게는 저주를 약속했다.

그리스도이신 예수님은 하나님이 자기의 백성과 맺으신 언약의 마지막 단계 경륜을 실행하시는 분이셨으며, 예수님은 자기 피를 흘리심으로 언약을 인치셨다. 다시 말해 언약을 비준하셨다. 히브리서 저자는 이렇게 표현했다. "영원하신 성령으로 말미암아 흠 없는 자기를 하나님께 드린 그리스도의 피가 어찌 너희 양심을 죽은 행실에서 깨끗하게 하고 살아 계신 하나님을 섬기게 하지 못하겠느냐 이로 말미암아 그는 새 언약의 중보자시니 이는 첫 언약 때에 범한 죄에서 속량하려고 죽으사 부르심을 입은 자로 하여금 영원한 기업의 약속을 얻게 하려 하심이라"(히 9:14-15).

체포와 재판

주의 만찬을 나누는 동안 제자인 가룟 유다가 유대 종교 지도자들과 이전에 모의했던 대로 예수님을 배신하려고 자리를 떠났다(눅 22:3-4; 요 13:27-30). 이때 예수님은 제자들에게 고별 강화(요 13-16장)라고 알려진 말씀을 가르치셨으며, 제자들을 위한 대제사장 기도(요 17장)를 통해 그들에게 계속 교훈하셨다. 그 후 예수님과 제자들은 겟세마네 동산으로 갔으며(마 26:36; 막 14:32; 요 18:1), 예수님은 거기서 기도하셨다.

예수님이 기도하시는 동안 유다가 유대 종교 지도자들과 군병들을 이끌고 동산에 왔고, 그들은 예수님을 체포했다. 예수님은 유대 대제사장 가야바와 유대 지도자들 앞에서 고소당하셨으며, 로마 총독 빌라도와 유대 왕 헤롯 안디바에게 재판을 받으셨다.

이런 상황에 압박을 받은 제자들은 예수님을 버렸으며, 그중 베드로는 예수님을 세 번 부인했다. 예수님은 매를 맞으시고 조롱당하셨으며 십자가형을 선고받으셨다(마 26:31-27:31; 막 14:32-15:20; 눅 22:39-23:25; 요 18:1-19:16). 십자가형은 사형수가 일반적으로 질식해서 죽을 때까지 십자가에 매달아 두는 형벌이었다.

죽음과 장례

예수님은 체포되신 다음 날 정오쯤 십자가에 달리셨다. 십자가에 못 박히신 예수님은 돌아가실 때까지 공개적으로 매달려 계셨다. 당시에는 십자가형이 흔했지만, 예수님의 십자가형이 독특한 이유는 죄에 대한 속죄제 역할을 했기 때문이다. 예수님은 그리스도이셨기 때문에 자기 백성을 대신해 죽는 것이 그분의 책무였다(히 9:11-28). 십자가 위에서 큰 고통과 괴로움을 당하시면서도 예수님은 주위 사람들을 계속 섬기셨다. 회개하는 강도에게 자비를 약속하셨고, 모친이 돌봄을 받도록 하셨으며, 자기를 죽이는 자들을 위해 하나님의 용서를 구하셨다. 오후 세 시경 예수님은 하나님께 부르짖으시고 돌아가셨다(마 27:32-54; 막 15:21-39; 눅 23:26-47; 요 19:16-30).

예수님이 돌아가시자, 지진으로 땅이 흔들리고 성전 휘장이 위에서 아래로 찢어졌다. 로마 군병이 예수님의 죽음을 확인하기 위해 창으로 예수님을 찌른 다음 그 시신이 십자가에서 내려졌다. 안식일이 시작되려 했기 때문에 예수님을 따르는 이들 가운데 몇 사람이 서둘러 매장 준비를 했고 예수님의 시신을 빌린 무덤에 안치했다(마 27:51-61; 막 15:38-47; 눅 23:44-56; 요 19:34-42).

전가

예수님의 십자가 죽음과 밀접한 관련이 있는 교리 가운데 하나는 전가 교리다. 전가는 '귀속'이나 '간주'를 의미한다. 공식 신학에서 이 용어는 예수님이 십자가에 달리셨을 때 하나님이 죄인들의 죄책을 예수님께 부과하신 일을 가리킨다. 다시 말해 하나님은 우리의 죄에 대한 책임을 예수님께 물으셨다. 예수님은 실제로 죄를 지은 적이 전혀 없으시며, 따라서 예수님의 인격은 죄에 전혀 오염되지 않으셨다. 그러나 하늘 법정에서 하나님은 예수님께 전가된 모든 죄를 예수님이 직접 저지른 것으로 간주하셨다.

구약 속죄제의 방식대로 예수님은 자기 백성을 위한 대속물로 자신을 십자가 위에서 드리셨다. 히브리서 9-10장은 이에 대해 자세하게 이야기한다. 우리의 대속자이신 그리스도의 역할은 성경이 종종 예수님을 우리를 위한 희생 제물(롬 3:25; 엡 5:2; 요일 2:2)과 대속물(마 20:28; 딤전 2:6; 히 9:15)로 언급하는 데서 나타난다.

우리의 죄가 예수님께 전가되기 전에 예수님은 흠이 없고 완전하셨다. 그러나 이상하게 들릴지 모르지만, 일단 우리 죄가 예수님의 죄로 간주되자 하나님은 예수님께 귀속된 모든 죄의 죄책이 예수님께 있다고 보셨다. 이에 대해 바울은 "하나님이 죄를 알지도 못하신 이를 우리를 대신하여 죄로 삼으신 것"(고후 5:21)이라고 말했다.

"하나님이 우리 죄를 그리스도께 전가하신 것이 올바르고 공정하고 의로운 일이었는가?"라고 물을 때 우리는 인간 법정의 측면에서 생각하는 경향이 있다. 우리는 살인 사건에서 누군가의 죄책을 그 살인을 저지르지 않은 사람에게 전가하는가? 대답은 "아니오."일 것이다. 인간의 정의의 척도에서 그것은 잘못된 것이다. 그러나 하나님의 정의에 대해 우리가 아는 첫 번째 사실은 하나님의 정의가 완전하다는 것이다. 하나님은 완전하시며, 따라서 하나님이 하시는 일은 무엇이든지 옳다.

예를 들어 만일 하나님이 누군가를 임의로 택하셔서 마음대로 내 죄책을 그에게 전가하셨다면 그 일은 공정하거나 정의롭지 않고 하나님의 의의 기준을 충족시키지도 못했을 것이다. 그러나 인류가 창조되기도 전에 하나님이 자기 아들을 통해, 곧 그분의 완전한 의와 순종 때문에 실제로 우리의 죄를 지실 수 있고 우리의 죄를 대속하실 수 있는 유일한 분이신 아들을 통해 죄에 빠진 인류를 구속하겠다고 결정하셨다면 어찌 되는가? 이것이 원하지 않는 사람에게 임의로 귀속시킨 일이 아니었다면 어찌 되는가? 예수님이 복음서에서 말씀하신 대로 "내가 내 목숨을 버리는 것은 이를 내게서 빼앗는 자가 있는 것이 아니라 내 양을 위해 내가 스스로 버리는 것이다."라면 어찌 되는가? 그렇다면 당신은 하나님이 자기 아들을 통해, 곧 우리를 하나님과 화해시키기 위해 자진해서 자기 목숨을 바치고 우리의 죄를 지신 아들을 통해 죄에 빠진 인류를 구속하겠다고 하신 완전한 계획보다 더 완벽하게 하나님의 정의를 보여주는 것이 결코 없음을 깨닫게 될 것이다. 하나님의 정의는 완전하다. 그리고 십자가에서 일어난 일보다 이를 더 완벽하게 보여주는 그림은 없다.

R. 앨버트 몰러 2세(R. Albert Mohler, Jr.)

심판

인간의 죽음은 언제나 죄에 대한 하나님의 심판이다(창 3:17-19; 겔 18:4; 롬 5:12-21). 죽음은 아담이 죄를 지었을 때 인류에게 들어왔으며(창 3장), 아담의 죄가 우리에게 전가되었기 때문에 그 이후로도 죽음이 계속되고 있다.

예수님의 죽음도 죄에 대한 하나님의 심판이었다. 하나님이 우리의 죄책을 예수님께 지우시기 전에는 예수님이 죽을 수 없으셨지만, 일단 십자가에서 우리의 죄가 예수님께 전가되자 예수님의 죽음은 가능할 뿐 아니라 필요하게 되었다고 말할 수 있다. 하나님은 이 엄청난 죄책에 대해 예수님의 죽음을 요구하셨다. 이 심판의 일부로, 예수님은 부활하시기 전 사흘 동안 죽음의 권세 아래 계셨다. 그러나 좋은 소식은 예수님이 우리의 죄에 대한 하나님의 진노를 온전히 감당하셨다는 것과 우리를 위협하는 하나님의 심판이 조금도 남아 있지 않다는 것이다. 예수님은 이렇게 말씀하셨다. "내 말을 듣고 또 나 보내신 이를 믿는 자는 영생을 얻었고 심판에 이르지 아니하나니 사망에서 생명으로 옮겼느니라"(요 5:24).

우리는 우리의 죄를 목격하는 것을 싫어한다. 우리의 삶이나 세상에 죄가 미치는 영향을 싫어한다. 그러나 하나님이 심판하시지 않는 한, 죄는 진정으로 해결되지 않는다. 우리는 죄의 본질을 회피할 방법을 찾으려고 애쓰지만, 하나님은 죄가 무엇인지 정확하게 알고 계신다. 즉 우리가 저지른 죄가 무엇이며, 죄가 우리와 우리의 주변에 어떤 일을 행하는지 알고 계신다. 그러므로 주님이 우리의 필요를 충족시키고 모든 어려움과 문제를 해결하기 위해 희생적인 죽음으로 자기를 주시는 것이 바로 우리의 죄 문제에 대한 해답이다. 이 하나님의 심판이 없었다면, 이 하나님의 아심이 없었다면, 죄라고 불리는 끔찍한 것에 대한 하나님의 의로운 해결이 없었다면, 구속은 없었을 것이다. 그러므로 예수님의 대속만이 유일한 좋은 소식이다. 세상의 다른 모든 종교가 죄라고 불리는 것과 죄의 현상을 해결하려고 애쓴다. 그들은 죄를 없애거나, 순화시키거나, 죄가 일어나지 않는다고 말하거나, 죄의 실체를 부인하려고 한다. 그러나 예수님은 오셔서 완전히 의로운 심판을 행하시며, 죄가 무엇인지 우리에게 정확히 말씀하시고, 십자가에서 그 모든 것을 자신이 짊어지신다. 그리스도인과 모든 사람에게 이것은 가장 좋은 소식이다.

빌 유리(Bill Ury)

예수님은 성육신한 하나님의 말씀이시다. 예수님은 육신이 되신 말씀, 하나님과 함께 계신 말씀, 하나님이신 말씀이시다. 예수님은 아버지 하나님을 알리기 위해 아버지의 품속에서 나오신 아들이시다. 이 사실을 기억하는 것이 중요하다. 그 이유는 예수님이 우리의 죄에 대한 하나님의 심판을 받으시며 십자가에서 자기 목숨을 버리셨을 때, 우리가 하나님께 반역하고 배신한 것에 대해 아들을 통해 하나님 자신이 자신의 심판을 당하시는 것을 볼 수 있기 때문이다.

좋은 소식은 무엇인가? 하나님은 우리를 너무나 사랑하셔서 우리가 하나님을 알 수 있도록 우리의 죗값을 치르기를 기다리지 않으신다. 하나님은 그분과 우리를 갈라놓은 간격을 우리가 메우기를 기다리지 않으시고 우리에게 오셔서 우리의 죄의 추악함과 비참함, 부정함과 악함을 자기 것으로 짊어지심으로 우리의 마음에 하나님의 용서와 하나님의 임재, 하나님의 생명과 하나님의 사랑을 부어 주신다. 그것은 아주 좋은 소식이다.

스티브 블레이크모어(Steve Blakemore)

복습 문제

1. 예수님의 승리의 입성은 어떤 의미가 있는가?
2. 주의 만찬은 무엇이며 무엇을 상징하는가?
3. 예수님의 십자가형은 어떤 점에서 독특한가?

토론 문제

1. 예수님의 승리의 입성은 어떻게 우리가 세상에서 계속되는 고난과 파탄과 악 가운데서도 평안을 누리며 살도록 격려하는가?
2. 당신이 주의 만찬에서 받는 은택을 다른 사람들에게 보여주고 전달할 방법은 무엇인가?
3. 예수님의 십자가 죽음은 당신에게 개인적으로 어떤 의미가 있는가? 이 질문에 대한 대답은 당신이 불신자들과 복음을 나누는 데 어떻게 도움이 되는가?

참고 도서

Clowney, Edmund P. *The Unfolding Mystery: Discovering Christ in the Old Testament*. 2nd ed. Phillipsburg, NJ: P&R Publishing, 2013.

Letham, Robert. *The Work of Christ*. Downers Grove, IL: InterVarsity Press, 1993.

Morris, Leon. *The Apostolic Preaching of the Cross*. 3rd ed. Grand Rapids: Eerdmans, 1965.

_____. *The Cross in the New Testament*. Grand Rapids: Eerdmans, 1965.

Stott, John R. W. *The Cross of Christ*. Downers Grove, IL: InterVarsity Press, 1986.

Wallace, Ronald S. *The Atoning Death of Christ*. Westchester, IL: Crossway, 1981.

7장 퀴즈

8

승귀

주요 용어와 개념

갱신(renewal)
구원(salvation)
선지자 사역(prophetic ministry)
예수님의 재림(Jesus's return)
왕 사역(kingly ministry)
제사장 사역(priestly ministry)

구속의 계획(plan of redemption)
사도의 권위(apostolic authority)
승귀(exaltation)
오순절(Pentecost)
재위(session)
즉위(enthronement)

예수님의 승귀는 예수님의 부활부터 미래의 재림까지의 모든 기간으로 생각할 수 있다.

예수님은 십자가에 죽으시고 장사되신 후 다음 주간 첫날, 즉 안식 후 첫날에 죽은 자 가운데서 살아나셨다. 예수님은 40일 동안 제자들에게 여러 번 나타나셨다. 예수님은 제자들에게 하나님 나라에 대해 가르치시고, 성경을 성취하는 자신의 역할을 설명하셨으며, 사도들을 통해 자신의 교회의 리더십을 확립하셨다(마 28장; 막 16장; 눅 24장; 요 20-21장; 행 1:1-11). 이 40일 끝에 예수님은 자기 사람들을 축복하시고 눈에 보이게 하늘로 올라가셨으며, 그때 천사들이 예수님이 다시 오실 것을 선포했다(눅 24:36-53; 행 1:1-11).

하늘에 올라가신 예수님은 자기의 죽음을 대속 제물로 하나님께 드리시고 하나님 오른편에 앉으셨다. 이것은 피조물에 대한 예수님의 통치 곧 재위의 시작으로, 예수님이 원수들에게 심판을 내리시고 자기 백성에게 새 하늘과 새 땅의 복을 주시기 위해 영광 가운데 재림하실 때까지 계속될 것이다(엡 1:20-22; 살후 1:7-10; 계 20:11-22:7).

부활

죽음은 인간이 겪는 최대의 비극이며 이 세상에서 가장 악한 죄의 발현이다. 그러나 좋은 소식은 하나님의 기름 부음 받으신 그리스도가 그분을 믿는 모든 사람을 위해 죽음을 정복하셨다는 것이다. 예수님은 성령의 능력으로 무덤에서 살아나셨을 때 자신이 참으로 하나님이 사랑하시는 아들이시며 하나님 나라의 상속자이심을 모든 피조물에게 입증하셨다. 그뿐만 아니라 예수님은 신실하게 주님을 따르는 모든 사람에게 미래의 영광스러운 부활을 보장하셨다.

구속의 계획

예수님의 부활의 중요한 측면 하나는 그것이 하나님의 구속 계획을 촉진했다는 것이다. 인류와 피조물에 대한 하나님의 구속 계획은 하나님이 다윗에게 하신 언약의 성취에 달려 있었다. 구체적으로 하나님은 다윗에게 그리스도라고 알려진 다윗의 자손이 왕으로 다스리는 가운데 하나님의 하늘 왕국을 이 땅에 확장하겠다고 약속하셨다. 그러나 만일 예수님이 죽은 채로 그대로 계셨다면 이 일은 이루어질 수 없었다. 그런 의미에서 예수님의 부활은 하나님이 언약을 성취하실 수 있게 한 아주 중요한 단계였다. 이것이 신약이 예수님의 부활을 예수님의 그리스도 역할에 대한 확증이라고 부르는 이유 중 하나다(눅 24:45-46; 요 2:17-22; 행 17:3; 롬 1:1-4).

구원의 복

신약은 예수님의 부활을 우리가 구원의 일부로 받는 매우 다양한 복과 연관시킨다. 예수님의 부활은 우리가 의롭다 하심(죄 사함)을 낳는다(롬 4:25). 그것은 우리 영혼이 거듭나는 중생의 근원이며, 우리에게 영원한 기업의 문을 열어 준다(벧전 1:3-5). 그것은 우리의 몸과 삶 가운데서 선한 일과 그리스도에 대한 참된 증언을 산출한다(고후 4:10-18). 그것은 또한 미래에 있을 신자의 육체 부활의 근원으로, 그때 우리는 예수님이 지금 갖고 계신 몸과 같은 영광스러운 몸을 갖게 될 것이다(롬 6:4-5; 고전 15:42-53). 예수님의 부활은 우리가 이미 누리는 많은 구원의 복뿐만 아니라 미래에 누리게 될 복에도 필수적이다.

> 죽은 자 가운데서 살아나신 예수 그리스도의 부활은 신약의 중심점이며, 많은 복이 거기에서 흘러나온다.
> 첫째, 부활은 우리에게 예수님이 누구신지를 가르쳐 준다. 예수님이 메시아와 주님, 하나님의 아들이심을 입증한다. 예수님에 대한 이 위대한 사실들을 배우는 것은 큰 복이다.
> 둘째, 부활은 예수 그리스도가 오늘도 살아 계신다는 것을 의미한다. 예수님이 죽은 자 가운데서 살아나셨으므로, 우리는 예수님을 알 수 있고 만날 수 있다.
> 셋째, 성령으로 말미암아 그리스도의 새 생명이 우리 안에도 거하게 된다. 그리스도인으로 사는 것은 우리 자신의 힘으로 예수님을 따르려고 노력하는 것이 아니다. 우리는 실제로 예수님의 부활의 능력을 우리 안에 가지고 있다.
> 넷째, 부활은 우리에게 미래에 대한 놀라운 소망을 준다. 그것은 우리가 죽을 때 우리에게 일어나는 일의 본보기다. 예수님의 부활에서 우리는 죽음이 끝이 아니며, 무덤 다음에 새 생명 곧 부활(육체의 부활)이 있다는 하나님의 약속을 발견한다. 여러 세대에 걸쳐 부활은 인간의 죽음에 직면한 그리스도인들에게 놀라운 소망을 주었다.
> 다섯째, 부활은 피조물을 새롭게 하신다는 하나님의 약속이다. 예수님은 부활하신 후에 단지 영적인 존재로 나타나지 않으셨다. 예수님은 육체적인 몸을 갖고 계셨다. 이것은 하나님이 인간을 구속하시고 새롭게 하실 것이라는 표징이다. 피조물은 나쁜 것이 아니다. 로마서 8장은 이 점을 분명하게 가르치는데, 바울은 피조물 전체가 새롭게 될 것이라고 말한다. 예수님의 부활은 그에 대한 실마리와 확신을 우리에게 준다.
> **피터 워커**(Peter Walker)

승천

예수님의 승천은 예수님이 기석석으로 하늘에 들려 올라가 하나님의 특별한 임재에 들어가셨을 때 일어났다(눅 24:50-53; 행 1:9-11). 물론 지금 하나님의 아들은 신성으로는 모든 곳에 언제나 계신다. 그러나 그분의 인성에 따르면, 승천은 예수님의 몸과 영혼을 우리가 사는 지상 세계에서 천사들과 죽은 신자들의 영혼이 거하는 하늘 세계로 옮겨 놓은 것이다.

사도의 권위

죄를 대속하시고 모든 의를 이루신 예수님의 유일한 성취의 결과로 하나님은 예수님께 모든 피조물을 다스리는 비할 데 없는 권위와 능력을 부여하셨다. 다시 말하지만, 영원하신 하나님의 아들로서 예수님은 이미 신적인 권위를 갖고 계셨다. 그러나 예수님은 이제 더할 나위 없는 인간적인 권위도 받으셨다. 예수님은 승천하시며 "하늘과 땅의 모든 권세를 내게 주셨으니"(마 28:18)라고 말씀하시면서 이 새로운 권위를 강조하셨다.

또한 예수님은 승천하실 때 이 권위의 일부를 지상의 제자들에게 위임하셔서, 그들이 교회를 세우고 성장시키기 위해 예수님을 대신해 오류 없는 권위를 가지고 말할 수 있게 하셨다(마 28:19-20). 처음에 이 권위를 받은 사도들은 원래의 신실한 열한 제자였다. 나중에 맛디아가 배신자 유다를 대신했을 때 맛디아도 이 권위를 받았으며(행 1:26), 최종적으로 바울도 특별한 섭리에 의해 예수님이 위임하신 권위를 받았다(행 9장).

이렇게 권위가 위임된 결과로, 사도들은 새로운 성경을 기록하고 승인할 수 있었으며, 교리 문제에 있어 오류 없이 말할 수 있었다. 이 권위는 예수님께 직접 권위를 부여받았던 1세기의 사도들에게 고유한 것이었으며(행 1:24-26), 인간적인 수단을 통해 넘겨줄 수 없었다. 결과적으로, 이런 수준의 권위를 지닌 다른 사도들은 지금까지 전혀 없었다.

사도 바울은 보편 교회에 대해 "하나님의 권속이라 너희는 사도들과 선지자들의 터 위에 세우심을 입은 자라 그리스도 예수께서 친히 모퉁잇돌이 되셨느니라"(엡 2:19-20)라고 말함으로 원사도들의 유일성을 암시했다. 권위 있는 사도들은 유일하게 보편 교회의 설립 시기에만 있었던 특별한 범주의 교회 직분자들이었다.

즉위

예수님은 승천하셨을 때 하늘 성전에서 자신의 희생 제물을 드리시고 하나님 오른편에 앉으셨다(히 1:3; 9:11-14; 10:12-14). 이는 하늘에서 아버지 하나님의 봉신이나 섬기는 왕이 되시는 예수님의 인간적인 즉위에 해당한다. 이 메시아의 영광스러운 지위는 다윗왕이 처음으로 예언했는데(시 110편), 신약은 그것이 이제 예수님께 속한다고 자주 언급한다(막 16:19; 눅 22:69; 엡 1:20-21; 벧전 3:22). 즉위는 예수님의 그리스도 직분 인수의 완결이다. 예수님은 성육신 전에 선택되셨고 세례받으실 때 기름 부음을 받으셨다. 그러나 예수님이 즉위하시고 공식 자격으로 통치하기 시작하신 것은 승천하신 다음이었다.

그리스도가 하나님과 함께 하늘에 앉으신 것은 그리스도가 하나님과 그분의 백성의 모든 적에게 승리하셨음을 의미한다. 이 점에 대해 특별히 이야기하는 에베소서 2장에서 바울이 설명하는 원수들은 하늘에 있는 악의 영들과 이 어둠의 세상 주관자들과 통치자들이다. 이 세력들은 죽은 자 가운데서 살아나신 그리스도의 부활로 말미암아 정복되었으며, 그리스도는 하나님 오른편에 앉아 계신다.
그리고 놀라운 좋은 소식은 우리도 하나님 오른편에 앉아 있다는 것이다. 즉 그리스도인인 우리도 우주의 모든 악한 세력들에 대해 승리했다. 어떤 사람들은 보이지 않는 세력들이 우리를 지배하고 있다고 주장하지만, 우리는 그런 세력들을 두려워할 필요가 없다. 우리가 보이지 않는 세력들을 두려워할 필요가 없는 이유는 그리스도가 그들을 정복하셨으며 우리가 그리스도와 함께 승리했기 때문이다.
프랭크 틸먼(Frank Thielman)

예수님이 (영적으로 말해) 하나님 아버지 오른편 보좌에 앉아 계신다는 사실은 모든 인류 역사의 마지막에 우리에게 승리가 있다는 것을 크게 확증한다. 예수님은 모든 싸움에서 이기신 왕이시다. 우리가 지금 그것을 감지하지 못하지만, 예수님은 승리하셨다. 그것은 우주적인 개념이다. 온 우주의 변화와 예수님의 완전한 지배권은 예수님이 보좌에서 다스리시는 것으로 우리에게 묘사된다.

그러나 예수님이 누구신지 기억하라. 다스리시는 분은 영광스럽게 된 사람, 즉 인자가 되신 하나님의 아들이시다. 그러므로 예수님의 성육신은 절대로 중단되지 않는다. 예수님은 영만 갖게 되신 것이 아니다. 예수님은 인성을 하늘에 가지고 가셨으며, 따라서 아버지 하나님 오른편에 계신 분은 하나님의 아들이신 유대인 목수이시다. 예수님은 영원히 살아 계셔서 우리를 위해 간구하신다. 예수님의 지배권과 주권과 통치권, 일어난 모든 일에 대한 예수님의 승리는 그분의 놀라운 친밀함 및 우리를 자기 안에 있게 하심과 놀랍게 어우러져 있다. 그래서 예수님의 중보의 삶, 즉 우리의 삶을 위한 예수님의 강력한 기도와 관심은 끊이지 않는다.

이 완전하신 구주가 보좌에 앉아 계신 분으로 우리에게 제시된다. 물론 예수님은 경배와 찬양을 받으시기에 합당한 모든 미덕을 지니고 계시지만, 예수님의 미덕은 또한 놀랄 만한 자기희생과 균형을 이룬다. 오랜 세월 동안 많은 찬송가가 예수님의 피 흘리시는 상처에 대해 충격적이라고 할 만큼 현재 시제로 이야기한다. 예수님은 과거에 피를 흘리셨고 죽으셨다. 하지만 이 찬송가들은 예수님이 갈보리에서 입으신 다섯 군데의 피 흐르는 상처를 갖고 계신다고 언급한다. 그 상처들은 예수님의 성육신을 잊지 말라고 우리에게 상기시킨다. 예수님은 하늘과 땅의 주님이실 뿐만 아니라 당신의 일상적인 필요의 주님이신 성육신하신 그리스도로 보좌에 앉아 계신다. 이 사실은 오늘도 보좌에서 예수님이 행하시는 일에 대해 생각하는 우리 그리스도인들에게 중대한 함의를 지닌다.

빌 유리(Bill Ury)

재위

'재위'라는 말은 하늘의 위엄과 권능의 자리에서 예수님이 행하시는 지속적인 통치와 지배를 가리키는 신학 전문 용어다. 재위는 예수님의 선지자 및 제사장 의무를 포함하여 예수님이 하나님의 봉신인 인간 왕으로서 현재 다스리시는 가운데 행하시는 모든 일을 가리킨다.

예수님이 지금 행하시는 일을 묘사할 때, 성경은 흔히 예수님이 아버지 하나님 오른편에 앉아 계신다고 말한다. 이 표현은 현대의 독자들에게 오해를 불러일으킬 수도 있다. 예수님은 아버지 하나님 옆에 그냥 앉아서 재림하실 때를 기다리고 계신 것이 아니다.

예수님은 보좌에 앉아 계신다. 이 말은 예수님이 자기 나라를 다스리고 계신다는 것을 의미한다. 예수님은 하나님을 대신하여 하나님의 지상 왕국을 다스리심으로 하나님을 섬기시는 인간 왕이시다. 또한 예수님은 재림하실 때까지 계속 우리를 다스리시고 우리를 위해 간구하실 것이다. 예수님의 재위는 예수님이 죄와 죽음에 대해 승리하셨다는 것을 입증하며, 우리가 삶에서 직면하는 온갖 문제 가운데서도 하나님의 백성에게 끊임없는 위로를 주실 권한을 예수님께 부여한다.

성경은 그리스도가 하나님 오른편에 앉아 계신다고 말한다. 이것은 그리스도가 교회와 우주의 통치권을 받으셨다는 것을 보여주는 신인동형론적 표현이다. 승천하실 때 예수님은 이에 상응하는 영광을 공유하시게 되지만, 보좌에 앉아 계신다는 언급은 예수님이 휴식하는 장소로 승천하셨다는 것을 의미하지 않는다. 예수님은 우리의 왕과 선지자와 제사장으로서 계속 사역하신다.
짐 메이플스(Jim Maples)

선지자 사역

재위하시는 동안 예수님은 선지자와 제사장과 왕의 직분을 수행하신다. 예수님이 선지자로서 수행하신 첫 번째 일 가운데 하나는 교회에 성령을 선물로 보내신 것이었다(행 2:33). 오순절에 성령이 처음 임하셨을 때, 그분은 급하고 강한 바람 같은 소리와 불의 혀, 흩어진 유대인들이 방언으로 하나님을 열광적으로 찬미하는 일을 수반하셨다(행 2:2-4). 이것은 선지자 사역이었는데, 왜냐하면 성령이 교회에 능력을 부어 주셔서 교회가 세상에서 예수님의 선지자적 증인이 되도록 하셨기 때문이다. 베드로는 이 표적이 요엘 2장에서 언급된, 말세에 성령이 하나님의 모든 신실한 백성에게 사역을 위한 능력을 부어 주실 것이라는 예언의 성취라고 설명했다.

오순절의 특별한 현상들은 일반적인 것과 거리가 멀었지만, 오순절 이후 예수님은 선지자적으로 교회를 보살피기 위해 계속 성령을 보내셨다. 가장 일반적인 사례는 우리가 성경을 읽을 때 깨달음과 통찰을 얻게 하시려고 성령을 보내시는 것일 것이다. 예수님은 재위 기간에 행하시는 선지자 사역의 일부로, 사도들이 그분의 백성에게 오류 없는 말씀을 쓰도록 영감을 주시기 위해 성령을 보내셨다(딤후 3:16-17; 벧후 3:15-16). 지금도 예수님은 우리를 위해 성경을 보존하시고, 성령을 보내어 사역자들에게 은사를 주셔서 말씀을 전하게 하시며, 그분의 백성이 잃어버린 자들에게 복음을 전하도록 능력을 주심으로 계속 교회를 보살피신다(빌 1:14; 살전 2:13; 히 13:7).

제사장 사역

승천하셨을 때 예수님은 자신의 피를 자기 백성의 죄를 위한 대속물로 아버지 하나님께 바치는 대제사장 사역을 수행하셨다. 이 행위는 반복될 수 없지만, 사죄와 정결과 치유와 같은 그로 말미암는 은택들은 우리 삶에 지속적으로 적용되어야 한다. 마지막에 우리는 새 하늘과 새 땅에서 무한한 순결과 건강과 번영을 누릴 것이다. 그 사이에 예수님은 우리가 이 땅에 사는 동안 그런 복들을 우리에게 적용해 주시기를 구하면서 아버지 앞에서 우리를 위해 간구하신다(히 7:25-26; 9:11-26; 10:19-22; 요일 2:2).

애석하게도 많은 그리스도인이 죄를 지을 때 스스로 하나님 앞에 무기력하게 서서 자신의 실패에 대해 답해야 한다는 잘못된 생각에 시달린다. 그러나 놀라운 진실은 그리스도가 십자가에서 우리의 죗값을 치르셨듯이, 지금은 하늘에서 우리 아버지 앞에서 우리를 위해 간구하심으로 아버지가 우리를 계속 용서하시고 복을 베푸시게 하신다는 것이다. 예수님이 우리를 위해 끊임없이 기도하시기 때문에, 우리는 하나님의 하늘 법정에서 절대로 혼자가 아니다.

그리스도가 우리의 제사장으로서 하시는 일은 우리를 위해 자기 목숨을 버리신 일과 관련이 있는데, 이는 십자가라는 면에서 생각할 수 있다. 예수님은 우리의 대속물로서 십자가에 달리셔서 우리를 대신하셨다. 우리의 죄를 자신이 짊어지시고 죗값을 완전히 치르셨다.

제사장은 또한 백성을 위해 중재했다. 제사장은 하나님과 백성 사이의 중보자, 중개자였다. 제사장은 백성을 위해 기도했으며, 백성을 대표했다. 그리스도는 이 두 가지 일을 모두 행하신다. 예수님의 십자가 사역이 끝났다고 해서, 예수님의 제사장적인 중보 사역이 중단되는 것은 아니다.

물론 예수님의 십자가 사역은 끝났다. 그러나 예수님은 우리의 대속물, 즉 우리의 대리자이시면서도 지금도 우리를 위해 계속 기도하시고 우리를 위해 중보하신다. 왜 그렇게 하시는가? 십자가가 효력이 없어서가 아니라 십자가 사역을 우리에게 지속적으로 적용하고 계시기 때문이다.

우리는 계속 죄를 범하며, 아직은 영광스러운 상태가 아니다. 그러기에 예수님은 우리를 위해 아버지 앞에서 자신이 이미 이루신 일을 계속 주장하신다. 우리가 어떻게 기도해야 할지 모를지라도 예수님은 성령을 통해 계속 기도하신다. 예수님은 우리의 중재자이자 중보자로서, 우리 삶의 모든 면에서 우리를 대표하는 분으로서, 그리고 우리의 희생 제물이자 우리를 위한 간구자로서 그렇게 하신다.

스티븐 J. 웰럼(Stephen J. Wellum)

왕 사역

예수님의 지속적인 통치 일부는 교회를 다스리시는 것인데, 성경은 교회를 예수님의 신부(엡 5:23-29)이자 예수님의 몸(고전 12:27)으로 묘사한다. 예수님은 또한 다윗의 자손이자 후계자로서 모든 나라를 다스리시며, 자신의 의로운 통치와 지배에 복종하게 하신다(마 28:19-20; 고전 15:24-28; 계 22:16). 더구나 하나님의 정확한 형상이자 회복된 인류의 진정한 표상이신 예수님은 모든 피조물의 주님으로서 그들을 합법적으로 다스리신다(히 2:7-8). 이 밖에도 예수님은 천사들과 귀신들 같은 다른 모든 세력과 권세에 대해서도 전권을 갖고 계실 정도로 매우 지고하시다(롬 8:38-39; 골 1:16; 2:15). 이에 대해 바울은 다음과 같이 밀했다. "하나님이 그를 지극히 높여 모든 이름 위에 뛰어난 이름을 주사 하늘에 있는 자들과 땅에 있는 자들과 땅 아래에 있는 자들로 모든 무릎을 예수의 이름에 꿇게 하시고 모든 입으로 예수 그리스도를 주라 시인하여 하나님 아버지께 영광을 돌리게 하셨느니라"(빌 2:9-11).

예수님은 교회와 나라와 피조물들, 천사들과 귀신들의 영적 세계 등 만물을 다스리신다. 예수님은 하나님의 숨겨진 계획에 따라 다스리시기 때문에 그분의 통치를 우리가 언제나 예측할 수는 없다. 그러나 성경은 그리스도가 만물을 다스리시므로 그분을 따르는 이들은 아무것도 두려워할 것이 없다고 우리에게 확언한다.

우리의 궁극적인 승리는 보장되어 있다. 어떤 일도 예수님의 통제나 권위를 벗어나서 우리에게 일어날 수 없다. 존재하는 모든 것, 우주 전체의 작동부터 가장 작은 미립자에 이르기까지 모든 것은 예수님의 권위와 능력 아래 있다. 재림하시기 전에는 예수님은 자신의 통치를 최대로 시행하시지 않는다. 그러나 예수님이 다시 오시면, 땅의 모든 왕과 사람들, 모든 영적 존재가 예수님의 주권을 인정하고 엎드려 절할 것이다.

재림

신약은 예수님이 그리스도이시므로 하나님 나라를 땅 위에 완성하시기 위해 영광스러운 몸으로 눈에 보이게 재림하신다고 가르친다(행 1:11; 고전 15:23; 살전 4:13-18; 살후 1:5-10). 이 그리스도의 육체적 재림은 언제나 기독교 신앙의 중심이 되는 확언이었다.

심판

예수님이 그리스도로서 행하시는 왕의 직무 가운데 하나는 마지막 날에 천사와 마귀와 인간에게 그들이 각자 받아야 할 상벌을 내리는 심판자 역할을 하시는 것이다. 예수님이 말씀하신 대로 죽은 사람은 모두 부활할 것이고, 그때 모든 인류는 자기의 행위에 따라 심판을 받을 것이다. 선한 일을 행한 사람들은 영원하고 복된 삶을 상으로 받지만, 악한 일을 행한 사람들은 영원한 고통을 선고받게 될 것이다(마 25:31-46; 참조. 요 5:22-30; 행 10:42; 17:31; 고후 5:10).

물론 성경은 성령이 사람 안에 능력으로 내주하실 때만 사람이 선한 일을 행할 수 있다고 가르친다. 또한 신자가 그리스도 안에서 의롭다 함을 받은 사실이 없었다면 신자의 선한 행위도 아무런 가치가 없었을 것이라고 말한다. 신자인 우리 자신에게는 우리를 불신자보다 우월하게 만들 수 있는 것이 전혀 없다. 바울은 이렇게 말했다. "너희는 그 은혜에 의하여 믿음으로 말미암아 구원을 받았으니 이것은 너희에게서 난 것이 아니요 하나님의 선물이라 행위에서 난 것이 아니니 이는 누구든지 자랑하지 못하게 함이라 우리는 그가 만드신 바라 그리스도 예수 안에서 선한 일을 위하여 지으심을 받은 자니 이 일은 하나님이 전에 예비하사 우리로 그 가운데서 행하게 하려 하심이니라"(엡 2:8-10).

모든 인류는 하나님 앞에서 유죄이다. 감사하게도 최후의 심판 때 그리스도를 믿는 우리는 그리스도의 죽음으로 인해 죄에 대해 죽은 것으로 간주된다. 그러므로 우리는 정죄를 받지 않고 하나님이 우리를 통해 행하신 선한 일에 대해 상을 받게 될 것이다. 우리는 복된 상태에서 죽음의 두려움에서 완전히 벗어날 것이다. 우리의 영광스러운 몸은 예수님이 이미 갖고 계신 몸과 같아질 것이다. 우리는 죄책과 부패와 죄의 존재에서 벗어나 영원토록 평화와 번영을 누리며 살 것이다. 우리 하나님과 구주를 대면하여 뵐 것이며, 하나님의 호의를 누리며 안식할 것이다.

우리가 받을 상의 일부로, 우리는 새 하늘과 새 땅에서 권위를 부여받아 그리스도와 함께 다스리게 될 것이다(롬 8:17; 딤후 2:12). 우리가 이 권위를 행사하는 첫 번째 방법 중 하나는 예수님과 함께 앉아 천사들과 귀신들을 심판하는 것이다(고전 6:3). 그 심판의 결과는 인류에 대한 심판과 비슷할 것이다. 의로운 천사들은 상을 받고, 악한 귀신들은 정죄를 받을 것이다(마 25:41).

갱신

로마서 8장 19-22절에서 바울은 하나님이 아담의 죄에 대응하여 땅을 저주하셨으며 그것이 피조물 전체에 영향을 미쳤다고 가르쳤다. 그 결과로 온 우주가 부패에 빠지게 되었지만, 예수님이 다시 오시면 피조물에게서 죄와 죽음의 속박을 제거하실 것이다. 그리고 우리는 처음 창조 때보다 훨씬 더 좋고 완전한 땅을 유업으로 받아 다스리게 될 것이다(롬 8:21; 계 22:3).

구약의 선지자들은 완전히 회복된 이 피조계를 풍성한 음식, 사람과 동물 사이의 평화, 하나님께 드리는 기쁨에 찬 예배와 섬김으로 묘사했다. 우리는 이사야서, 예레미야서, 스가랴서에서 이를 볼 수 있다. 이 피조계의 갱신을 위해서는 먼저 세상이 불로 정화되어야 하지만(벧후 3:10-13), 그 결과는 놀라울 것이다. 베드로는 이렇게 말했다. "우리는 그의 약속대로 의가 있는 곳인 새 하늘과 새 땅을 바라보도다"(벧후 3:13).

이렇게 생각해 보라. 우리는 모두 피조계가 멋진 곳이 될 수 있다는 것을 알고 있다. 비록 피조계가 여전히 죄의 저주 아래 있기는 하지만 때때로 우리는 피조계의 아름다움에 놀라곤 한다. 피조계의 복잡한 특징들에 놀라고, 그것이 우리에게 주는 기쁨에 압도되기도 한다. 그런데 피조계에 죄의 저주가 없고, 고통과 질병이 없으며, 전쟁도 없고, 죽음조차 없으면 어떨지 상상해 보라. 예수님이 재림하실 때 새로운 피조계에서 살아갈 경이로움, 그 아름다움과 복잡한 특징과 기쁨을 상상해 보라. 예수님은 만물을 다스리시는 그리스도이시므로 우리를 위해 완전한 세상, 즉 우리가 하나님을 영화롭게 하며 영원히 하나님을 즐거워할 세상을 만드실 권위와 능력이 있으시다.

> 요한계시록에서 새 하늘과 새 땅은 동산과 도시로 묘사된다. 특히 선악을 알게 하는 나무와 생명나무를 떠올리게 하는 나무들이 있는 큰 도시가 나타나는 것을 볼 수 있다. 하늘에서 내려오는 이 웅장한 새 예루살렘 한가운데는 강물이 흐르는데, 이것 역시 우리에게 에덴동산을 상기시킨다. 그러므로 우리는 동산의 모든 기쁨과 매력 그리고 도시에서 기대할 수 있는 모든 세련됨과 문명을 고대한다.
>
> 이제 자연이 계속해서 하나님이 누구신지를 매우 강력하게 보여줄 것이며, 아마도 하늘과 땅에 하나님의 능력을 드러내는 매우 인상 깊은 일들이 있으리라고 생각한다. 하지만 그것들이 재앙이 되지는 않을 것이다. 왜냐하면 그곳은 슬픔이 없고 눈물도 없으며, 하나님이 자기 백성을 보호하실 것이기 때문이다.
>
> 우리는 베드로가 "의가 있는 곳"(벧후 3:13)이라고 말하는 새 하늘과 새 땅을 고대한다. 그곳은 완전히 의로우며, 완전히 공정한 사회일 것이다. 그곳은 우리 모두에게 좋을 곳일 것이다. 우리가 영광에 이르면, 우리가 땅에서 맛보는 슬픔과 오늘날 우리가 애도하는 모든 비극은 당연히 다시 일어나지 않을 것이며 모든 것이 바로잡힐 것이다. 하나님의 모든 공의가 충만할 것이며, 우리는 하나님의 자비하심에 매우 감사하게 될 것이다.
>
> **존 프레임**(John Frame)

그리스도이신 예수님을 따르는 이들의 커다란 소망은 예수님이 다시 오셔서 우리에게 그분의 나라의 복을 베푸시는 것이다. 미래에 대한 이러한 비전은 우리가 잃어버린 자들에게 주님의 복음을 선포할 때 긴박감을 느끼며 하나님을 섬기도록 동기를 부여하는 것이 되어야 한다. 비록 우리가 그리스도 안에서 안전하게 보존되기 때문에 우리의 죄로 인해 결코 정죄 받지 않는다는 것을 알고는 있지만, 우리는 이러한 비전에 자극을 받아 정결한 삶을 추구해야 한다. 또한 예수님이 우리에게 약속하신 큰 복에 대해 감사하며 그분을 사랑해야 한다.

예수 그리스도는 이제껏 살았던 사람 가운데 가장 강력하고 감동을 주는 분이시다. 더욱 감동적인 것은 예수님이 오늘도 여전히 살아 계셔서 우리의 선지자와 제사장과 왕으로서 하늘 보좌에서 섬기고 계신다는 것이다. 성경에서 예수님은 우리가 그분을 신실하게 섬기면 내세에서 누릴 복이 우리가 상상할 수 있는 최대치를 훨씬 넘어설 것이라고 확언하신다. 이는 우리가 그리스도의 경이로우심과 위대하심에 경탄하며 우리의 삶을 그분께 헌신할 충분한 이유를 제공한다.

복습 문제

1. 예수님의 부활이 이룬 것은 무엇인가?
2. 예수님의 그리스도 역할은 예수님의 승천과 어떤 관련이 있는가?
3. 예수님의 재위는 무엇을 수반하는가?
4. 마지막 재림에서 예수님이 이루시는 것은 무엇인가?

토론 문제

1. 예수님의 부활로 인해 누리는 구원의 복에 당신이 응답할 수 있는 구체적인 방법은 무엇인가?
2. 예수님이 하늘 보좌에 앉아 계신다는 사실은 당신의 생활 방식에 어떤 영향을 미치는가?
3. 불신자들이 최후의 심판 때 영원한 고통을 선고받는다는 사실을 아는 것은 당신이 복음을 전하는 방식에 어떤 영향을 미치는가?
4. 예수님이 재림하셔서 만물을 새롭게 하신다는 사실에서 어떤 격려를 얻는가?

참고 도서

Craig, William Lane. *The Son Rises: The Historical Evidence for the Resurrection of Jesus*. Chicago: Moody, 1981.

Gaffin, Richard B., Jr. *Resurrection and Redemption: A Study in Paul's Soteriology*. Phillipsburg, NJ: Presbyterian and Reformed, 1987.

Green, Michael. *The Empty Cross of Jesus*. The Jesus Library. Downers Grove, IL: InterVarsity Press, 1984.

Tenney, Merrill C. *The Reality of the Resurrection*. New York: Harper and Row, 1963.

Toon, Peter. *The Ascension of Our Lord*. Nashville: Thomas Nelson, 1984.

8장 퀴즈

2부 테스트

3부

선지자

문제에 직면하거나 중요한 결정을 내려야 할 때 사람들은 종종 다른 사람들에게 조언을 구한다. 작거나 익숙한 문제라면 가족이나 이웃에게 무엇을 해야 할지 물을 것이다. 그러나 문제가 크고 장기적으로 미치는 결과가 있는 경우에는 권위 있고 믿을 만한 지도를 해줄 수 있는 사람, 전문가를 찾곤 한다.

성경 역사 내내 하나님은 종종 선지자들을 통해 완전히 신뢰할 만한 전문가적인 지도를 해주셨다. 이 남녀 선지자들은 하나님의 백성이 직면한 상황에 하나님의 언약을 권위 있게 적용했다. 이 선지자들 가운데 가장 위대한 선지자가 그리스도이셨다.

9

구약의 선지자들

주요 용어와 개념

권위(authority)					기적(miracles)
모세 같은 선지자(prophet like Moses)		선지자(prophet)
언약(covenant)					영감(inspiration)
왕정 시대(monarchical period)			왕정 이전 시대(pre-monarchical period)
종주-봉신 조약(suzerain-vassal treaties)		추방/유수(exile)
회복 시대(restoration period)

구약에서 하나님은 하나님 나라를 운영하시기 위해 세 가지 직분, 즉 선지자직, 제사장직, 왕직을 제정하셨다. 우리가 흔히 신약 시대라고 부르는 하나님 나라의 마지막 단계에서 이 세 직분은 모두 그리스도 안에서 궁극적으로 성취된다. 이런 이유로 역사를 통해 이 직분들의 중요성과 역할을 연구하는 것은, 예수님이 현재 하나님 나라를 운영하시는 일뿐만 아니라 신실하게 예수님을 따르는 자들이 누리는 복과 의무를 이해하는 데 도움이 된다.

사람들은 '선지자'라는 말을 들으면 대부분 미래를 예언하는 사람을 생각하는 경향이 있다. 그러나 성경의 선지자가 때때로 미래를 예언한 것이 사실이기는 하지만, 이것이 선지자 사역의 주된 초점은 아니었다. 근본적으로 하나님의 선지자는 하나님의 대사였다.

선지자의 책무는 하나님의 언약을 설명하고 하나님의 백성이 하나님께 충성하도록 권면하는 것이었다. 이를 위해 선지자들은 하나님의 말씀을 선포하고 적용했으며, 특히 죄에 대한 심판을 경고하고 하나님의 복을 낳는 충성된 섬김을 하나님께 드리도록 권면했다. 이는 또한 예수님의 선지자 사역의 핵심이었다.

성경 역사 내내 수많은 주의 선지자가 있었다. 선지자의 능력이나 권위는 예수님과 동등하지 않았지만, 하나님에 대한 그들의 섬김은 예수님이 선지자직을 성취하시는 모든 방식을 예표한 것이었다. 그러므로 예수님이 선지자로서 행하신 일을 이해하기 원한다면 예수님 이전의 선지자들에게서 시작하는 것이 도움이 된다.

선지자의 자격

하나님은 언약들을 통해 자기 백성의 위대한 제왕으로 자신을 계시하셨고, 하나님의 선지자들은 하나님의 하늘 왕궁의 특사나 권한을 위임받은 사자 역할을 했다. 선지자들은 하나님의 말씀을 이스라엘 백성과 다른 여러 나라에 전했으며, 그들의 왕이신 하나님께 충성하라고 권면했다.

이스라엘 주변의 여러 나라도 하나님의 참 선지자들을 피상적으로 닮은 자기들의 선지자를 갖고 있었다. 이 거짓 선지자들은 자기들이 섬기는 거짓 신들을 대변하기 위해 속임수와 미신, 마귀의 능력을 사용했다.

많은 거짓 선지자가 있는 세상에서 하나님의 참 선지자와 거짓 선지자를 구분하는 일은 이스라엘 백성에게 매우 중요한 일이었다. 이런 이유로 구약은 하나님의 참 선지자에 대해 몇 가지 자격을 제시한다. 모세는 그 자격들을 이렇게 설명했다. "여호와께서 내게 이르시되…내가 그들의 형제 중에서 너와 같은 선지자 하나를 그들을 위하여 일으키고 내 말을 그 입에 두리니 내가 그에게 명령하는 것을 그가 무리에게 다 말하리라…만일 어떤 선지자가 내가 전하라고 명령하지 아니한 말을 제 마음대로 내 이름으로 전하든지 다른 신들의 이름으로 말하면 그 선지자는 죽임을 당하리라…만일 선지자가 있어 여호와의 이름으로 말한 일에 증험도 없고 성취함도 없으면 이는 여호와께서 말씀하신 것이 아니요"(신 18:17-18, 20, 22). 모세는 하나님의 참 선지자에 대해 적어도 네 가지의 자격을 열거했다. 첫째, 참 선지자는 하나님이 부르신다. 둘째, 참 선지자는 백성에게 전할 하나님의 말씀을 받는다. 셋째, 참 선지자는 오직 하나님의 명령에 따라 하나님의 이름으로 말함으로써 하나님에 대한 충성을 보여준다. 넷째, 참 선지자의 사역은 그들의 메시지가 성취됨을 통해 참됨이 증명된다.

> 성경 시대의 거짓 선지자들은 이스라엘과 다른 나라에서 참 선지자처럼 행동하고 말하며 그렇게 보이도록 처신했다. 그러나 구약의 선지자들은 여호와의 이름으로 말함으로써 자신들을 참 선지자로 구별했다. 그들은 여호와의 이름으로 말하면서 하나님이 하신 말씀이나 다른 참 선지자들이 말한 것을 어기지 않았다.
> 또 하나 매우 중요한 구별 요소는 구약의 선지자들이 일반적으로 대중의 신앙에 반대했다는 것이다. 불행하게도, 특별히 북이스라엘에는 선지자가 돈을 받고 고용되었던 시대가 있었다. 북왕국의 제사장이 아모스에게 남쪽 고향으로 돌아가 자기들을 괴롭히지 말라고 했을 때, 아모스는 "나는 선지자가 아니며 선지자의 아들도 아니라"(암 7:14)라고 대답했다. 아모스가 제사장에게 이렇게 말한 것은 자기가 그 제사장이나 왕에게 고용되지 않았다는 의미였다. "나는 선지자가 아니며"라는 말은 직업적인 선지자가 아니라는 것을 의미했고, "선지자의 아들도 아니라"라는 말은 "나는 선지자 학교 학생도 아니니 당신이 내게 무얼 하라고 말할 수 없다."라는 의미였다. 아모스가 고향으로 갈 수 없었던 이유는 하나님이 아모스에게 북쪽으로 가라고 명령하셨기 때문이었다. 우리는 예레미야와 미가 등 다른 선지자들이 왕에게 고용된 거짓 선지자들과 대립했던 일을 자주 발견할 수 있다. 우리가 참 선지자들에 대해 사회학적으로 말할 수 있는 한 가지가 있다면, 그것은 그들이 왕이나 제사장에게 고용되지 않았다는 것이다. 참 선지자들은 하나님 편에 서서 주로 왕이나 제사장 같은 사람들이 저지른 학대와 범죄, 악행에 대한 증인 역할을 했다.
> **리처드 L. 프랫 2세**(Richard L. Pratt, Jr.)

하나님의 부르심

구약에서 하나님은 선지자로 하나님을 섬기도록 많은 사람을 부르셨다. 이 부르심은 초대가 아니었다. 그것은 하나님의 호출이었다. 왕이신 하나님은 자기 백성 가운데 어떤 사람에게 자신의 대사로 섬기라고 명령하셨다. 구약 성경에서 선지자를 부르신 기록이 나타나는 때마다 이러한 하나님의 호출을 볼 수 있다.

예를 들어 하나님이 에스겔을 부르신 일을 생각해 보라. "그가 내게 이르시되 인자야 네 발로 일어서라 내가 네게 말하리라 하시며 그가 내게 말씀하실 때에 그 영이 내게 임하사 나를 일으켜 내 발로 세우시기로 내가 그 말씀하시는 자의 소리를 들으니"(겔 2:1-2). 하나님은 에스겔에게 서서 자신의 명령을 들으라고 하셨을 때, 성령을 보내셔서 에스겔이 명령을 따를 수 있게 하셨다. 선지자를 부르심은 하나님이 자기 백성의 하늘 왕으로서 행하시는 주권적인 선택의 집행이었다.

하나님은 자주 이러한 부르심을 선지자에게 직접 공표하셨는데, 종종 그들이 들을 수 있게 부르셨다. 하나님은 사무엘(삼상 3:4-14)과 이사야(사 6:8-13), 아모스(암 7:1-11), 예레미야(렘 1:4-10)를 직접 부르셨다.

다른 때에 하나님은 어떤 선지자가 다른 선지자를 부르게 하심으로써 간접적으로 선지자 사명을 맡기셨다. 예를 들어 하나님은 엘리야 선지자에게 명령하셔서 후계자인 엘리사에게 사명을 맡기게 하셨다(왕상 19:16). 이런 부르심의 위임은 열왕기상 20장과 열왕기하 2장 같은 곳에 나타나는 "선지자의 무리" 또는 "선지자의 제자들"이라는 말을 이해할 수 있게 해준다. 즉 하나님이 부르시고 인정받은 선지자를 중심으로 선지자들의 무리가 있었던 것을 볼 수 있다.

그렇지만 그 부르심이 하나님에게서 직접 왔든지 하나님이 권한을 주신 종을 통해 왔든지, 선지자로 부르심은 궁극적으로 여호와가 주도하신 일이었다. 자신의 선한 의도나 하나님에 대한 헌신, 하나님 말씀에 대한 지식과 관계없이, 이런 초자연적인 부르심이 없이는 아무도 선지자가 될 수 없었다.

하나님의 말씀을 받음

성령은 선지자들에게 영감을 주셔서 하나님이 명령하시는 메시지를 전하게 하셨다. 참 선지자는 예언할 때 다른 어떤 것을 말할 수 없었다. 그렇지만 성경에서 선지자들이 말하는 방식을 비교해 보면, 하나님의 영감은 선지자들이 자기가 하는 말을 통제하지 못했다는 의미가 아니라는 것을 알 수 있다. 오히려 성령은 선지자들의 개성과 관점을 사용하셔서 선지자들을 통해 하나님의 예언적인 메시지가 오류 없이 제시되게 하셨다.

이런 점에서 예언의 영감은 다른 모든 성경의 영감과 동일했다. 베드로는 이렇게 말했다. "성경의 모든 예언은 사사로이 풀 것이 아니니 예언은 언제든지 사람의 뜻으로 낸 것이 아니요 오직 성령의 감동하심을 받은 사람들이 하나님께 받아 말한 것이라"(벧후 1:20-21). 구약의 참 선지자는 일반적으로 자신의 어휘를 선택했다. 그러나 성령이 그 말을 관장하셔서 권위가 있고 오류가 없게 하셨다.

성령은 상대하시는 특정한 선지자의 개성과 관점을 통해 일하셨다. 전통적인 신학 용어로는 이것을 '유기적 영감'이라고 한다. 하나님은 자기의 종들과 선지자들을 통해 역사하시는데, 하나님의 목적을 위해 그들의 개성과 특정한 관점과 교육(또는 교육의 결핍)을 사용하신다는 개념이다.

이것은 성별 교리를 사용해서 생각할 수도 있다. 하나님은 인간적, 지상적, 물질적인 것들을 취하여 하나님의 목적을 위해 성별하시고 자신의 도구로 사용하신다. 하나님은 선지자들에 대해서도 그렇게 하신다.

그렇지만 예언서에서 하나님이 선지자들에게 "너는 가서 백성에게 이렇게 말하라."라고 지시하신 사례들을 볼 수 있으며, 이사야나 예레미야나 에스겔은 하나님이 말씀하신 대로 전했다. 그러므로 예언서에는 하나님이 선지자들에게 지시하신 부분들이 있지만, 동시에 하나님은 선지자들의 특성을 사용하셨다고 볼 수 있다. 하나님은 고대 이스라엘과 교회를 위해 선지자들이 사역하도록 하실 때 선지자들의 개성을 무시하지 않으셨다.

마크 지닐리어트(Mark Gignilliat)

하나님에 대한 충성

때때로 성령은 선지자가 할 말을 구체적으로 일러 주셨다. 그러나 일반적으로는 선지자가 자기 말로 예언할 수 있도록 허용하셨다. 선지자는 하나님의 메시지를 신실하게 전달해야 했으며, 선지자의 예언은 하나님의 기존 계시, 특히 성경에 기록된 계시와 일치해야 했다. 모세는 이렇게 말했다. "너희 중에 선지자나 꿈꾸는 자가 일어나서 이적과 기사를 네게 보이고 그가 네게 말한 그 이적과 기사가 이루어지고 너희가 알지 못하던 다른 신들을 우리가 따라 섬기자고 말할지라도 너는 그 선지자나 꿈꾸는 자의 말을 청종하지 말라…너희는 너희의 하나님 여호와를 따르며 그를 경외하며 그의 명령을 지키며 그의 목소리를 청종하며 그를 섬기며 그를 의지하며 그런 선지자나 꿈꾸는 자는 죽이라"(신 13:1-5).

이 말씀에서 모세는 매우 중요한 것을 가르쳐 주었다. 귀신들과 같은 영적 존재의 실재를 고려할 때, 거짓 선지자도 기적을 행할 수 있다(출 7:11-12). 그러므로 어떤 선지자가 기적을 행하고 미래를 예언할지라도, 그가 전하는 교훈이 하나님의 명령에 위반된다면 그 선지자를 거부해야 한다. 예레미야가 이스라엘의 거짓 선지자들이 이스라엘을 타락시킨 사실을 슬퍼하는 예레미야애가 2장 13-14절에서도 똑같은 강조점을 볼 수 있다. 예레미야는 이 선지자들이 죄악을 드러내지 못했다고 말했다(애 2:14). 즉 거짓 선지자들은 이스라엘 백성이 하나님의 율법을 어기도록 허락했다. 그들은 백성에게 하나님의 언약에 대한 책임을 묻기보다 불순종을 부추겼다. 이렇게 해서 그들은 자기들이 거짓 선지자라는 것을 보여주었다.

성취에 의한 증명

하나님의 선지자들이 전하는 모든 말을 의지할 수 있는 이유는, 그들이 성품과 언약을 전적으로 신뢰할 수 있는 분이신 하나님의 말씀을 신실하게 전했기 때문이다. 참된 예언을 신뢰할 수 있는 이유는 어떤 방식으로든 하나님이 의도하시는 대로 그 예언을 성취하실 능력과 권한을 하나님이 모두 갖고 계시기 때문이며, 또한 하나님이 자신의 말씀을 충실하게 지키시기 때문이다.

때로는 예언의 비교적 빠른 성취가 그 진정성을 증명해 주었다. 예를 들어 열왕기상 17장 1절에서, 엘리야 선지자는 자신이 말하기 전까지는 비나 이슬이 내리지 않을 것이라고 선언했다. 그리고 열왕기상 18장에서 알 수 있는 대로, 하나님이 가뭄을 끝내시기 전까지 3년 동안 비가 오지 않았다. 마찬가지로 열왕기하 7장 17-20절에서도 왕의 장관이 죽을 것이라는 엘리사의 예언이 즉시 성취되는 것을 볼 수 있다.

그러나 다른 때에는 예언이 그렇게 즉시 성취되지는 않았다. 예를 들어 주전 930년경에 어느 참 선지자가 다윗 가문의 신실한 후계자가 될 요시야의 탄생을 예언했다(왕상 13:2). 그러나 예언된 아이인 요시야는 주전 630년경까지 태어나지 않았다. 예언이 주어진 후 거의 300년이 되어서야 태어난 것이다(왕하 22:1). 또한 예수님의 탄생에 대한 예언들은 성취되기까지 훨씬 더 오래 걸렸다.

그런데 때로는 참 선지자의 말도 그들이 이야기한 대로 정확하게 이루어지지 않았다. 모세의 가르침에 비추어 보면 있을 수 없는 일처럼 보인다. 어떻게 그런 일이 일어난 것일까? 이 질문에 답하려면 예언의 목적을 이해하는 것이 중요하다. 많은 사람이 선지자가 앞으로 펼쳐질 미래를 정확하게 예언했다고 생각한다. 그러나 일반적으로 선지자들은 자기들의 예언이 그렇게 이해되도록 의도하지 않았다. 선지자들은 대개 사람들이 죄를 고집할 때 임할 저주를 경고했으며 신실하게 행할 때 임할 복을 제시했다. 이런 예언들의 목표는 사람들이 자기 죄를 회개하고 하나님과 그분의 언약에 꾸준히 신실하도록 동기를 부여하는 것이었다.

다만 참 선지자가 하나님이 어떤 일을 행하겠다고 맹세하셨음을 말하는 경우에만 그 예언이 절대적이었다. 결과적으로 예언이 성취되는 한 가지 합당한 방법은 사람들이 자기 행동을 바꾸고 그렇게 함으로써 예언의 결과에 영향을 미치는 것이었다. 이런 경우, 비록 선지자의 경고나 제안이 그가 말한 그대로 이루어지지 않았다 하더라도, 그 예언은 사실상 올바로 이루어진 것이었다.

이런 예가 성경에 많이 나오지만, 하나님은 예레미야 선지자에게 다음과 같은 기본 원칙을 설명하셨다. "내가 어느 민족이나 국가를 뽑거나 부수거나 멸하려 할 때에 만일 내가 말한 그 민족이 그의 악에서 돌이키면 내가 그에게 내리기로 생각하였던 재앙에 대하여 뜻을 돌이키겠고 내가 어느 민족이나 국가를 건설하거나 심으려 할 때에 만일 그들이 나 보기에 악한 것을 행하여 내 목소리를 청종하지 아니하면 내가 그에게 유익하게 하리라고 한 복에 대하여 뜻을 돌이키리라"(렘 18:7-10).

> 예레미야 18장에서 하나님은 "만일 내가 어떤 나라나 민족에게 심판을 경고했는데 그들이 회개한다면, 그들에게 내리려고 했던 심판을 보류하겠다."라고 말씀하신다. 그리고 반대로 "만일 내가 어떤 민족이나 왕이나 나라에 복을 약속했는데 그들이 내 명령을 순종하기를 멈춘다면, 이전에 복을 약속했던 그곳에 심판을 내릴 것이다."라고 하신다. 여기서는 예언이 조건부라는 원칙을 명시적으로 언급하고 있는데, 다른 본문들, 특히 하나님이 심판을 경고하고 복을 약속하시는 문맥에서는 이 원칙을 암시적으로 밝히고 있다. 대표적인 예를 요나서에서 볼 수 있다. 하나님은 니느웨 사람들에게 심판을 선언하도록 요나를 보내신다. 요나가 심판을 선언하자 니느웨가 회개하는데, 이 사건은 인간의 회개라는 기준을 상기하게 한다. 애초부터 하나님은 니느웨 사람들의 마음에 회개를 불러일으키고 싶으셨음이 분명하다.
> **로버트 G. 리스터**(Robert G. Lister)

참 선지자의 말은 이런저런 방식으로 언제나 성취된다. 때로는 말한 그대로 이루어지며, 어느 때는 사람들이 예언에 반응하여 다른 결과를 가져온다.

그러나 어떤 경우든지 참된 예언의 결과는 하나님의 언약 및 성품과 일치하며, 참 선지자의 사역의 진정성을 증명해 준다.

모세가 선지자 직분의 자격을 설명한 것은 어느 선지자가 참으로 하나님을 대변하는지 하나님의 백성이 분간할 방법을 갖게 하려는 것이었다. 모세는 하나님의 백성이 참 선지자의 메시지를 분별하고 하나님의 언약에 충실하게 살기를 바랐다. 그런데 이런 자격을 염두에 두는 것은 우리에게도 중요하다. 예수님이 신약 시대에 하나님의 선지자로 섬기셨을 때도 똑같은 자격들을 충족시키셨기 때문이다.

선지자의 역할

구약에서 하나님은 언약을 통해 자기 백성을 다스리는 위대한 왕으로 자신을 계시하셨다. 따라서 하나님의 선지자는 백성에게 그런 언약의 조건들을 상기시키고, 죄에 대한 심판을 경고하며, 하나님의 복을 가져다줄 충성스러운 섬김을 권면하는 언약의 대사였다.

권위

고대 근동에서 종종 제왕이나 종주(宗主, suzerain)는 수도에서 멀리 떨어진 더 작은 나라 봉신(封臣, vassal)들을 다스렸다. 일반적으로 종주는 봉신에게 그들의 관계에 대한 조건을 명시하는 조약을 요구했다. 성경은 보통 이런 조약을 가리켜 '언약'이라고 말한다.

이런 조약 곧 언약을 맺고 시행하기 위해 종주는 그의 이름으로 말하며 그가 위임한 권위를 행사할 대사들을 고용했다. 대사의 책무는 봉신국에게 조약의 조건을 상기시키고, 조약의 조건에 충실하지 않을 경우에 받게 될 징벌을 경고하며, 조약이 약속하는 복을 얻기 위해 그 조건에 복종하도록 권면하는 것이었다.

이런 고대 근동의 역사가 중요한 이유는 구약에서 종종 하나님이 자기 백성과의 관계를 종주-봉신 언약과 매우 유사한 방식으로 묘사하시기 때문이다. 종주이신 하나님은 자기의 봉신인 백성에게 언약의 조건을 상기시킬 권위 있는 대사로 선지자들을 임명하셨다. 따라서 선지자의 말은 하나님이 친히 하시는 말씀으로 받아야 했다. 성령은 또한 선지자에게 영감을 주셔서 하나님의 생각과 의도를 정확하게 선포하게 하셨다. 이런 방식으로, 하나님은 선지자가 하나님을 대표할 때 그들 모두가 언제나 권위 있고 올바르게 말할 수 있게 하셨다.

> 우리가 참 선지자의 말을 진지하게 받아들이는 이유는 무엇인가? 참 선지자는 하나님의 대리인으로서 하나님을 대변하기 때문이다. 그러므로 참 선지자의 말을 진지하게 받지 않는다면 우리는 "귀에 할례를 받지 못한 사람들"(행 7:51), 즉 마음이 아직 변화되지 않은 사람들이다. 사실상 우리는 하나님을 거역하는 것이다. 선지자들의 말을 듣기를 거부한다면 하나님의 말씀을 듣기를 거부하는 것이며, 이는 하나님을 거역하는 것이다.
> **피터 차우**(Peter Chow)

임무

선지자의 임무를 이해하기 위해 고대 근동의 종주-봉신 조약을 다시 한 번 살펴보자. 고대 근동에서 종주가 봉신국과 언약을 맺었을 때, 이 언약은 양자 간 합의의 세부 사항을 상술했다. 언약은 종주가 과거에 베푼 자애, 즉 종주가 이미 봉신을 위해 행한 선한 일들을 설명했다. 그리고 봉신이 따라야 할 많은 규칙과 규정을 포함하여 봉신이 종주에게 바쳐야 할 충성을 설명했다. 또한 조약의 조건에 대한 봉신의 순종이나 불순종으로 인한 결과, 즉 봉신이 조건에 순종하면 주어질 복, 그리고 봉신이 불순종하면 임하게 될 형벌이나 저주를 자세히 설명했다.

하나님과 언약 백성의 관계도 이와 아주 비슷한 역학 관계를 갖고 있었다. 선지자는 하나님의 언약의 대사로서 하나님이 백성에게 베푸신 자애, 하나님의 충성 요구, 하나님에 대한 응답에 따른 결과(불순종에 대한 저주와 순종에 대한 복)를 상기시키는 임무를 맡았다. 이스라엘이 하나님과 바른 관계에 있었을 때, 선지자들은 이스라엘이 신실함을 견지하도록 권면하기 위해 그들의 행위의 긍정적인 결과를 상기시켰다(렘 7:5-7; 22:4).

이스라엘이 언약의 조건에 대한 심각하고 장기적인 불순종 때문에 하나님과 바른 관계에 있지 않았을 때는, 그들의 반역과 불충을 책망했다. 선지자들은 이스라엘의 죄를 설명하고 백성을 회개시키기 위해 백성에게 언약의 저주를 상기시켰다(렘 8장; 암 4:1-3). 많은 경우, 하나님의 백성이 회개하라는 하나님의 요구를 따를 때 임하는 복을 제시하기도 했다(욜 2:12-27).

사역 방법

의심할 여지 없이, 선지자가 임무를 완수하기 위해 사용한 가장 일반적인 방법은 말이었다. 주로 선지자는 하나님의 백성에게 하나님의 말씀을 선포함으로써 임무를 수행했다. 선지자는 백성의 죄를 고발했고, 순종을 명령했다. 인내하라고 권면했고, 심판을 경고했으며, 복을 제시했다. 선지자는 비유를 말했고, 미래를 예언했으며, 기도했다. 하나님의 백성을 위해 중재하기도 했다. 성경에서 이런 일들은 수백 번이라도 볼 수 있다. 게다가 많은 선지자가 자기들의 말을 기록하기도 했는데, 성경에서 수많은 예언서와 예언적인 구절들을 발견할 수 있는 것도 이 때문이다.

선지자는 또한 다른 방법들도 사용했다. 예를 들어 어떤 선지자에게는 성령이 예언적인 표적과 이적을 행할 능력을 주시기도 했다. 이런 능력의 기적들은 하나님의 대사로서의 선지자의 정통성을 입증했으며, 선지자가 선포하는 경고와 제안을 뒷받침하시려는 하나님의 의도를 보여주었다.

예를 들어 선지자 모세는 이스라엘인과 애굽인 모두에게 여호와의 뜻을 선포했는데, 모세의 말은 수많은 기적과 표적을 수반했다. 애굽(이집트)에 내린 열 가지 재앙과 홍해를 가른 일, 그리고 출애굽기, 레위기, 민수기에 기록된 다른 많은 기적이 여기에 들어간다. 성령의 능력으로 인한 이 역사는 모세가 참 선지자라는 것을 입증했으며, 애굽인과 이스라엘인 모두에게 모세에게 순종할 것을 경고했다.

열왕기상 17장에서 열왕기하 13장에 걸쳐 있는 엘리야 선지자와 엘리사 선지자의 사역도 많은 기적을 포함하고 있다. 사무엘 선지자는 우레와 비를 일으키는 등의 기적들을 행했다(삼상 12:17-18). 마찬가지로 어느 무명의 선지자는 여로보암왕의 손이 마르게 하는 기적을 행했다(왕상 13:4). 기적 외에도 많은 선지자가 자신의 구두 메시지를 확증하는 상징적인 행위를 했다(겔 4장). 때로는 하나님의 백성에게 언약의 조건에 순종하라고 촉구하면서 영적인 싸움을 하기도 했다(왕상 18장).

선지자를 하나님의 언약의 특사로 보는 것은 선지자가 말한 저주의 경고와 복의 제시가 하나님과 그분의 백성 사이의 언약 관계에 근거했다는 것을 이해하도록 도와준다. 하나님은 자기 백성을 변덕스럽게 대하지 않으신다. 하나님은 아주 예측할 수 없게 행동하지 않으신다. 오히려 하나님은 언약의 조건들을 지키라고 요구하신다. 이 조건들은 비밀이 아니다. 하나님은 은혜롭게도 우리에게 그분의 율법을 주셨으며, 우리의 변화하는 상황에 그 율법을 적용하는 법을 보여주시기 위해 대사들을 파송하셨다. 하나님은 자신이 요구하는 바를 자기 백성이 알기 쉽게 해주신다. 우리가 하나님 앞에서 신실하게 행하고 하나님의 복을 누리며 하나님 나라를 위한 그분의 목표를 이루기를 바라시기 때문이다.

미래의 선지자들에 대한 기대

구약은 하나님의 신실한 백성에게 미래의 선지자들과 그 직무에 대해 여러 가지를 기대하라고 가르쳤다. 신약의 그리스도인들이 이런 기대들을 이해하는 것이 중요한 이유는 그것들이 예수님이 행하신 일의 여러 측면을 가르쳐 주기 때문이다.

역사적 발전

선지자는 언제나 하나님의 언약의 대사 역할을 했지만, 역사를 통해 그 역할이 바뀌었다. 하나님 나라가 변화하며 성장하고 하나님이 더 많은 언약을 맺으시면서, 선지자의 역할도 이러한 변화에 맞춰 조정되었다.

왕정 이전 시대. 이스라엘에 왕이 존재하기 전에 하나님은 아담과 노아 안에서 모든 사람과 언약을 맺으셨고, 특별히 아브라함과 모세 안에서 이스라엘과 언약을 맺으셨다. 아담 언약과 노아 언약 아래에서 하나님 나라는 특정한 민족과 관련이 없었다. 아브라함 시대에 이스라엘 민족이 구별되었을 때도 이스라엘에는 여전히 왕이 없었다. 이 기간에 선지자들은 다양한 임무를 수행했으며, 여러 다른 호칭으로 불렸다. 일반적으로 선지자는 하나님과 대화했으며, 환상을 받고, 인류가 하나님의 언약에 책임을 지게 했다고 말할 수 있다.

하나님은 처음 세상을 창조하셨을 때 아담과 하와와 직접 대화를 나누셨다. 아담과 하와는 하나님과 동행하고 이야기하면서 하나님의 계시를 받았다(창 2-3장). 그들은 자녀에게 하나님과 그분의 언약에 대해 가르치면서 선지자 역할을 수행했다. 에녹과 같이 그들의 후손 가운데 일부도 하나님과 비슷한 관계를 가졌다(창 5:24).

노아 시대에도 하나님은 노아와 직접 대화하셨다(창 6-9장). 그러나 세상의 죄가 너무 컸기 때문에, 하나님은 노아에게 세상에 대한 언약 심판을 예언하라고 명령하셨다(벧후 2:5). 이 밖에도 노아는 방주를 만들고 거기에 동물들을 태워서 자신의 메시지를 확증하는 매우 공적인 예언 행위를 했다.

하나님은 또한 아브라함에게도 직접 말씀하시면서 미래에 대한 자기의 계획을 아브라함에게 계시하셨다. 아브라함은 하나님의 계시를 받고 그 계시를 다른 사람들에게 전달하는 선지자 역할을 했다(창 20:7). 아브라함의 자손인 이삭과 야곱과 요셉도 하나님의 선지자 역할을 했는데, 그들은 하나님으로부터 꿈과 환상을 받았을 뿐만 아니라 천사들의 방문도 받았다. 이 선지자들은 저마다 하나님의 말씀을 백성에게 선포하고 여호와께 충성하라고 권면하며 그들이 하나님의 언약에 책임을 지게 했다.

모세는 하나님의 탁월한 선지자였다(민 12:6-8). 모세를 통해 하나님은 자기 백성에게 십계명과 언약서의 형태로 기록된 언약을 주셨다(출 20-23장). 이 언약을 집행하는 일이 모세의 책무였다. 이를 위해 모세는 언약을 백성에게 설명하고, 그 조항에 따라 백성을 다스리며, 언약의 저주가 아니라 언약의 복을 받도록 하나님께 충성하라고 권면했다. 모세 당대와 이후의 다른 선지자들은 비록 모세와 같은 사역의 범위와 영향력을 지니지는 못했지만 계속해서 같은 역할을 수행했다.

왕정 시대. 왕정 이전 시대에는 선지자의 직무가 대단히 광범위했던 반면, 왕정 시대에는 훨씬 더 공식화되었다. 이 시기에 이스라엘 민족은 약속의 땅에 정착했으며 왕의 통치 아래 살고 있었다. 왕정 시대는 이스라엘의 초대 왕인 사울로부터 시작하지만, 사울의 후계자인 다윗 및 그의 후손들과 가장 밀접한 관련이 있다. 왕정 시대의 선지자들은 일반적으로 이스라엘 백성에게 말씀을 전했는데, 때때로 이웃 나라에도 하나님과의 언약 관계를 인정하라고 명령하기도 했다. 그러나 선지자들은 주로 이스라엘과 유다의 권력의 장에 관심을 집중했다.

> 이스라엘과 유다는 처음에는 한 왕국이었지만, 주전 920년경 솔로몬의 아들 르호보암 때 왕국이 분열되었다. 북왕국에는 열 지파가 있었고, 남왕국에는 두 지파가 있었다. 북왕국에서 가장 큰 지파는 에브라임 지파였지만, 북왕국은 이스라엘이라는 이름을 유지했다. 남왕국은 가장 큰 지파의 이름을 따라 유다라고 불렸다. 유다의 수도는 당연히 예루살렘이었다.
> **프랭크 M. 바커 2세**(Frank M. Barker, Jr.)
>
> 왕국의 분열 이후에 선지자들은 각기 다른 장소에서 사역했다. 예를 들어 호세아는 자기들의 예배 중심지를 갖고 있던 이스라엘의 선지자였으며, 이사야는 유다의 선지자였다. 이렇게 분열된 북왕국, 남왕국과 관련된 각자의 사역 영역이 있었다.
> **마크 지닐리어트**(Mark Gignilliat)

하나님의 봉신인 백성의 중심이 왕이었기에, 선지자의 주된 역할은 왕과 신하들에게 하나님을 신실하게 섬길 나라의 의무를 상기시키는 것이었다. 왕을 직접 접촉하는 일은 사울과 다윗 때부터 시작됐지만, 나라가 북왕국 이스라엘과 남왕국 유다로 분열된 솔로몬 시대 이후에 더욱 일반적인 일이 되었다. 열왕기상, 열왕기하와 역대하는 선지자들과 이스라엘 및 유다 왕들 사이의 많은 접촉을 기록하고 있다. 그렇지만 선지자들은 일반 백성에게도 계속 말씀을 전하면서 여호와의 언약이 요구하는 바와 그들의 행위로 인한 결과를 상기시켰다. 선지자들은 또한 주변 나라에도 이스라엘 및 유다와 평화롭게 살라고 명령했다.

포로 시대. 애석하게도 이스라엘과 유다는 선지자들에게 순종하지 않았다. 그 결과 그들은 결국 약속의 땅에서 추방되는 언약의 저주를 낳게 되었다. 북왕국 이스라엘은 주전 723년 또는 722년에 추방당해 앗수르(아시리아)

에 포로로 끌려갔다. 남왕국 유다는 주전 587년 또는 586년에 추방당해 바벨론(신바빌로니아)에 포로로 끌려갔다. 포로 시대에도 선지자의 직무는 계속 왕권에 초점이 맞춰져 있었다. 그러나 역사상 이 시기에는 왕이 없었다. 그래서 선지자들은 하나님의 백성에게 그들이 추방당한 이유를 상기시키고 하나님의 약속, 즉 다윗 계보의 왕을 이스라엘의 왕위에 회복시키시며 장차 하나님 나라를 온 땅에 확대하시겠다는 약속을 담대하게 선포했다.

이 왕국 회복이라는 목표를 이루기 위해, 선지자들은 하나님의 백성에게 죄를 회개하고 다시금 언약에 충실하라고 권면했다. 백성이 회개하면 약속의 땅에 돌아갈 것이라고 제안하고, 회개하지 않으면 추방이 연장될 것이라고 경고했다. 선지자들은 또한 백성이 하나님께로 돌아가면 하나님이 그들에게 언약을 지킬 힘을 주셔서 다시는 언약의 저주를 당하지 않게 될 것이라고 선포했다. 심지어 여호와는 그들이 다시는 언약을 깨뜨릴 수 없게 하셔서 그들이 열심을 품고 하나님의 율법을 따라 살게 하실 것이었다(렘 31:33-34). 이 사역을 통해 선지자들은 하나님의 백성이 그들의 나라가 회복되고 온 땅에 확장되는 것을 보고자 한다면 따라가야 할 길을 제시했다.

회복 시대. 주전 539년 또는 538년경, 포로 시대가 부분적으로 끝났다. 이스라엘이나 유다에는 여전히 왕이 없었지만, 마침내 예루살렘과 성전이 재건되었으며 많은 가족이 약속의 땅에 살기 위해 돌아왔다. 이 시기에는 비교적 선지자가 적었지만, 학개와 스가랴 같은 신실한 선지자들이 지도자와 백성들을 지켜보았다. 그들은 이스라엘 민족이 회복을 위해 노력하는 동안 하나님이 회복을 완전히 이루시도록 충성할 것을 권면했다. 그러나 불행히도 이스라엘 백성은 선지자들의 경고에 귀를 기울이지 않았고, 회복은 주춤거렸다.

그럼에도 선지자들은 언젠가 하나님이 다윗의 의로운 자손을 일으키셔서 영광스러운 하나님 나라가 이 땅에 임하게 하실 것이라고 이스라엘에 확언했다(슥 12-13장). 하나님은 그들의 죄에도 불구하고 마침내 자기 백성에게 긍휼을 베푸실 것이며, 하나님의 이름을 위해 나라를 회복하실 것이다.

선지자직의 역사적 발전을 추적함으로써, 우리는 선지자가 언제나 하나님의 권위 있는 대사였으며 하나님의 백성이 언약에 책임을 지게 하는 임무를 맡았다는 것을 알 수 있다. 이런 일관성은 미래의 선지자 사역에 대해 특정한 기대를 하게 했다. 구체적으로 미래의 모든 하나님의 선지자가 하나님의 권위 있는 특사일 것이며, 하나님의 백성에게 그들에 대한 하나님의 자애와 하나님이 요구하시는 충성, 그들의 행위가 낳을 복과 저주를 상기시키는 것이 그들의 임무일 것임을 보여주었다.

시간이 지나면서 일어난 선지자직의 변화가 일으킨 기대도 있었다. 처음에 하나님의 선지자는 왕직과 밀접한 관계가 없었다. 그러나 이스라엘에 왕이 생기자 선지자의 역할은 왕직과 밀접하게 연관되었다. 그 결과 왕직에 영향을 미치는 큰 변화가 있을 때마다 선지자직에도 영향이 있었다. 이는 신약시대의 선지자직에 대한 기대가 주로 구약 역사의 마지막 단계, 즉 하나님의 백성이 여전히 다윗 계보의 왕이 왕위에 복귀하기를 기다리고 있던 포로 시대 후기의 회복 시대에서 비롯되었다는 것을 나타낸다. 특별히 그 기대는 미래의 선지자들이 메시아 왕을 동반하며 왕의 도래를 알리고 하나님의 언약에 충실한 새 시대의 시작을 알린다는 것이었다.

구체적인 예언들

미래의 선지자들에 대한 많은 구약 예언 가운데 특별히 언급할 만한 예언은 세 가지다.

첫째, 이사야 40장 3-5절에 따르면, 한 특별한 선지자가 주님이 모든 원수를 정복하고 다윗 왕정을 회복하러 오신다고 선포할 것이다. 일단 이 진영이 나타나면 회복이 임박할 것이다.

둘째, 이스라엘 백성은 그들을 의로 인도할 모세 같은 최후의 선지자가 일어나기를 여전히 기다리고 있었다. 주님은 모세에게 이렇게 말씀하셨다. "내가 그들의 형제 중에서 너와 같은 선지자 하나를 그들을 위하여 일으키고 내 말을 그 입에 두리니 내가 그에게 명령하는 것을 그가 무리에게 다 말하리라"(신 18:18).

하나님의 신실한 백성은 언제나 주님이 이런 모세 같은 선지자를 보내 주시기를 기대했다. 애석하게도 구약 선지자 중 누구도 모세가 지녔던 것 같은 강력한 영적 은사들을 보여주거나 하나님의 언약의 완전한 복을 가져오지 못했다. 그럼에도 회복의 시대에는 하나님이 마침내 이 선지자를 보내셔서 나라를 회복시키실 것이라는 새로운 소망이 있었다.

> 구약은 선지자와 제사장과 왕으로 사역하실 우리 주 예수 그리스도의 오심을 고대한다. 신명기 18장은 미래에 올 선지자, 즉 모세 같은 선지자에 대해 말하는 매우 중요한 본문이다. 구약의 문맥에서 그는 모세처럼 하나님을 대면하고 유일하게 하나님의 계시를 받은 사람을 의미했다. 실제로 모세는 모든 선지자의 정점이었다. 신명기 34장 마지막에는 모세 같은 선지자가 아직 일어나지 않았다는 선언이 나온다. 이는 우리에게 하나님의 말씀을 전하고 하나님의 진리를 알리며 하나님을 대면하여 아실 모세 같은 분, 아니 모세보다 더 위대한 분이 오실 것을 준비하게 한다. 신명기 18장의 예언은 우리 주 예수 그리스도로 절정에 달한다. 요한복음 1장은 이 예언을 이어받아 우리 주님이 영원부터 아버지를 알고 계셨으며 아버지를 보여주신다고 말한다. 이어서 사도행전 3장도 예수님이 하나님 나라를 가져오시는 분이시라고 가르친다. 예수님은 하나님의 계시를 성취하신다. 그분은 모세의 역할을 더 위대한 방식으로 수행하신다. 특별히 히브리서 1장은 하나님이 모세를 포함한 선지자들을 통해 말씀하심이 이제 하나님의 계시를 성취하시는 하나님의 아들 예수 그리스도에게서 절정에 이르렀다고 강조한다.
> **스티븐 J. 웰럼**(Stephen J. Wellum)

셋째, 선지자들은 나라가 회복될 때 거짓 선지자들을 그 땅에서 제거하는 예언의 회복도 있을 것이라고 예고했다. 스가랴 선지자는 이렇게 말했다.

"만군의 여호와가 말하노라 그날에 내가 우상의 이름을 이 땅에서 끊어서 기억도 되지 못하게 할 것이며 거짓 선지자와 더러운 귀신을 이 땅에서 떠나게 할 것이라"(슥 13:2).

이때 참 선지자의 수가 늘어날 것이다. 하나님은 요엘 선지자에게 이렇게 말씀하셨다. "그 후에 내가 내 영을 만민에게 부어 주리니 너희 자녀들이 장래 일을 말할 것이며 너희 늙은이는 꿈을 꾸며 너희 젊은이는 이상을 볼 것이며 그때에 내가 또 내 영을 남종과 여종에게 부어 줄 것이며"(욜 2:28-29). 요엘이 "그 후에"라는 말로 언급한 이 미래의 시대는 종말이나 마지막 날이며, 이 기간에 하나님은 자기의 영광스러운 나라를 확장하셔서 온 땅을 덮게 하실 것이다. 그때는 하나님의 신실한 백성 가운데 예언이 매우 일반적이게 되어 그들 모두가 하나님의 언약을 장려하며 하나님을 섬기라고 서로 권면할 것이다.

구약은 이스라엘의 혼란으로 인해 하나님 나라가 속히 새롭게 될 희망이 거의 없는 상태로 끝난다. 그럼에도 이스라엘의 신실한 자들은 하나님 나라에 대한 구약의 모든 기대를 하나님이 마침내 성취하실 것이며, 또한 부분적으로 선지자직을 통해 이 일을 이루실 것이라는 확신을 유지했다.

The Life
and Work
of Jesus

복습 문제

1. 하나님의 참 선지자의 자격은 무엇인가?
2. 구약에 나타나는 선지자의 역할을 설명하라.
3. 구약은 미래의 선지자 사역에 대해 어떤 기대를 일으켰는가?

토론 문제

1. 당신이 현재 영향을 미치는 영역에서 하나님의 신실한 대사가 되려면 어떻게 해야 하는가?
2. 하나님의 선지자들의 말에 나타나는 심각성과 시급성에 우리는 어떻게 응답해야 하는가?
3. 당신이 현재 참여하고 있는 사역은 무엇이며, 그 사역은 어떻게 하나님의 언약을 장려하고 다른 사람들이 하나님을 섬기도록 격려하는가?
4. 과거의 예언에 대한 하나님의 성취는 하나님이 그분의 나라를 완전히 이루시기를 기다리는 우리에게 어떤 위로를 주는가?

참고 도서

Blenkinsopp, Joseph. *A History of Prophecy in Israel*. Rev. ed. Louisville: Westminster John Knox, 1996.

_____. *Sage, Priest, Prophet: Religious and Intellectual Leadership in Ancient Israel*. Louisville: Westminster John Knox, 1995.

Clowney, Edmund P. *The Unfolding Mystery: Discovering Christ in the Old Testament*. 2nd ed. Phillipsburg, NJ: P&R Publishing, 2013.

Letham, Robert. *The Work of Christ*. Downers Grove, IL: InterVarsity Press, 1993.

9장 퀴즈

10

선지자이신 예수님

주요 용어와 개념

성취(fulfillment) 예언의 회복(restoration of prophecy)
주님의 전령(herald of the Lord) 충성(loyalty)
하나님의 말씀(Word of God)

신약은 예수님이 하나님의 궁극적인 선지자이심을 분명히 한다. 예수님은 하나님의 권위 있는 언약의 대사로 섬길 자격을 완전히 갖추셨으며, 선지자 직분의 역할을 완전하게 수행하신다. 예수님 안에서 구약의 선지자에 대한 기대가 모두 성취되었다.

예수님의 자격

9장에서 살펴본 대로 이스라엘의 참 선지자는 네 가지 자격을 충족시켜야 했다. 첫째, 참 선지자는 하나님의 부르심을 받아야 했다. 둘째, 참 선지자는 백성에게 전할 하나님의 말씀을 받아야 했다. 셋째, 참 선지자는 명령받은 것만을 말함으로써 하나님께 충성해야 했다. 넷째, 참 선지자의 메시지는 성취를 통해 그 참됨이 확증되어야 했다. 예수님은 이 자격을 모두 완전무결하게 충족시키셨다.

하나님의 부르심

하나님은 특별히 예수님을 선지자로 부르셨다. 우리는 이 사실을 예수님의 탄생과 세례, 변모를 둘러싼 사건에서 아주 분명하게 알 수 있다. 먼저 예수님이 탄생하셨을 때 선지자 시므온이 한 말을 생각해 보라. "내 눈이 주의 구원을 보았사오니 이는 만민 앞에 예비하신 것이요 이방을 비추는 빛이요 주의 백성 이스라엘의 영광이니이다…[이 아이는] 비방을 받는 표적이 되기 위하여 세움을 받았고…이는 여러 사람의 마음의 생각을 드러내려 함이니라"(눅 2:30-32, 34-35). 시므온은 예수님이 탄생하셨을 때부터 우리 주님이 주님의 백성에게 예언적 계시와 표적이 되도록 부르심을 받았다고 밝혔다.

예수님이 세례받으실 때는 성부 하나님과 성령 하나님 두 분 모두가 예수님이 선지자로 부르심을 받으셨다는 것을 보여주셨다(마 3-4장; 막 1장; 눅 3-4장). 성부 하나님은 들리는 소리로 말씀하시고 성령 하나님은 비둘기처럼 나타나셔서 예수님이 특별한 사역에 임명받은 하나님의 아들이시라는 것을 보여주셨다. 이 사건에 대한 각 복음서의 기록에서 예수님의 세례는 회개 및 하나님 나라 도래에 대한 예언적 메시지를 선포하는 공적 사역을 위해 예수님을 구별하는 역할을 한다.

아마 예수님이 선지자이심을 가장 명확하게 밝히는 행위는 예수님의 변모였을 것이다. 그때 예수님은 그 얼굴이 해같이 빛나며 옷이 빛과 같이 희어졌으며(마 17:2), 구약의 가장 위대한 선지자 모세와 엘리야가 예수님과 함께 대화했다(마 17:3). 모세는 율법 수여자였으며, 하나님의 백성에게 하나님의 말씀을 전하는 이들의 표준이었다. 한편, 엘리야는 기적을 행하는 사람이었으며, 신실하지 못한 다윗 가문에 회개를 요청하는 설교를 한 사람이었다. 이 뛰어난 구약 선지자들과 함께 나타나신 것만으로도 예수님이 위대한 선지자라는 것이 드러난다. 그런데 그다음에 무슨 일이 일어났는지 주목하라. "베드로가 예수께 여쭈어 이르되 주여 우리가 여기 있는 것이 좋사오니 만일 주께서 원하시면 내가 여기서 초막 셋을 짓되 하나는 주님을 위하여, 하나는 모세를 위하여, 하나는 엘리야를 위하여 하리이다 말할 때에 홀연히 빛난 구름이 그들을 덮으며 구름 속에서 소리가 나서 이르시되 이는 내 사랑하는 아들이요 내 기뻐하는 자니 너희는 그의 말을 들으라 하시는지라"(마 17:4-5). 하나님은 베드로와 다른 제자들에게 세 선지자 모두의 말이 아니라 예수님의 말을 들으라고 명령하셨다. 제자들은 모세와 엘리야보다 예수님께 귀를 기울여야 했다. 이렇게 하나님은 친히 예수님이 역대 최고의 선지자라는 사실을 명시하셨다.

> 변모 이야기에서 하나님은 제자들에게 예수님의 말씀을 들으라고 명령하신다. 여기에서 중요하게 인식해야 할 사실은 하나님이 제자들에게 모세나 엘리야를 버리라고 하시지 않고 예수님께 우선권을 두라고 지시하신다는 것이다. 즉 이 명령의 중요한 요점은 예수 그리스도가 하나님의 계시의 정점이라는 것을 확증하는 것이다.
> 유대인의 전통은 모세를 율법의 화신으로, 엘리야를 가장 유명한 선지자 가운데 한 사람으로 인정하며 존중했다. 그러므로 율법이나 선지자가 더 이상 쓸모없다는 것이 아니다. 분명히 우리는 구약을 버리고 싶어 하지 않을 것이다. 오히려 이 명령은 예수 그리스도를 통한 계시가 본질적이며 최고이고 가장 뛰어나다는 것을 강조한다. 히브리서 1장이 말하듯이, 하나님은 선지자들을 통해 여러 시대에 여러 방법으로 말씀하셨지만 이제 우리에게는 가장 순수하고 완전한 선지자가 계신다(히 1:1-2). 하나님은 사신을 보내시기보다 친히 우리 가운데 계신다. 이것이 변모 때 하신 명령의 숨은 의미다.
> **글렌 G. 스코기**(Glen G. Scorgie)

하나님의 말씀을 받음

예수님은 또한 선지자가 하나님의 말씀을 받아야 한다는 자격을 충족시키셨다. 예수님은 제자들에게 이렇게 말씀하셨다. "너희가 듣는 말은 내 말이 아니요 나를 보내신 아버지의 말씀이니라"(요 14:24; 참조. 요 12:49; 14:10). 실제로 요한은 그가 쓴 복음서 첫 장에서 예수님을 성육신하신 말씀이라고 불렀다.

요한복음 1장에 사용된 '말씀'이라는 단어, 헬라어 **로고스**(*Logos*)는 신학자들이 오랜 세월 동안 많은 논의를 해온 단어다. 그리스인들이 신을 이성이나 지혜로 이해했던 것이 사실이지만, 여호와의 말씀이라는 개념은 사실 구약에서 매우 두드러진 주제다. 요한은 그리스 철학을 암시하는 동시에 로고스를 하나님의 말씀이시며 하나님의 계시자이신 예수님, "빛이 있으라."라고 말씀하셨고 말씀하시자 그대로 그 일이 이루어진 하나님께 적용하는 것일 수 있다. 말씀이 육신이 되어 우리 가운데 거하신다고 말할 때, 요한은 예수님이 구약 전체를 통해 하나님이 행사하신 모든 권위와 소통 능력도 갖고 오셨다고 말하는 것일 수 있다.
사이먼 비버트(Simon Vibert)

하나님의 말씀은 첫째, 인격(주 예수 그리스도)으로 볼 수 있고, 둘째, 하나님의 말로 볼 수 있다. 그러나 요한은 예수님을 하나님의 말씀이라고 부르며, 그렇게 함으로써 아버지를 알리시는 우리 주님의 역할을 보여준다. 요한은 어느 때든지 아버지를 본 사람이 아무도 없지만 예수 그리스도가 오셔서 아버지를 우리에게 알리셨다고 말한다(요 1:18).
래리 코크럴(Larry Cockrell)

요한복음에서 요한은 독자에게 서언(요 1:1-18)을 통해 예수님을 소개하면서, 예수님이 말씀이시라고 이야기한다. "이 말씀이 하나님과 함께 계셨으니 이 말씀은 곧 하나님이시니라." 요한이 이렇게 말하는 데는 여러 가지 이유가 있다. 요한의 목적은 이 서언을 예수님이 말씀하시고 행하시는 모든 것을 볼 수 있는 렌즈로 설정하려는 것이다. 이 서언은 결국 요한복음 20장 28절로 이어지는데, 요한은 우리가 예수님을 하나님으로, 즉 우리에게 하나님의 말씀을 전하시는 하나님으로 보기를 원한다. 예수님이 하나님의 말씀이기 때문에 우리는 그것을 믿을 수 있다.
존 매킨리(John McKinley)

하나님에 대한 충성

예수님은 사역하시는 내내 자신이 아버지의 뜻을 수행하고 있다고 주장하셨다. 예수님은 아버지가 명하시는 것들만 말씀하시고 행하셨다(요 5:19, 30; 8:28). 또한 예수님은 자신의 모든 말과 사역이 이전의 선지자들과 일치한다는 것을 분명히 하셨다. 예를 들어 예수님은 세례 요한의 사역을 인정하셨으며(마 11:9-14), 요나 선지자를 확증하셨다(마 12:38-42). 예수님은 이사야 61장과 기름 부음 받은 선지자의 도래에 대한 약속을 성취하신다는 주장으로 자신의 사역을 시작하셨다(눅 4:16-30). 실제로 예수님은 구약 성경 전체가 진리이며 변함없이 유효하다는 것을 거듭해서 끊임없이 확언하셨다. 예수님은 산상 설교에서 이렇게 말씀하셨다. "내가 율법이나 선지자를 폐하러 온 줄로 생각하지 말라 폐하러 온 것이 아니요 완전하게 하려 함이라"(마 5:17). 예수님은 이를 비롯해 다른 무수한 방법으로 자신의 모든 말과 행위가 하나님에 대한 완전한 충성의 증거라는 것을 보여주셨다.

성취에 의한 증명

복음서는 종종 예수님의 예언이 성취되었다고 지적함으로써 예수님이 진정한 선지자이심을 증명한다. 때때로 예수님의 말씀은 즉시 실현되었다. 자연을 성공적으로 통제하시고, 귀신을 내쫓으시며, 병자를 치료하시고, 죽은 자를 살리시는 등의 경우였다. 이때 날씨와 귀신, 질병, 심지어 죽음 같은 것들까지도 예수님의 권위 있는 예언적 명령에 즉시 순종했다. 다른 경우에는 예수님의 예언이 비교적 단기간에 성취되었다. 예를 들어 예수님이 자신의 임박한 죽음과 부활에 대해 제자들에게 말씀하신 지 얼마 되지 않아 그분의 예언은 성취되었다(마 16:21; 20:18-19; 요 18:32).

그러나 예수님의 모든 예언이 예수님의 생애 중에 성취되지는 않았다. 많은 예언이 미래와 관련이 있었으며, 종종 먼 미래와 관련이 있었다. 어떤 경우에는 이 예언들의 성취가 성경 바깥의 역사에 기록되어 있다. 유대인의 성전에 대한 예수님의 예언을 생각해 보라. "날이 이르면 돌 하나도 돌 위에 남지 않고 다 무너뜨려지리라"(눅 21:6). 예수님은 유대인들이 회개하기를 거부했기 때문에 유대인의 성전이 무너질 것이라고 말씀하셨지만, 예수님이 죽으셨을 때도 성전은 그대로 서 있었다. 그러나 성전은 얼마 후 주후 70년에 로마인들이 예루살렘을 공격했을 때 무너졌다. 이러한 성취를 통해 예수님이 하나님의 참 선지자이심이 드러났다.

분명히 예수님의 예언이 아직은 모두 성취되지 않았다. 예를 들어 아직 예수님이 하나님 나라를 완성하시기 위해 재림하지 않으셨다. 그러나 예수님은 다시 오실 것이다. 사실 우리는 예수님이 마침내 모든 약속을 이루실 것을 전적으로 확신할 수 있고, 또한 확신해야 한다. 어쨌든 우리가 예수님의 예언을 성경 및 역사와 대조하여 판단할 수 있는 모든 경우에, 예수님의 말씀은 언제나 성취됨으로써 참되다는 것이 확증되었다. 이처럼 예수님의 말씀이 과거에 언제나 실현되었기 때문에 우리는 그 말씀이 미래에도 실현될 것이라고 기대해야 한다.

> 구약 역사로 거슬러 올라가 보면, 하나님이 주 예수 그리스도의 초림에서 어떻게 약속을 성취하셨는지를 볼 수 있다. 창세기 3장 15절의 첫 약속부터 구약의 마지막 선지자들에 이르기까지, 하나님은 점진적으로 메시아이신 그분의 아들의 도래를 예고하셨다. 그 모든 예언이 지금부터 2천 년 전에 성취되었다.
> 예수님이 오셔서 이루신 일에 비추어 볼 때, 우리는 예수님이 다시 오시겠다고 하신 일도 마찬가지로 이루어질 것을 확신하게 된다. 하나님이 과거에 약속을 지키신 것에 비추어 볼 때, 우리는 미래에도 하나님이 약속을 지키실 것을 확신할 수 있다.
> **스티븐 J. 웰럼**(Stephen J. Wellum)

예수님의 역할

9장에서 보았듯이 구약 역사에서 선지자는 하나님의 언약의 대사로서 중요한 역할을 했다. 특히 우리는 선지자 역할의 세 가지 측면, 즉 선지자의 권위와 임무와 사역 방법을 살펴보았다.

하나님의 가장 위대한 선지자로서 예수님은 다른 어떤 선지자보다 완전하게 이 역할들을 수행하셨다.

권위

신약은 하나님 아버지가 예수님께 권위를 위임하셨기 때문에 예수님이 아버지를 대신해 말할 권위를 갖고 계셨다고 아주 분명하게 밝힌다(요 7:16-19; 12:49-50; 14:24). 예수님은 예루살렘에서 무리에게 이렇게 말씀하셨다. "내 교훈은 내 것이 아니요 나를 보내신 이의 것이니라…스스로 말하는 자는 자기 영광만 구하되 보내신 이의 영광을 구하는 자는 참되니 그 속에 불의가 없느니라"(요 7:16, 18).

예수님의 권위가 아버지에게서 왔다는 사실은 예수님이 자기를 영접하는 자는 아버지를 영접하는 것이며 자기를 거부하는 자는 아버지를 거부하는 것이라고 가르치신 데서도 분명하게 드러났다(마 10:40; 막 9:37; 눅 9:48; 요 12:44; 13:20). 일례로 예수님의 말씀 가운데 하나를 생각해 보라. "나를 저버리는 자는 나 보내신 이를 저버리는 것이라"(눅 10:16).

하나님의 권위 있는 사자이신 예수님을 외면하는 사람들은 결국에는 예수님이 전하신 메시지가 참이라는 것을 인정하게 될 것이다. 그러나 애석하게도 그때는 그 메시지에 응답할 기회가 없을 것이다. 예수님은 후에 있을 자신의 십자가 죽음에 대해 대적자들에게 말씀하실 때 이 사실을 밝히셨다. "내가 너희에게 대하여 말하고 판단할 것이 많으나 나를 보내신 이가 참되시매 내가 그에게 들은 그것을 세상에 말하노라 하시되 그들은 아버지를 가리켜 말씀하신 줄을 깨닫지 못하더라 이에 예수께서 이르시되 너희가 인자를 든 후에 내가 그인 줄을 알고 또 내가 스스로 아무것도 하지 아니하고 오직 아버지께서 가르치신 대로 이런 것을 말하는 줄도 알리라"(요 8:26-28).

임무

선지자는 하나님의 언약의 대사였으므로, 그들은 하나님의 백성에게 하나님이 베푸신 많은 자애, 하나님의 충성 요구, 불순종과 순종의 결과를 상기시키는 임무를 맡았다. 이것은 또한 예수님이 선지자 역할에서 맡으신 임무이기도 했다. 우리는 특히 예수님이 하나님 나라의 마지막 단계가 오고 있다는 좋은 소식을 선포하신 방식에서 이것을 알 수 있다. 예수님은 하나님 나라에 대한 모든 가르침에서 하나님의 왕권과 권위에 대한 진리를 선포하셨으며, 그럼으로써 하나님이 그분의 백성과 맺으신 언약의 존재를 확증하셨다. 제자들에게 하나님 나라가 이 땅에 임하며 하나님의 뜻이 이루어지기를 기도하라고 가르치신 마태복음 6장 10절의 주기도문을 포함하여 여러 곳에서 이런 사실을 볼 수 있다.

예수님은 또한 언약의 조건이 여전히 유효하며, 백성들이 거기에 순종하지 않았다고 확언하셨다. 이는 예수님이 백성들에게 죄를 회개하라고 여러 번 권면하신 데서 분명히 알 수 있다(마 4:17; 막 1:15).

이 밖에도 예수님은 언약의 결과를 확언하셨다. 예를 들어 마태복음 23장의 일곱 가지 화에서 예수님은 심판을 피하려면 하나님께 순종하라고 권면하셨다. 언약의 긍정적인 결과와 관련해서, 예수님은 하나님의 백성에게 하나님의 복을 받기 위해 하나님의 자비를 간구하라고 격려하는 팔복 시리즈(마 5:3-12)로 산상 설교를 시작하셨다.

더구나 예수님은 자신이 이사야 61장이 예언한 하나님 나라의 회복을 알리는 전령 또는 포고자라고 밝히셨다. "선지자 이사야의 글을 [예수께] 드리거늘 책을 펴서 이렇게 기록된 데를 찾으시니 곧 주의 성령이 내게 임하셨으니 이는 가난한 자에게 복음을 전하게 하시려고 내게 기름을 부으시고 나를 보내사 포로 된 자에게 자유를, 눈먼 자에게 다시 보게 함을 전파하며 눌린 자를 자유롭게 하고 주의 은혜의 해를 전파하게 하려 하심이라 하였더라…이에 예수께서 그들에게 말씀하시되 이 글이 오늘 너희 귀에 응하였느니라 하시니"(눅 4:17-19, 21).

> 마가복음 1장에 기록된 예수님의 첫 말씀은 "때가 찼고 하나님의 나라가 가까이 왔으니 회개하고 복음을 믿으라"(막 1:15)라는 것이다.
> 복음은 하나님 나라가 이 세상에 도래했다는 좋은 소식이다. 따라서 예수님이 행하신 모든 기적은 이 하나님 나라의 도래를 알리는 표적이다. 하나님의 통치와 나라가 여기에 임했으므로 우리의 죄가 용서받는다. 눈먼 자가 볼 수 있고, 저는 자가 걸을 수 있으며, 나병 환자가 깨끗해지고, 귀신들이 쫓겨나며, 죽은 자가 살아난다. 이것이 좋은 소식이다. 물론 좋은 소식의 핵심은 십자가, 즉 예수 그리스도의 죽음과 부활이다. 만일 예수님이 죽으시고 부활하지 않으셨다면, 예수님은 우리를 위한 구원을 획득하지 못하셨을 것이다. 예수님은 죽음의 권세를 이기지 못하셨을 것이고, 하나님 나라는 우리에게 임하지 않았을 것이다. 그러므로 복음은 가장 좋은 소식이다. 하나님 나라의 도래는 인류에게 가장 복되고 기쁜 일이다.
> **피터 차우**(Peter Chow)
>
> 하나님 나라는 사람들의 마음에서 하나님이 행하시는 다스림과 통치인데, 이 다스림과 통치는 사람들의 삶의 모든 영역에서 나타난다. 사람들은 복음 곧 **유앙겔리온**(euangelion)의 메시지, 즉 그들의 죄를 위해 그리스도가 십자가에서 자기 생명을 버리셨다는 좋은 소식을 통해 이 다스림과 통치 가운데로 들어온다. 그리고 그들은 복음의 변화시키는 능력을 통해 주변 세상을 변화시키며 하나님 나라의 사역을 삶의 모든 영역에 끌어들이라는 부르심을 받는다.
> **제프 로먼**(Jeff Lowman)

이사야는 하나님이 원수들에게 최후의 심판을 하실 것이며 이스라엘을 통해 하나님 나라를 온 세상에 확장하실 것이라고 가르쳤다. 이사야는 또한 하나님이 특별한 선지자를 통해 이 일을 시작하실 것이라고 가르쳤다.

그 선지자는 하나님 나라가 마침내 도래한다는 좋은 소식, 곧 복음을 선포할 것이다. 그 선포 과정에서 그 선지자는 하나님의 언약 백성에게 그들의 의무를 상기시킬 것이다. 그는 백성에게 언약의 저주를 피하도록 그들의 죄를 회개하라고 권고하고, 하나님의 언약의 복을 받도록 신실함을 견지하라고 권면할 것이다. 예수님 자신의 증언에 따르면, 우리 주님이 바로 그 선지자이셨다.

사역 방법

구약의 선지자들과 마찬가지로 예수님이 선지자 임무를 성취하시는 일차적인 방법은 말씀이었다. 즉, 주로 하나님의 말씀을 사람들에게 선포하심으로 하나님의 언약에 대한 책임을 지라고 하셨다. 예수님은 하나님의 자비를 선포하셨다. 성경에 드러나 있는 하나님의 뜻에 대한 순종과 회개를 명하셨다. 또한 신실함을 견지하라고 권면하셨다. 다가올 심판을 경고하셨으며, 신실한 자들이 받을 복을 제안하셨다. 예수님은 비유를 말씀하셨고, 미래를 예언하셨으며, 기도하셨다. 예수님은 하나님의 백성을 위해 간구하셨다.

흥미롭게도 예수님이 하시지 않은 한 가지 일은, 자신의 가르침을 성경에 기록하시는 것이었다. 그러나 감사하게도 구약의 다른 몇몇 선지자들처럼 그분을 위해 이 일을 해준 제자들이 있었다. 신약에는 네 권의 복음서(마태복음, 마가복음, 누가복음, 요한복음)가 있는데, 여기에는 무엇보다 예수님이 말씀으로 행하신 선지자 사역이 기록되어 있다.

다른 구약 선지자들과 마찬가지로, 예수님은 선지자 사역을 수행하시기 위해 말씀 외에도 많은 방법을 사용하셨다. 이것은 언어를 통한 소통보다는 특별한 행위에 더 의존하는 방법이었다. 가장 분명한 예는 아마 예수님의 기적일 것이다. 예수님은 하나님의 백성의 역사에 등장했던 다른 어떤 선지자보다 더 많은 기적을 행하셨다. 예수님이 능력으로 행하신 기적들은 하나님의 대사로서의 예수님의 정당성을 입증했으며, 예수님이 하신 모든 말씀에 대한 하나님의 강력한 승인을 실증했다. 예수님이 친히 말씀하신 대로였다. "내가 내 아버지의 이름으로 행하는 일들이 나를 증거하는 것이거늘"(요 10:25).

구약의 선지자들과 마찬가지로 예수님은 상징적인 행위도 행하셨다. 예를 들어 예수님은 상징적인 행위로 세례 요한에게 세례를 받으셨다(마 3:15-17). 게다가 예수님은 시험과 마귀에 대한 승리(마 4:1-11; 눅 4:1-13) 및 귀신을 쫓아내신 일(막 1:25-26; 5:13)과 같은 영적인 싸움에도 관여하셨다.

예수님의 선지자적 권위와 임무, 사역 방법을 살펴보면 예수님이 참으로 선지자직을 성취하셨음을 알 수 있다. 그러므로 우리에게는 예수님의 말씀을 듣고 순종해야 할 의무가 있다. 하나님의 언약 공동체에 속한 우리에게 있어 예수님의 말씀에 대한 순종은 하나님의 언약의 복을 낳지만 불순종은 하나님의 징계를 낳는다. 한편 하나님의 언약 백성에 속하지 않은 자들에게 있어 예수님의 선지자적 말씀은 예수님을 거부하는 자에게는 심판을 경고하며 동시에 자기 죄를 회개하고 믿음으로 예수님을 영접하는 자에게는 생명을 제안한다.

예수님 안에서 성취된 기대

9장에서는 하나님 나라의 마지막 단계에 선지자직에 대해 적어도 세 가지 기대가 있었던 것을 보았다. 주님의 오심을 선포하는 전령 선지자가 있을 것이며, 모세 같은 궁극적인 선지자가 있을 것이고, 예언의 회복이 있을 것이다. 이 세 가지 기대는 모두 예수님의 인격과 사역에서 성취되었다.

주님의 전령

기대하던 전령 선지자에 대해 이사야는 이렇게 예언했다. "외치는 자의 소리여 이르되 너희는 광야에서 여호와의 길을 예비하라 사막에서 우리 하나님의 대로를 평탄하게 하라 골짜기마다 돋우어지며 산마다, 언덕마다 낮아지며 고르지 아니한 곳이 평탄하게 되며 험한 곳이 평지가 될 것이요 여호와의 영광이 나타나고 모든 육체가 그것을 함께 보리라 이는 여호와의 입이 말씀하셨느니라"(사 40:3-5).

이사야는 주님이 모든 원수를 정복하시고 다윗 왕정을 회복하시기 전에 특별한 선지자가 주님의 오심을 선포할 것이라고 말했다. 우리가 아는 대로, 예수님은 원수를 물리치러 오신 주님이셨고 다윗의 왕위를 계승하신 왕이셨다. 예수님을 통해 하나님은 마지막 날과 하나님 나라에 대한 모든 예언을 이루고 계셨다.

그러면 이사야가 예언한 전령은 누구였는가? 성경은 그 전령이 세례 요한이었다고 알려 준다. 우리는 요한복음에서 세례 요한이 이사야의 말을 인용하여 "나는…주의 길을 곧게 하라고 광야에서 외치는 자의 소리로라"(요 1:23)라고 말하는 것을 본다.

요한이 맡은 역할은 원수를 정복하시고 자기 백성에게 복을 주시기 위해 전사로 오시는 하나님의 도래를 선포하는 것이었다. 그러므로 요한은 예수님이 하나님의 아들이심을 알았을 때 다음과 같이 그 진리를 증언했다. "내가 보매 성령이 비둘기같이 하늘로부터 내려와서 그의 위에 머물렀더라 나도 그를 알지 못하였으나 나를 보내어 물로 세례를 베풀라 하신 그이가 나에게 말씀하시되 성령이 내려서 누구 위에든지 머무는 것을 보거든 그가 곧 성령으로 세례를 베푸는 이인 줄 알라 하셨기에 내가 보고 그가 하나님의 아들이심을 증언하였노라"(요 1:32-34). 요한은 예수님이 원수를 물리치고 다윗의 집에 왕위를 회복시켜 하나님 나라가 시작되게 하시는 하나님의 아들이시라고 분명히 밝혔다.

모세 같은 선지자

구약에서 모세는 이스라엘 백성에게 이렇게 말했다. "네 하나님 여호와께서 너희 가운데 네 형제 중에서 너를 위하여 나와 같은 선지자 하나를 일으키시리니 너희는 그의 말을 들을지니라"(신 18:15).

그 후 신약에서 베드로는 구약이 기대했던 모세 같은 선지자가 예수님이셨다고 명확하게 가르쳤다(행 3:17-23). 예수님은 모세 이후로 볼 수 없었던 규모의 기적들을 행하셨다. 그분은 모세가 지녔던 것보다 더 위대한 지식을 가지고 예언하셨다. 그분도 하나님을 대면하여 아셨지만, 모세보다 훨씬 더 영광스럽게 아셨다. 예수님은 심지어 자기의 선지자적 가르침에 믿음으로 응답하는 모든 사람은 완전한 언약 준수자로 간주될 것이며 하나님의 언약 왕국의 완전한 복을 유업으로 받을 것이라고 보장하셨다.

예수님은 모세와 같지 않으시고, 모세를 능가하셨다. 히브리서 저자는 이렇게 가르쳤다. "모세는 장래에 말할 것을 증언하기 위하여 하나님의 온 집에서 종으로서 신실하였고 그리스도는 하나님의 집을 맡은 아들로서 그와 같이 하셨으니 우리가 소망의 확신과 자랑을 끝까지 굳게 잡고 있으면 우리는 그의 집이라"(히 3:5-6).

> 예수님의 계시가 이전의 모든 선지자의 계시보다 우월한 이유는, 예수님이 하나님의 말씀을 선포하실 뿐만 아니라 그분이 바로 성육신하신 하나님의 말씀이시라는 사실에 있다. 예수님은 하나님의 말씀을 구현하신다. 예수님 이전의 모든 선지자는 그들의 사역이 놀랍기는 했어도 하나님의 말씀의 대변인에 불과했다. 예수님이 오셨을 때, 그분도 하나님의 말씀의 대변인으로서 회개와 하나님 나라와 하나님의 명령을 전하셨지만, 또한 그분은 성육신으로 인해 하나님의 정체성을 구현하기도 하셨다.
>
> **로버트 G. 리스터**(Robert G. Lister)
>
> 하나님이 마지막으로 자기 아들을 통해 말씀하신 이유는 다른 선지자 중 누구도 하나님이 아니었으며, 따라서 선지자 가운데 누구도 하나님의 완전한 계시를 받아들일 수 없었기 때문이다. 그러나 예수님은 바로 그 완전한 계시자로 오신다. 예수님은 하나님이시므로 하나님이 어떤 분이신지 아신다. 예수님은 하나님의 모든 계획을 아신다. 하나님의 거룩하심을 아신다. 하나님의 진노를 가라앉히기 위해 해야 할 일이 무엇인지를 정확하게 아신다. 예수님은 하나님의 모든 관심사를 품고 계신다. 하나님이 관심을 가지시는 모든 일을 예수님이 아시는 이유는 예수님이 하나님이시기 때문이다. 그러므로 그분의 인격을 통한, 그리고 우리의 선지자로서 하신 말씀을 통한 그리스도의 계시의 은혜로움은 우리가 그리스도가 친히 계시하신 것 외에 다른 것을 물을 필요가 없다는 것을 알려 준다. 그리스도는 무엇을 계시해도 되고 무엇을 계시하지 말아야 하는지 아실 만큼 지혜로우시기 때문이다. 그리스도는 우리에게 절대적인 진리를 주시고 그분이 행하신 모든 일을 통해 절대적인 모범을 제시하실 만큼 지식이 많으시다. 예수님은 완벽한 선지자이시다.
>
> **토머스 J. 네틀스**(Thomas J. Nettles)

신약은 예수님이 역사상 가장 위대한 선지자였다고 가르친다. 예수님 이전에 하나님이 선지자들을 통해서 하신 활동은 오랜 기간에 걸쳐 일어났으며 다양한 수단과 접근법을 망라했다. 그러나 이제 하나님은 가장 위대한 선지자이신 자기 아들을 통해 훨씬 더 위대한 계시를 우리에게 주셨다(히 1:1-2). 예수님은 아버지의 신분과 뜻과 구원에 대한 가장 완전하고 분명한 계시이시다(요 1:18; 14:9). 실제로 예수님은 성육신하신 하나님 말씀이시다(요 1:14).

예수님이 선지자직을 성취하신 의미의 중대성은 아무리 강조해도 지나치지 않다. 예수님은 아버지의 뜻과 목적을 가장 분명하고 확실하게 계시하시는 분으로서, 하나님 나라 회복에 대한 하나님의 명령과 약속을 모두 알려 주신다.

예언의 회복

구약은 거짓 선지자들이 제거되고 참 선지자들이 하나님의 백성 가운데 아주 많아질 날을 예기했다. 신약에서 이 기대는 예수님을 통해 실현되기 시작했다. 예수님은 많은 사도를 임명하여 온 세상에 능력 있게 말씀을 전하게 하심으로써 참 선지자들의 증식에 착수하셨다.

예수님은 오순절에 교회에 성령을 부어 주셔서 이 일을 더욱 확대하셨다. 누가는 그 자리에 있던 모든 신자가 방언으로 예언했다고 기록한다. "그들이 다 성령의 충만함을 받고 성령이 말하게 하심을 따라 다른 언어들로 말하기를 시작하니라…베드로가…이르되…유대인들과 예루살렘에 사는 모든 사람들아 이 일을 너희로 알게 할 것이니…이는 곧 선지자 요엘을 통하여 말씀하신 것이니 일렀으되 하나님이 말씀하시기를 말세에 내가 내 영을 모든 육체에 부어 주리니 너희의 자녀들은 예언할 것이요 너희의 젊은이들은 환상을 보고 너희의 늙은이들은 꿈을 꾸리라 그때에 내가 내 영을 내 남종과 여종들에게 부어 주리니 그들이 예언할 것이요"(행 2:4, 14, 16-18).

초대 교회 시대에 예수님은 성령을 보내셔서 신자들이 예언하게 하셨다. 현대의 교회들이 종종 예언의 지속 여부에 대해 논쟁하지만, 하나님 나라 초기에 예수님이 교회를 세우시기 위해 사용하신 강력하고 일반적인 사역이 예언이었다는 것은 아무도 의심할 수 없다.

그러면 거짓 예언의 종식은 예수님에게서 어떻게 성취되었는가? 신약의 많은 구절이 거짓 예언을 교회에 현존하는 문제라고 밝힌다(마 7:15; 24:11, 24; 벧후 2:1; 요일 4:1). 해답은 이중적이다. 한편으로 거짓 예언을 발견해 책망하는 일이 임무인 참 선지자의 증식은 거짓 예언을 저지하기 시작했다. 바울은 "예언하는 자는 둘이나 셋이나 말하고 다른 이들은 분별할 것이요"(고전 14:29)라고 가르쳤다. 교회의 참 선지자가 할 일 가운데 하나는 거짓 예언을 뿌리 뽑고 검열하는 것이었다.

다른 한편으로 우리는 예수님이 거짓 선지자들과 그들의 말을 완전히 제거하실 미래의 성취를 고대한다. 예수님은 심판하러 다시 오셔서 그분의 나라를 완성하시는 때에 모든 거짓 선지자를 돌이킬 수 없게 멸하실 것이다. 그때까지 우리는 예수님이 그분의 나라를 출범시키셨고 거짓 예언을 저지하기 시작하셨지만 거짓 예언을 영원히 종식시킬 심판을 아직 실행하지 않으셨다는 것을 아는 긴장감을 가지고 산다.

예수님은 선지자직의 자격을 완전히 갖추셨고, 선지자 역할을 신실하고 참되게 수행하시며, 선지자직에 대한 구약의 기대를 성취하신다. 이것이 좋은 소식이다. 구약에서 하나님은 언젠가 모세 같은 선지자가 일어나서 하나님의 백성을 언약에 대한 충성으로 인도할 것이라고 약속하셨다. 예수님 안에서 그 약속이 지금 성취되고 있다.

이런 이유로 우리는 예수님을 역사상 가장 위대한 선지자로 인정하고 공경한다. 우리는 예수님의 말씀에 귀를 기울이고 그 말씀을 믿는다. 예수님의 가르침에 복종하며 순종한다. 우리는 예수님의 선지자적 말씀이 확실하고 그 말씀이 우리를 인도하여 하나님의 언약의 복을 영원히 누리게 할 것을 확신하며 그렇게 한다.

복습 문제

1. 예수님은 선지자의 자격을 어떻게 충족시키셨는가?
2. 예수님은 선지자직의 역할을 어떻게 성취하셨는가?
3. 예수님은 선지자직의 미래에 대한 구약의 기대를 어떻게 성취하셨는가?

토론 문제

1. 예수님이 역사상 가장 위대한 선지자라는 것을 아는 데서 우리는 어떤 격려와 소망을 얻을 수 있는가?
2. 예수님의 예언이 모두 성취된 것은 아니므로 예수님이 참 선지자가 아니라고 주장하는 사람에게 당신은 어떻게 대답하겠는가?
3. 그리스도의 선지자 역할은 당신이 성경을 해석하는 방식에 있어 어떠한 영향을 미치는가?

참고 도서

Aune, D. E. "Christian Prophecy and the Messianic Status of Jesus." In *The Messiah: Developments in Earliest Judaism and Christianity*, edited by James H. Charlesworth, 404–422. 1992. Reprint, Minneapolis: Augsburg Fortress, 2009.

Flusser, David. *Jesus*. 3rd ed. Jerusalem: The Hebrew University Magnes Press, 2001.

Ridderbos, Herman N. *The Coming of the Kingdom*. Philadelphia: Presbyterian and Reformed, 1962.

10장 퀴즈

11

예수님의 선지자 사역의 적용

주요 용어와 개념

계시(revelation) 믿음(faith)
성경 해석(interpretation of Scripture) 순종(submission)
언약의 복(covenant blessings) 언약의 저주(covenant curses)

예수님의 선지자 사역을 현대에 적용하는 편리하고 도움이 되는 방법 가운데 하나는 웨스트민스터 대요리문답에서 볼 수 있다. "그리스도는 그분의 성령과 말씀에 의해 성도들의 건덕과 구원에 관한 모든 일에서 하나님의 모든 뜻을 다양한 시행 방식으로 모든 시대에 교회에 계시하심으로 선지자 직분을 행하신다."[1]

이 대답은 그리스도의 선지자 사역을 교회에 대한 그리스도의 계시라는 관점에서 요약하는데, 그리스도의 계시 사역의 두 측면을 언급한다.

첫째, 이 대답은 그리스도의 계시의 범위에 대해 "그분의 성령과 말씀에 의해 다양한 시행 방식으로 모든 시대에"라고 말한다.

둘째, 계시의 내용을 "성도들의 건덕과 구원에 관한 모든 일에서 하나님의 모든 뜻"이라고 밝힌다.

---

1) 웨스트민스터 대요리문답 43문의 답.

계시의 범위

대요리문답에서 그리스도가 "그분의 성령과 말씀에 의해 다양한 시행 방식으로 모든 시대에" 계시를 전달하신다고 말하는 것은, 그리스도가 모든 성경과 참된 예언을 통해 우리에게 말씀하시는 분이시라는 성경의 가르침을 확언하는 것이다. 예수님은 지상 사역 동안 많은 예언을 말씀하셨지만, 하나님의 아들은 또한 자기 이전과 이후의 참 선지자들에게 영감을 주시기 위해 성령을 보내셨다. 이 과정을 통해 우리가 추론할 수 있는 가장 중요한 사실은 구약과 신약 모두 성경 전체가 그리스도가 그분의 교회에 하시는 선지자적 말씀이라는 것이다.

성경 전체가 그리스도의 말씀이라고 생각하는 것이 어쩌면 이상하게 보일 수도 있다. 예수님 자신이 성경의 어떤 책도 쓰지 않으셨고, 복음서에는 예수님이 하신 말씀 이외의 내용도 많이 있기 때문이다. 그럼에도 그리스도인들은 교회사 내내 이 가르침을 일관되게 인정해 왔다. 예를 들어 3세기에 초대 교회 교부 오리게네스(Origenes)는 그의 저서 『제1원리에 대하여』(*On First Principles*) 서문에서, 성경에 영감을 주시는 예수님의 선지자 사역에 대해 이렇게 말했다. "그리스도의 말씀은 단지 그분이 사람이 되셨을 때 [말씀하신] 것들만 의미하지 않는다. …그 이전에도 하나님의 말씀이신 그리스도는 모세와 선지자들 안에 계셨기 때문이다. …그리고…그리스도는 승천하신 후에는 사도들 안에서 말씀하셨다."[2]

오리게네스의 말이 설명하듯이, 역사적으로 기독교회는 성경의 모든 부분이 그리스도의 선지자적 말씀이라고 인정해 왔다. 이 개념은 전적으로 성경적이다.

---

2) Origen, *On First Principles*, trans. G. W. Butterworth (1936; repr., Notre Dame, IN: Ave Maria Press, 2013), 1–2.

일례로 성경은 예수님이 구약 선지자들에게 영감을 주셨으므로 예수님의 선지자 사역이 실제로 성육신과 지상 사역보다 선행한다고 가르친다. 베드로는 이 개념을 명확하게 주장했다. "이 구원에 대하여는 너희에게 임할 은혜를 예언하던 선지자들이 연구하고 부지런히 살펴서 자기 속에 계신 그리스도의 영이 그 받으실 고난과 후에 받으실 영광을 미리 증언하여 누구를 또는 어떠한 때를 지시하시는지 상고하느니라"(벧전 1:10-11). 베드로는 그리스도가 성령을 보내셔서 구약 선지자들에게 영감을 주시고 그들에게 동기를 부여하심으로써 그들이 하나님의 구속 약속의 성취를 연구하며 상고했다고 가르쳤다. 이런 의미에서 구약 전체가 그리스도의 말씀이다.

예수님의 선지자 사역이 지상 사역 이전에 시작된 것처럼, 그 사역은 예수님이 승천하신 후에도 계속되었다. 이것이 사실인 중요한 이유 하나는 예수님이 성령을 보내셔서 사도들과 다른 신약 저자들이 사역하도록 영감을 주셨다는 점이다. 예수님은 잡히시던 날 밤에 사도들에게 이렇게 말씀하셨다. "진리의 성령이 오시면 그가 너희를 모든 진리 가운데로 인도하시리니…무릇 아버지께 있는 것은 다 내 것이라 그러므로 내가 말하기를 그가 내 것을 가지고 너희에게 알리시리라 하였노라"(요 16:13, 15).

성경 전체가 우리에게 하시는 그리스도의 선지자적 말씀이다. 그러므로 성경의 모든 책은 권위가 있고 현대 교회의 삶과 관련이 있다. 그리스도를 우리의 선지자로 받아들이는 것은 구약과 신약 모두를 포함하여 그리스도가 우리에게 하신 모든 말씀을 하나님 나라와 언약에 대한 계시로 받아들이는 것이다. 우리는 복음서나 신약 전체에서 예수님이 직접 하신 말씀만을 따르는 것으로 만족할 수 없다. 성경의 모든 말씀이 우리에게 하시는 그리스도의 말씀이므로, 우리는 성경의 모든 말씀을 읽고 이해하며 순종해야 한다.

물론 우리는 중요한 역사적 변화를 설명하는 방식으로 그렇게 해야 한다. 예를 들어 신약과 같은 나중 계시는 구약과 같은 이전 계시를 적용하는 법을 우리에게 알려 준다. 그러나 기본 원리는 변함이 없다. 성경 전체는 모든 시대의 교회에 하시는 그리스도의 말씀이다.

> 우리는 모두 성경 말씀 가운데 자신이 좋아하는 부분이 있다는 것을 안다. 그리고 많은 사람이 무엇보다도 복음서와 예수님의 말씀에 끌리는 것은 옳은 일이다. 그러나 말씀이 우리에게 확언하듯이, 그리고 초대 그리스도인들과 처음 세대가 일관되게 확언하듯이, 모든 성경은 하나님의 영감으로 된 것이다. 따라서 교훈에 유익하고 유용하며, 우리 삶의 잘못을 바로잡아 주고 우리에게 옳고 바르고 평탄한 길, 즉 생명의 길을 보여주는 데 유용하다. 우리가 어떤 부분을 선호하든지 특정한 책이나 말씀에 이끌리는 것이 허용되더라도 성경의 모든 증언이 중요한 이유는 우리가 전인(全人)이기 때문이며, 우리가 다른 사람들과 관계를 맺을 때 하나님의 말씀이 우리를 하나로 연결하는 중심이 되기 때문이다.
> **제임스 D. 스미스 3세**(James D. Smith III)
>
> 예수님을 우리의 선지자, 곧 모든 예언적 계시를 성취하시는 분(그리고 그분 안에서 하나님의 모든 약속이 이루어진 분)으로 바르게 이해한다는 것은 구약의 계시도 예수님의 말씀이라고 이해하는 것을 의미한다. 예수님이 직접 말씀하신 복음 메시지는 예수님의 말씀이다. 나아가 예수님이 성령을 통해 부르시고 영감을 주셔서 자기의 특사 역할을 하게 하신 사도들은 우리에게 예수님의 말씀을 주어 예수님이 누구시며 어떤 일을 하셨는지 가르쳐 주었다. 그러므로 구약이든 복음서든 서신서든 모든 성경은 우리를 위한 것이며 우리를 교훈하기 위한 것이다. 모든 성경은 예수 그리스도의 오심과 그분이 우리를 위해 성취하신 모든 일에 비추어 온전히 따르며 읽으라고 우리에게 주신 하나님의 말씀이다.
> **스티븐 J. 웰럼**(Stephen J. Wellum)

계시의 내용

웨스트민스터 대요리문답은 성경에 있는 그리스도의 선지자적 말씀이 "건덕과 구원에 관한 모든 일에서 하나님의 모든 뜻"을 알려 준다는 말로 성경의 내용을 요약한다. 이 말은 어떤 의미에서 성경의 충족성을 확언하는 매우 광범위한 진술이다. 그러나 그리스도의 선지자직이라는 구체적인 맥락에서 이 말을 생각해 보면, 성경 전체가 하나님의 최고의 언약 특사이신 그리스도에 의해 전달되었음을 이해하는 데 도움이 된다. 다음으로 이 진술은 모든 성경이 우리에게 하나님의 언약 조건을 가르치기 위한 것임을, 우리가 언약의 저주를 피하고 신실한 순종을 통해 언약의 복을 추구하게 하기 위한 것임을 알게 해준다. 그러므로 하나님의 뜻은 하나님의 언약의 조건 및 그것이 우리의 삶에 적용되는 것을 의미한다. 그리고 우리의 건덕(edification, 교화)은 그 언약의 조건을 바르게 이해하는 것이며, 우리의 구원은 언약의 복이다.

성경은 전체가 하나님이 자기 백성에게 주신 언약의 말씀이다. 성경의 모든 페이지가 하나님의 자애와 인간의 충성에 대한 하나님의 요구, 불순종으로 인한 저주 및 순종으로 인한 복을 우리에게 가르쳐 준다. 그러므로 예수님이 구약에 많이 의존하셨다는 사실이나 우리가 구약을 따라야 한다고 주장하셨다는 사실에 놀라지 말아야 한다.

바울이 기록한 대로 모든 성경은 우리가 주님을 섬기고 순종할 능력을 갖추게 하려고 교회에 주신 것이다(딤후 3:16-17). 바울이 이 말씀을 기록할 때 일차적으로 염두에 두었던 것은 구약이다. 당시 신약의 책들 가운데 어떤 것은 아직 기록되지 않았으며, 신약이 인정된 정경으로 모아지기 전이었기 때문이다. 그렇지만 그리스도는 원사도들에게 성령을 보내셔서 그들이 추가적인 성경, 즉 신약의 책들을 기록하고 승인하게 하셨다. 그러므로 신약은 구약과 똑같은 정당성과 권위를 갖는다.

성경 해석

고대 근동 사람들은 종주국 왕이 특사를 통해 보낸 메시지에 응답할 의무가 있다는 것을 인식했다. 이 메시지를 무시하면 그 결과가 심각했기 때문에, 메시지를 올바로 이해하는 것은 매우 중요한 일이었다. 하나님의 계시도 마찬가지다. 하나님은 자기 백성에게 그분의 뜻을 알리실 때 우리가 하나님의 말씀에 귀를 기울이고 주의 깊게 해석하여 그분이 요구하시는 바를 이해하기를 기대하신다. 하나님은 또한 우리가 순종으로 응답하여 하나님의 구원을 받기를 바라신다. 성경 말씀은 단지 사안이나 예시가 담긴 진리에 대한 누군가의 개인적인 관점이 아니다. 성경 말씀은 위대한 왕의 언약 메시지이며, 따라서 순종의 응답을 요구한다. 히브리서 저자는 이렇게 말한다. "천사들을 통하여 하신 말씀이 견고하게 되어 모든 범죄함과 순종하지 아니함이 공정한 보응을 받았거든 우리가 이같이 큰 구원을 등한히 여기면 어찌 그 보응을 피하리요 이 구원은 처음에 주로 말씀하신 바요"(히 2:2-3).

성경에 계시된 예수님의 선지자적 말씀을 거부하는 사람들은 영원한 언약의 저주를 받을 수밖에 없다. 그러나 감사하게도 믿음으로 예수님의 메시지를 받아들이고, 그것을 올바로 해석하며, 순종으로 응답하는 사람들은 구원과 영생이라는 언약의 복을 받는다.

그리스도는 하나님의 언약의 대사로서의 역할을 성취하심으로 우리에게 성경을 주셨으므로, 우리는 언제나 하나님의 언약의 동력들을 염두에 두고 성경을 읽는 것이 유익하다. 우리가 앞에서 보았듯이, 이 동력들은 우리를 향한 하나님의 자애와 우리에게 요구하시는 충성, 순종의 결과인 복과 불순종의 결과인 저주다. 이 언약의 요소들은 구약 전체에 두드러지게 나타나며, 신약의 저자들도 자주 이 요소에 대해 기록했다. 예수님이 지상 사역 기간에 수행하신 선지자 사역에서도 같은 주제들을 볼 수 있다. 예수님은 하나님의 자애에 대해 말씀하셨고(마 5:45; 6:26-33), 인간의 충성의 중요성을 강조하셨으며(마 25:14-30), 인간의 반응에 따라오는 결과들을 사람들에게 상기시키셨다(눅 12:35-38; 13:1-9).

우리가 성경을 읽을 때 이 언약의 동력들을 염두에 둔다면 성경의 의미를 이해하는 데 도움이 될 것이다. 역사서, 시가서, 지혜서, 서신서, 예언서 가운데 어떤 것을 읽든지, 우리는 언제나 다음과 같은 질문을 던져야 한다. "이 본문은 자기 백성을 향한 하나님의 자애를 어떻게 보여주는가?" "이 본문은 하나님이 자기 백성에게 요구하시는 충성을 어떻게 보여주는가?" "이 본문은 신실하기를 거부하는 사람들에게 임하는 저주에 대해 무엇을 말하는가?" "이 본문은 듣고 순종하는 사람들에게 어떤 본을 제시하는가?" 성경의 모든 가르침은 하나님의 자애와 호의, 도우심과 관련이 있다. 모든 가르침이 하나님에 대한 충성심에서 우리가 이행하기를 기대하시는 요건 및 율법에 부합한다. 모든 가르침이 순종에 따른 상과 불순종에 따른 징벌에 기여한다.

그리스도를 따르는 이들은 현대 세계에서 수많은 질문과 선택에 직면한다. 우리는 매일 자신과 가족, 일, 인간관계, 심지어 정치에 관한 결정을 내린다. 그리스도의 선지자적 말씀은 이 모든 주제를 비롯해 더 많은 것을 다룬다. 하나님의 언약이 우리에게 삶의 모든 영역에서 하나님을 섬기는 일에 헌신할 것을 요청하기 때문이다. 그러므로 그리스도의 말씀이 우리가 하나님의 언약에 순종하여 살도록 도와준다는 점을 이해할 때, 우리는 그 말씀을 이해하면서 하나님을 공경하고 하나님의 복을 누리며 살 채비를 더 잘 갖추게 된다.

성경에 대한 순종

성경이 보여주는 하나님의 뜻에 순종해야 할 우리의 의무는 여러 가지로 요약할 수 있다. 그러나 여기서는 그리스도의 선지자직 관점에서 우리가 행할 의무를 살펴볼 것이다. 특히 선지자가 일반적으로 강조했던 두 가지 개념, 즉 언약의 저주를 피하기 위한 죄의 회개와 언약의 복을 얻기 위한 하나님에 대한 믿음에 초점을 맞출 것이다.

회개. 회개는 하나님에 대한 반역에서 돌이켜 하나님의 뜻에 순종하는 행위다. 우리는 믿음으로 죄에서 떠나 하나님께로 향한다. 구약 선지자의 주된 역할 가운데 하나는 죄인들이 회개하도록 언약의 저주를 경고하는 것이었다. 이 일은 신약에서 예수님의 사역 가운데 하나이기도 했다. 마태가 예수님의 전도를 어떻게 묘사했는지 생각해 보라. "이때부터 예수께서 비로소 전파하여 이르시되 회개하라 천국이 가까이 왔느니라 하시더라"(마 4:17). 회개는 인간의 행위가 실질적인 결과를 낳는다고 전제한다. 특히 죄는 벌을 받고 순종은 상을 받는다고 전제한다. 회개라는 주제는 구약과 신약 곳곳에서 볼 수 있으며, 실제로 회개는 성경 전체에서 가장 흔히 볼 수 있는 주제 가운데 하나다.

최초의 회개는 우리가 구원 얻는 믿음으로 그리스도께 처음 나아올 때 일어난다. 우리는 복음의 말씀을 듣고 우리의 죄를 회개한다. 회개는 또한 그리스도인의 삶 전체에 걸쳐 일어나야 한다. 이는 우리가 거듭해서 구원을 받아야 하기 때문이 아니라 우리가 계속 하나님의 계시된 뜻대로 살지 못하기 때문이다.

개신교 종교 개혁자인 마르틴 루터(Martin Luther)는 주후 1517년에 작성한 그의 유명한 95개조 논제에서 이 개념을 다룬다. 이 95개조 논제는 뜻하지 않게 전체 개신교 종교 개혁이 시작되게 한 문서였다. 우리는 흔히 종교 개혁을 하나님의 영광과 그리스도의 충족성, 그리고 하나님의 은혜가 오직 믿음을 수단으로 하여 역사하지 않으면 인류가 구원받을 수 없다는 것을 강조하는 운동이라고 생각한다. 그런데 다소 덜 알려진 사실은, 95개조 논제에서 루터가 논의하고자 했던 첫 번째 논제가 바로 다음과 같다는 점이다. "우리의 주님이시며 선생이신 예수 그리스도가 '회개하라.'라고 말씀하셨을 때 신자의 모든 삶이 회개가 되어야 한다는 것을 의미하셨다."[3] 루터는 타락한 인간은 끊임없이 죄를 지으며, 따라서 신자는 매일 회개해야 한다는 것을 인식했다.

---

3) *Martin Luther's NinetyFive Theses*, ed. Stephen J. Nichols, 2nd ed. (Phillipsburg, NJ: P&R Publishing, 2021), 23.

그런데 불신자도 하나님이 아담 및 노아와 맺으신 보편적인 언약을 통해 하나님과 언약 관계에 있으므로, 우리는 그들에게도 하나님의 저주의 심판을 벗어나 영생의 복을 받도록 죄를 버리라고 권면해야 한다. 오늘날의 신자는 하나님이 아담, 노아, 아브라함, 모세, 다윗과 맺으신 언약, 그리고 그리스도 안에서 맺으신 새 언약을 통해 하나님과 언약 관계에 있다. 그러므로 우리도 날마다 자신의 부족한 점들을 분별하고 서로 회개하기를 권면해야 한다. 물론 참 신자는 하나님의 영원한 저주를 당할까 봐 염려하지 않아도 된다. 예수님은 우리를 위해 십자가에서 죽으셨을 때 이 점을 분명히 하셨다. 그렇지만 하나님은 이생에서 신자를 훈육하시며(히 12:5-11), 우리는 하나님의 훈육을 통해 회개하기를 배워야 한다.

신자들은 매일의 삶에서 회개를 권면하고 실천함으로 그리스도의 선지자 사역을 존중하며 하나님의 언약의 복을 추구한다. 이렇게 할 때 중요하게 인식해야 할 점은, 경건한 회개가 죄에 대한 절망감에 젖어 있는 것이 아니라는 점이다. 성경적인 죄의 인정은 의로운 슬픔을 가져올 수 있지만 절망에 빠지게 하지는 않는다. 오히려 하나님과 우리의 관계, 하나님 안에서 우리가 누리는 기쁨을 회복하게 한다. 그러므로 바울은 고린도 교회를 향해 이렇게 말했다. "하나님의 뜻대로 하는 근심은 후회할 것이 없는 구원에 이르게 하는 회개를 이루는 것이요"(고후 7:10).

모든 그리스도인은 자기 죄를 고백하고 주님 앞에서 정결함을 받는 규칙적인 회개의 삶을 살도록 요구받는다. 예수님은 친히 우리가 날마다 자기 십자가를 져야 한다고 말씀하셨다. 이것은 우리가 고난받을 준비가 되어 있어야 할 뿐만 아니라 죄에 대해 죽고 하나님의 용서하심을 구하는 십자가의 길을 가야 한다는 것을 암시하는 말씀이다. 십자가는 이 모든 것과 관련이 있다. 어떤 사람이 처음 주님께 나아와 자기 죄를 고백하면, 분명히 그 사람은 새사람이 되며 깨끗하게 씻김을 받는다. 이것은 우리가 굳게 붙잡아야 할 위대한 진리다. 그러나 우리는 모두 자기 옷을 매일 더럽힌다. 다시 깨끗하게 씻김을 받으려면 정결하고 새롭게 되기 위해 돌이켜야만 한다. 구약은 회개하고 주님께 돌아오는 사람, 마음에 악함을 품거나 죄

를 감추지 않는 사람에게 큰 복이 있다고 분명하게 말한다. "여호와께 정죄를 당하지 아니하는 자는 복이 있도다"(시 32:2). 시편 32편에는 죄 사함을 받는 사람이 누리는 큰 기쁨이 나타난다. 이 죄 사함의 기쁨은 그리스도인이 매일 할 수 있는 경험이다. 새로운 삶을 낳는 회개의 훈련을 추구할 때 우리는 놀라운 복을 누린다.

피터 워커(Peter Walker)

믿음. 예수님과 성경의 다른 선지자들은 하나님에 대한 지속적인 믿음과 하나님의 언약에 대한 순종을 권면했는데, 이는 청중이 하나님의 복을 받게 하려는 것이었다. 이 원리는 현대의 그리스도인에게도 그대로 적용된다. 하나님 나라가 충만히 임하는 때에 구원의 복을 받길 바란다면, 믿음을 견지하며 하나님의 언약에 대한 순종을 통해 믿음을 보여주어야 한다(엡 2:8-10; 살후 1:4-12; 히 12:1-11; 약 2:14-18). 예를 들어 요한은 이렇게 말했다. "하나님을 사랑하는 것은 이것이니 우리가 그의 계명들을 지키는 것이라 그의 계명들은 무거운 것이 아니로다 무릇 하나님께로부터 난 자마다 세상을 이기느니라 세상을 이기는 승리는 이것이니 우리의 믿음이니라"(요일 5:3-4). 참된 그리스도인의 믿음은 하나님에 대한 헌신과 하나님의 명령에 대한 순종 모두에서 승리한다. 즉 헌신과 순종을 끝까지 지속한다.

물론 하나님이 약속을 이루실 것을 기다리며 믿음과 순종을 견지하는 것은 힘겨운 싸움이다. 모든 시대에 하나님의 백성은 이 같은 도전을 마주해 왔다. 구약과 신약, 교회사 전체에서 늘 그랬다. 하지만 우리는 하나님의 약속이 확실하며, 그리스도가 시작하신 일을 마치시기 위해 마침내 다시 오실 것을 알고 있다. 예수님이 다시 오셔서 우리가 그분이 예언하신 충만한 복을 받을 때, 우리의 믿음은 완전히 정당성을 입증받을 것이다. 회개는 과거의 일이 될 것이고, 우리의 믿음을 보상받게 될 것이다. 그때 우리 모두는 이 땅에 이루어진 완전한 하나님 나라에 살면서 하나님의 모든 언약의 복을 누리게 될 것이다. 하지만 그때까지 하나님과의 언약 관계 속에서 사는 삶은 죄를 회개하는 것과 믿음의 견지가 특징이 될 것이다. 우리가 주님께 충성하며 살 때, 우리가 받는 현재의 훈육은 더 가벼워지고 장차 누릴 복은 더 커질 것이다.

> 사도 바울은 그의 편지에서 우리가 그리스도께 충성하는 동기에 대해 분명하게 밝힌다. 가장 기본적인 동기는 그리스도가 우리를 위해 행하신 일을 기억하는 것, 즉 우리의 구원을 기억하는 것이다. 그러나 성경은 다른 동기에 대해서도 알려 주고 싶어 한다. 무엇보다도 성경은 심판 날이 다가오고 있다는 사실을 아주 솔직히 밝힌다. 우리는 우리의 모든 무익한 말과 행동에 대한 책임을 지게 될 것이다. 이것이 충성의 동기가 되어야 한다. 더 큰 그림은 우리가 가장 깊은 순종에서 가장 큰 기쁨을 발견한다는 것이다. 누가 그런 기쁨을 원하지 않겠는가? 우리의 동기가 단지 하나님의 징벌과 심판을 피하기 위한 것이 아니라 우리가 순종할 때 하나님이 주시는 복을 받기 위한 것이라는 사실을 알면서 왜 그런 기쁨을 잃어버리겠는가? 성경은 또한 우리가 우리를 주시하는 세상 앞에서 살고 있으며, 우리 그리스도인의 증언의 신뢰성이 우리가 그리스도께 충성하며 사는 것을 세상이 볼 수 있느냐의 여부와 큰 관련이 있다는 것을 분명히 한다. 이는 참으로 더 큰 도전을 야기하며, 우리가 그리스도께 충성할 다양한 동기가 있다는 점을 상기시킨다.
>
> **R. 앨버트 몰러 2세**(R. Albert Mohler, Jr.)

그리스도의 선지자직에 대한 이해는 모든 신자에게 대단히 유용하다. 그것은 우리가 하나님 나라와 하나님의 목적을 지향하게 해준다. 또한 우리가 성경 전체에서 예수님의 가르침을 듣고 순종하도록 가르친다. 그것은 하나님의 계시를 이해하는 틀을 우리에게 제공한다. 그리고 자신의 재림과 우리의 영원한 구원에 대한 예수님의 모든 예언을 하나님이 이루시리라는 것을 확신하게 해준다.

The Life
and Work
of Jesus

복습 문제

1. 그리스도의 선지자적 계시의 범위와 그것이 우리의 삶에 대해 갖는 의미를 설명해 보라.
2. 우리가 그리스도에게서 받는 선지자적 계시의 내용은 무엇이며, 이는 우리의 삶에 어떤 의무를 부여하는가?

토론 문제

1. 모든 성경이 그리스도의 선지자적 말씀이라는 사실은 우리가 성경을 대하고 가르치는 방식에 어떤 영향을 미치는가?
2. 당신은 규칙적으로 죄를 고백하고 회개하는 습관에서 어떤 유익을 누리는가?
3. 당신의 현재 상황과 사역에서 하나님에 대한 충성을 유지하려면 어떻게 해야 하는가?

참고 도서

Frame, John M. *The Doctrine of the Christian Life*. Phillipsburg, NJ: P&R Publishing, 2008.

Grudem, Wayne. *Systematic Theology: An Introduction to Biblical Doctrine*. Grand Rapids: Zondervan, 1994.

Miller, C. John. *Repentance: A Daring Call to Real Surrender*. Fort Washington: CLC Publications, 2009.

11장 퀴즈

3부 테스트

4부

제사장

우리는 대개 아주 유명하고 힘 있는 사람의 초대를 받는 일을 잘 상상하지 못하지만, 만일 그런 일이 있을 때 어떻게 반응할지는 누구나 알고 있다. 우리는 자신에게 이렇게 말할 것이다. "나를 소개해 줄 사람이 있을까? 무얼 입어야 하지? 무얼 해야 하지? 무슨 말을 해야 할까? 거기 갔을 때 어떻게 행동해야 하는지 누가 내게 알려 줄 수 있을까?"

하나님의 영광의 보좌가 있는 알현실에, 만물을 창조하신 분 앞에 초대받았다고 생각해 보라. 당신은 아마 비슷한 반응을 보일 것이다. 사실 훨씬 더 강렬한 반응을 보일 것이다. "나를 하나님께 소개해 줄 사람이 있을까? 무얼 해야 하지? 무슨 말을 해야 할까? 하나님 앞에서 어떻게 행동해야 하는지 누가 내게 알려 줄 수 있을까?" 다행히도 우리가 하나님을 만날 준비를 하게 해주실 수 있는 분, 우리를 하나님께 소개해 주실 수 있는 분, 하나님이 우리를 호의적으로 바라보시게 해서 우리가 하나님의 심판을 두려워하지 않게 해주실 수 있는 분이 계신다. 그분은 바로 우리의 대제사장이신 예수 그리스도이시다.

12

구약의 제사장들

주요 용어와 개념

대리 속죄(substitutionary atonement)
레위인(Levites)
성막(tabernacle)
속상(expiation)
에덴동산(garden of Eden)
왕정(monarchy)
의식(ceremonies)
제사장(priest)
제사장의 임무(priestly service)
중재(intercession)

대제사장(Great High Priest)
문화 명령(cultural mandate)
성전(temple)
속죄일(Day of Atonement)
왕적 제사장(priest as king)
유화(propitiation)
제물(offerings)
제사장 나라(kingdom of priests)
제사 제도(sacrificial system)
창조(creation)

9장에서 말했듯이, 구약 시대에는 하나님이 선지자직과 제사장직과 왕직을 통해 하나님 나라를 운영하셨다. 신약 시대인 오늘날에는 이 직분들이 예수님에게서 궁극적으로 성취된다. 우리가 역사를 통해 이 직분들의 중요성과 역할을 연구하는 이유가 이 때문이다. 하나님 나라에 대한 이런 역사적인 운영 방식을 이해할 때 우리는 예수님의 현재 운영 방식을 제대로 인식하기 시작하며, 신실하게 하나님을 따르는 사람들에게 하나님이 기꺼이 베푸시는 복과 의무에 대해 진심으로 감사할 수 있다.

우리의 목적을 위해, 우리는 제사장을 하나님과 그분의 백성 사이를 중재함으로 하나님이 그 백성을 그분의 특별하고 거룩한 임재에 받아들이시고 복을 베푸시도록 하는 사람이라고 규정할 것이다. 우리는 모두 하나님이 비가시적으로 모든 곳에 언제나 계신다고 알고 있다. 그렇지만 특정한 때와 장소에서 하나님은 가시적으로 자신을 나타내기도 하신다. 예를 들어 하나님은 하늘에서 보좌가 있는 알현실의 빛나는 광채 가운데서 그렇게 하신다. 또한 시내산에서 모세를 만나셨던 경우처럼, 때로는 땅에서도 그렇게 하신다. 피조물인 우리는 이런 하나님의 현현에 나아갈 때마다 적절한 준비와 대표, 인도가 있어야만 하나님의 승인과 복을 받을 수 있다. 이러한 준비와 대표와 인도가 성경에 나타나는 제사장의 직무였다.

구약의 제사장직에 대해 생각할 때 대부분의 그리스도인은 모세 시대에 제사장으로 임명받았던 아론과 그의 후손을 곧바로 떠올린다(레 8-9장). 모세 시대에 이스라엘을 나라로 만드셨을 때, 하나님은 공식적이고 배타적인 제사장직을 제정하셔서 아론과 그의 후손이 다른 모든 형태의 제사장직을 대체하게 하셨다.

그러나 아론 이전에도 이미 하나님을 섬겼던 제사장들이 있었다. 아주 넓은 의미에서, 인류가 죄에 빠지기 전에 하나님은 아담을 제사장으로 임명하셨다. 아담에 이어 모든 인류 또한 이런 넓은 의미에서 하나님의 제사장이 되도록 부름을 받았다. 더 전문적으로는 아브라함 시대의 멜기세덱 같은 사람을 볼 수 있다(창 14장). 멜기세덱은 살렘 왕이자 제사장이었다. 욥도 자기 가족의 제사장 역할을 했다(욥 1장). 마찬가지로 모세의 장인 이드로는 미디안에서 하나님의 제사장이었다(출 3장). 이 다양한 사람들이 모두 하나님의 참 제사장들이었으며, 예수님의 제사장직에 대한 구약 배경의 일부다.

제사장의 자격

고대의 제사장들은 다양한 자격을 충족시켜야 했는데, 이 요건들은 시간이 흐르면서 약간 바뀌었다. 예를 들어 아론이 대제사장으로 임명되기 전에는 제사장의 혈통에 대한 제한이 없었다. 그러나 하나님이 아론을 대제사장으로 임명하셨을 때는 제사장직을 아론의 후손만으로 제한하셨다(출 28-31장). 에스겔 선지자도 다른 잠재적인 변화를 예견했다(겔 40:46; 44:15; 48:11).

하나님의 임명

구약에서는 하나님만이 제사장을 임명하실 수 있었다. 제사장은 절대로 자기 스스로 직분을 맡을 수 없었다. 제사장은 선출을 통해 직분을 맡을 수도 없었다. 왕이나 다른 통치자가 임명할 수도 없었다. 심지어 제사장이 다른 사람을 뽑아 제사장으로 섬기게 할 수도 없었다. 이는 하나님이 아론과 그의 후손을 제사장으로 선택하시는 출애굽기 28장에서 분명히 알 수 있다. 거기에 나오는 자세한 지시는 하나님의 임명이 아론의 대제사장 임직에 필수적인 부분이었다는 것을 보여준다. 민수기 18장 22-23절은, 만일 다른 지파에 속한 이스라엘인이 제사장 일을 하면 죽을 것이라고 말하기까지 한다. 그 직전에 민수기 16장에서 하나님은 아론의 가족이 아닌 레위인들이 제사장 직무를 수행했을 때 그들을 죽이시기까지 했다.

신약에서 히브리서 저자는 이렇게 언급했다. "대제사장마다 사람 가운데서 택한 자이므로 하나님께 속한 일에 사람을 위하여 예물과 속죄하는 제사를 드리게 하나니…이 존귀는 아무도 스스로 취하지 못하고 오직 아론과 같이 하나님의 부르심을 받은 자라야 할 것이니라"(히 5:1, 4). 이 똑같은 원리가 대제사장뿐만 아니라 구약의 모든 제사장에게도 적용되었다.

하나님에 대한 충성

제사장은 종종 성막과 성전에서 하나님의 특별한 임재 가까이에서 섬겼기 때문에, 홀로 하나님을 예배하고 섬김으로 그리고 자기 직무를 주의 깊게 수행함으로 하나님에 대한 특별한 충성을 나타내 보여야 했다. 제사장이 이런 일을 해야 했던 것은 하나님의 백성이 하나님께 충성하여 그들도 하나님의 거룩한 임재에 받아들여지게 하기 위해서였다.

제사장이 거룩해야 한다는 것을 가장 극적으로 보여주는 사례 가운데 하나는, 제사장 나답과 아비후가 거룩하지 않은 제물을 드렸을 때 하나님이 그들을 죽이신 일이었다(레 10:1-2). 마찬가지로 제사장 홉니와 비느하스도 여호와를 멸시했기 때문에 죽었다(삼상 4장). 이런 예 외에도 성경 여러 곳에서, 하나님의 백성이 하나님의 특별한 임재에 나아가도록 준비시키고 인도하여 하나님의 복을 누리게 하려면 제사장이 하나님께 신실해야 한다는 점을 분명히 한다(시 132:9; 애 4:11-13). 그렇지 않으면 하나님께 가까이 나아가는 것이 엄중한 심판을 낳을 것이다.

> 구약의 제사장은 아주 특별한 규칙을 따라야 했다. 제사의 불을 아주 특별한 방식으로 드려야 했으며, 제물로 가져온 동물들이 실제로 완전하고 흠이 없는지 확인하기 위해 특정한 방식으로 조사해야 했다. 하나님이 그렇게 요구하셨다. 제사장은 특정한 옷을 입어야 했고, 특정한 정결 규례를 행해야 했다. 히브리서 저자는 성막과 성막 안의 모든 것을 포함해 이 모든 세세한 사항들이 그가 '하늘의 참 장막'이라고 부르는 하나님의 임재를 상징하기 때문에 주어진 것이라고 강조한다. 그러므로 제사장은 주 예수 그리스도를 상징했다. 제사장은 우리가 용서받기 위해 하나님께 드려야 하는 거룩함과 만족을 상징했으며, 제사장 제도와 제사법의 모든 것은 그리스도의 완전하심 및 그리스도가 자기 백성의 죄를 실제로 지실 것을 보여주기 위해 주어진 것이었다. 제사장이 입었던 옷과 거기에 기록된 지파의 이름들, 규례와 제물의 완전함, 이 모든 것은 하나님의 거룩하심과 의로우심의 엄중성, 그리스도의 희생의 특이성을 우리의 마음에 확고히 하는 데 아주 중요했다. 그것들은 결국 구원이 오직 한 가지 방법으로만 임할 수 있다는 것을 보여준다. 만일 이 한 가지 방법에 어떤 타협이 있다면, 하나님이 만족하지 않으시며 우리는 멸망하고 만다.
> **토머스 J. 네틀스**(Thomas J. Nettles)

제사장의 역할

역사를 통해 보면 하나님이 임명하신 제사장은 다양한 역할을 수행했다. 때로 선지자는 백성 앞에서 하나님을 대표했고 제사장은 하나님 앞에서 백성을 대표했다고 말하곤 하지만, 이것은 아주 정확한 말은 아니다. 선지자가 언약의 조건들을 선포하고 언약에 대한 백성의 충성을 판단하며 하나님의 특별한 말씀을 백성에게 전달함으로 백성 앞에서 하나님을 대표한 것은 사실이다. 그러나 모세(민 21:7), 예레미야(렘 14:19-22), 다니엘(단 9장), 아모스(암 7:2, 5)와 같은 선지자들은 백성을 위해 자주 중재함으로 하나님 앞에서 백성을 대표하기도 했다. 제사장이 제사를 드리고 중재함으로 하나님 앞에서 백성을 대표한 것도 사실이다. 그러나 선지자와 마찬가지로 제사장도 백성에게 하나님의 율법을 가르치고(민 31:21-24; 신 31:9-13; 왕하 17:26-28; 대하 15:3; 느 8:1-8) 율법의 어떤 측면을 집행하는 일을 함으로(레 13장) 백성 앞에서 하나님을 대표했다. 그러므로 구약의 제사장의 역할을 고찰할 때 우리는 제사장의 직분은 특유했지만 제사장의 역할 가운데 많은 것은 그렇지 않았다는 점을 염두에 두어야 한다.

지도자 역할

구약의 제사장은 하나님의 백성을 위해 다양한 방식으로 지도자 역할을 했다. 제사장의 지도자 역할을 쉽게 인식할 수 있는 분야 가운데 하나는 예배였다. 예배는 하나님의 백성을 하나님의 특별하고 거룩한 임재에 들어가도록 준비시키고 그 임재 가운데로 인도하는 중요한 부분이었다. 이스라엘에서 제사장과 레위인은 이스라엘의 절기 같은 모든 국가적인 예배 행사를 주관했다. 또한 그들은 매주 안식일에 드리는 특별한 예배뿐만 아니라 매일 성막과 성전에서 드리는 예배를 인도했다. 여기에는 제사를 드리는 일과 참여자들이 부르는 찬양과 노래를 인도하는 것 같은 일들도 포함되었다(대상 15장; 대하 7-8장; 29-30장; 느 12장).

제사장은 민사와 의식에 관한 판결을 통해서 특별한 지침을 제공했다. 제사장은 주로 하나님의 율법을 당면한 상황에 적용함으로써 그런 일을 했다(출 28:29-30; 민 27:21; 신 21:5; 겔 44:24). 예를 들어 모세는 민사 재판에서 판결하는 제사장의 역할을 이렇게 묘사했다. "네 성중에서 서로 피를 흘렸거나 다투었거나 구타하였거나 서로 간에 고소하여 네가 판결하기 어려운 일이 생기거든…레위 사람 제사장과 당시 재판장에게 나아가서 물으라"(신 17:8-9). 이 본문이 보여주듯이 법적인 문제들은 일반적으로 지방 법정에서 해결했다. 그러나 특별히 어려운 사안일 경우, 백성은 판결을 내릴 수 있는 제사장이나 특별 재판관에게 갈 수 있었다. 실제로 미디안의 제사장 이드로는 모세에게 이스라엘의 법정과 재판관을 어떻게 조직해야 하는지 알려 준 사람이었다(출 18장). 이드로의 제사장직이 이드로에게 그런 문제에 대한 권위를 부여했다.

제사장의 결정과 지도는 건강과 거룩함에 관련된 일들을 조사하고 해석하며 판단하는 일도 포함했다. 제사장은 하나님의 율법에 따라 집에 존재하는 곰팡이를 검사하고 병을 진단하여 사람이나 사물이 정하거나 부정하다고 선언했다(레 11-15장). 이런 일들이 제사장의 일이었던 이유는 에덴동산에서 아담의 죄에 대해 하나님이 내리신 저주의 일부로 개인과 공중의 보건 문제가 세상에 들어왔기 때문이었다. 보편적인 죽음의 저주는 창세기 3장 19절에서 시행되었는데, 이 일반적인 심판은 건강과 관련된 다른 심판들을 포함했다(레 26:16; 신 28:21-28). 이런 이유로 건강 문제를 다루는 것은 이스라엘 사람들이 하나님의 복을 받기 위해 하나님께 나아가도록 준비시키는 데 중요한 역할을 했다.

제사장은 또한 하나님의 말씀을 백성에게 가르침으로 지도자 역할을 했다(대하 35:3; 느 8장; 말 2장). 일례로 하나님이 말라기 선지자에게 하신 말씀을 생각해 보라. "제사장의 입술은 지식을 지켜야 하겠고 사람들은 그의 입에서 율법을 구하게 되어야 할 것이니 제사장은 만군의 여호와의 사자가 됨이거늘"(말 2:7). 거짓 교훈은 세상에서 죄의 결과였으며, 하나님의 말씀을 어기는 것은 백성이 하나님의 특별한 임재에 들어가기에 부적합하게 만들었다. 그러므로 제사장은 백성이 하나님의 특별하고 거룩한 임재에 들어가 그 결과로 하나님의 복을 누릴 수 있도록 그들을 준비시키고 인도하기 위해 하나님의 말씀을 가르치는 직무를 맡았다.

의식

모세 시대와 그 후 다윗 시대에, 제사장은 하나님의 백성에게 하나님의 특별한 임재에 들어갈 준비를 시키기 위해 마련된 매우 다양한 의식을 행했다. 이 의식들은 거룩한 때와 행사와 대상을 포함했다(레 1-7장; 23장; 민 18-19장; 대상 23장; 대하 8장). 흔히 이 의식들은 거룩한 장소, 즉 하나님의 특별한 임재가 나타나고 백성이 하나님을 예배하는 곳을 중심으로 이루어졌다. 예를 들어 성막과 성전 지역을 가능한 한 아름답고 완전하게 해서 하나님이 특별하고 가시적인 영광 가운데 그곳에 거하시기에 적합하게 하는 것이 제사장의 책임이었다(레 24:1-9; 민 3-4장).

제사장의 임무에서 가장 잘 알려진 의식적인 요소는 제물을 드리는 일일 것이다(레 1-7장; 16장). 제물은 감사의 표현에서 교제의 경험, 죄의 속죄까지 다양했다. 매일 아침과 저녁 드리는 제사나 매년 있는 속죄일같이, 어떤 제물은 정해진 간격을 따라 규칙적으로 드렸다. 어떤 제물은 유죄 판결과 같은 특별한 조건이 충족될 때 드렸다. 그렇지만 자원 제물처럼 예배자가 자발적으로 드리는 제물도 있었다.

구약의 신자들의 삶에서 다양한 절기와 안식일 준수, 제사 예물 등은 아주 중요한 역할을 했다. 첫째, 그것은 이스라엘이 하나님의 백성으로 사는 삶이 그들에게 선물이라는 것을 상기시키기 위한 것이었다. 예를 들어 유월절은 이스라엘이 한때 애굽(이집트)의 노예였으며 오직 하나님이 그들을 해방하셨다는 것을 기억하게 했다. 그런데 그것만이 아니었다. 이스라엘은 애굽에서 해방되어 시내산으로 이끌려 갔으며, 거기서 하나님은 그들과 언약을 맺으셨다. 그러므로 둘째, 이스라엘의 절기는 하나님이, 오직 하나님만이 그들을 하나님의 백성으로 부르셨으며 그들을 구원하기 위해 능력의 역사를 행하셨다는 사실을 상기시키기 위한 것이었다. 안식일은 세상이 여호와의 것이며 이스라엘이 스스로 생겨났거나 노예 생활에서 스스로 벗어나지 않았다는 것을 기억하게 했다. 출애굽기에서 모세는 이스라엘 백성에게 하나님이 안식일에 쉬셨으므로 안식일을 지켜야 한다고 말했다(출 31:16-17). 그런데 신명기에서 모세는 하나님이 안식일에 쉬셨기 때문만이 아니라 이전에 이스라엘 백성이 애굽에서 노예였으므로 안식일을 지키라고 말했다(신 5:15). 그러므로 이 모든 절기는 하나님이 이스라엘을 구속하시기 위해 행하신 일을 상기시키고, 이스라엘에 베푸신 하나님의 은혜로운 선하심으로 인해 그들만이 하나님의 백성이라는 것을 상기시키려는 것이었다. 이런 관습은 이스라엘이 순종과 신뢰, 사랑과 섬김의 삶으로 하나님께 신실히 응답하기 시작하고 계속 그렇게 할 수 있도록 그들의 삶과 자기 이해에 영향을 미쳤다.

스티브 블레이크모어(Steve Blakemore)

의식과 관련한 제사장의 모든 역할 가운데 예수님의 사역에서 가장 두드러졌던 것은 제물과 희생 제사를 드린 일, 특히 속죄 제물을 드린 일이었다. 오늘날 우리는 종종 희생을 더 귀중한 것을 얻기 위해 귀중한 것을 포기하는 일이라고 말한다. 우리가 귀중히 여기는 것을 대가로 치르고 주는 선물은 희생이다. 이스라엘의 제사 제도에도 이와 비슷한 점이 있었다. 백성이 제물을 하나님께 드린 것은 하나님께 그것이 필요했기 때문이 아니었다. 오히려 제물은 하나님의 백성이 죄의 용서와 같이 훨씬 더 귀중한 것을 얻기 위해 그들이 귀중히 여기는 것을 드리는 것이었다.

제물은 또한 신자들이 하나님을 예배하고, 하나님께 순종을 표현하며, 하나님의 돌보심에 감사를 전할 수 있게 해주었다. 중요한 것은, 제물은 언제나 믿음의 표현으로 올바른 동기에서 드려야 한다는 것이었다. 예배자가 단순히 외적인 행위를 수행하는 것만으로는 충분하지 않았다. 심지어 하나님은 진심으로 드리지 않는 제사를 거부하셨다. 제물의 효능은 언제나 하나님께 제사를 드리는 사람의 진실함과 믿음에 달려 있었다(시 51:17; 암 5:21-23).

속죄제는 모세를 통해 대대적으로 의식법이 주어지기 전에도 제사장 사역에서 중요한 부분이었다. 예를 들어 욥은 자녀들과 함께 잔치하는 동안 자녀들이 부주의하게 죄를 범했을 때를 대비해서 자녀들을 위해 짐승을 제물로 드렸다(욥 1:5). 사실 속죄제는 인류가 죄에 빠진 일만큼이나 오래된 것이다. 아담과 하와가 처음 죄를 지었을 때 하나님은 속죄제를 시행하심으로 그들의 죄를 용서하셨으며 자기 백성과 화해하셨다(레 4-6장; 민 15:25-28).

속죄의 배후에 있는 일반적인 개념은 아주 간단하다. 우리의 죄 때문에 모든 인간은 벌을 받아 마땅하다. 그러므로 이 정당한 징벌을 피하기 위해 예배자는 자기를 대신해 하나님의 징벌을 받는 희생 제물을 바친다. 신학자들은 종종 이것을 '대리 속죄'라고 부르는데, 속죄 의식에서 제물이 예배자를 대신하기 때문이다.

구약 전체에 나타나는 모든 속죄제는 상징적이었다. 하나님은 속죄 제물을 수단으로 삼아 자기 백성에게 용서를 베푸셨다. 그러나 이는 제물 자체의 가치나 공로에 근거하지 않았다. 구약의 제물이 효력이 있었던 것은 오로지 그것이 신약에 나타나는 예수님의 희생이라는 실체와 공로를 가리켜 보여주었기 때문이다.

신약은 하나님의 백성이 구약의 제물 자체에 근거해서는 영원히 죄를 용서받지 못했다고 설명한다. 속죄제는 단지 하나님의 심판을 연기시켰을 뿐이며, 따라서 거듭해서 다시 드려야 했다(히 10:1-4, 11). 그리스도의 십자가 죽음만이 하나님이 죄에 대한 완전하고 영원한 대가로 받아들이신 유일한 희생이었다(히 10:12). 하나님은 구약의 제사 제도를 마련하셔서 장래에 있을 그리스도의 희생의 공로를 구약의 신자들에게 은혜롭게 적용하셨다.

신실한 신자들을 위해 속죄제가 시행되었을 때 속죄제는 적어도 두 가지 중요한 결과를 낳았다. 이 두 결과는 모두 그리스도의 미래의 희생에 그 효능을 의존하고 있었다. '속상'(贖償, expiation)이라고 부르는 첫 번째 결과는 제물을 드리는 것이 예배자에게 미치는 효과였다. 속상은 죄책의 제거다. 이는 하나님이 쏟아부으실 진노에서 예배자들을 보호해 주었다. 속상을 통해 예배자의 죄에 대한 징벌이 대속물에 내려졌으며, 예배자들은 여호와의 심판으로부터 보호를 받았다. 속상은 죄가 덮였다거나 가려졌다고 말하는 곳에서 언급된다(욥 14:17; 시 32:1, 5). 또한 죄나 죄책이 제거됐다거나(레 10:17; 시 25:18; 사 6:7) 대속물에 전가되었다고(사 53:6) 말하는 본문에서도 분명하게 나타난다.

구약의 제사 제도는 하나님에 대한 수많은 진리를 보여주지만, 특히 하나님의 자비를 보여 주는 위대한 실증이다. 우리는 흔히 하나님의 노여움이나 정죄, 진노를 만족시키기 위해 백성을 대신해 짐승을 제물로 드린다는 관점에서 제사 제도를 생각한다. 그러나 우리는 또한 제사 제도가 전적으로 우리를 향한 하나님의 사랑과 자비와 불쌍히 여기심에서 비롯되었다는 것을 기억해야 한다. 제사 제도는 심지어 우리가 받을 자격이 없는 것을 우리에게 주시는 하나님의 은혜와도 관련이 있다. 이 점에서 레위기 17장 11절은 매우 중요한데, 이스라엘 민족이 하나님을 자기편으로 삼기 위해 제사 제도를 만든 것이 아니라는 점을 분명히 보여주기 때문이다.

하나님이 사랑으로 주도적으로 나서셔서, 자신이 이스라엘과 함께 거할 수 있고 이스라엘이 하나님의 임재 가운데 거할 수 있는 수단을 만드셨다. 이스라엘은 하나님의 백성이 되고, 하나님은 그들의 하나님이 되셨다. 이것은 하나님의 자비와 사랑과 은혜의 실증이며, 궁극적으로 예수 그리스도 안에서 하나님이 베푸시는 은혜를 가리킨다. 그리스도는 제사 제도의 성취이시다. 그러므로 이러한 제사가 예표했던 것들이 그리스도 안에서 실현되었으며, 이제 우리는 새 언약의 의미에서 하나님을 알게 되었다. 이제 우리는 우리의 위대한 희생 제물이신 주 예수 그리스도를 통해 하나님께 직접 나아갈 수 있다.

스티븐 J. 웰럼(Stephen J. Wellum)

구약의 제사 제도는 하나님의 자비를 보여준다. 특히 속죄일에서 이 점을 알 수 있다. 성전이나 성막의 가장 안쪽은 지성소라고 불렸는데, 십계명이 담긴 언약궤가 놓여 있었다. 이 언약궤 덮개는 속죄소(시은좌)라고 했다. 속죄일에 대제사장은 어린양의 피를 취하고 성전이나 성막 바깥에 있는 제단에 어린양을 제물로 드린 다음, 성소 휘장을 지나 지성소에 들어가 언약궤 덮개에 피를 뿌렸다. 이는 위반된 율법을 어린양의 피가 덮을 때 하나님이 자비를 베푸신다는 관념에 근거한 것이었다.

당연히 이 일은 예수 그리스도가 우리의 진정한 어린양이시며, 예수님의 피가 우리의 율법 위반을 덮으신다는 사실을 가리켰다. 그러나 우리가 주목할 것은 우리의 율법 위반을 덮는 피에 근거해 베푸시는 하나님의 자비다.

프랭크 M. 바커 2세(Frank M. Barker, Jr.)

속죄제는 또한 '유화'(宥和, propitiation)라는 결과를 낳았는데, 이는 제물을 드림이 하나님께 미치는 효과였다. 유화는 죄에 대한 하나님의 공의와 진노를 만족시키는 것이다. 유화는 하나님의 진노가 발산될 장소를 찾았고 만족되었다는 것을 나타낸다. 이로 인해 하나님은 자기의 공의를 외면하지 않으시고도 예배자에게 인자와 사랑을 나타내실 수 있다. 유화는 하나님의 진노가 만족되었다거나 풀렸다고 말하는 본문에 나타난다(민 25:11-13; 신 13:16-17).

중재

중재는 다른 사람을 위해서 중보하거나 간구하는 것이다. 중재자는 당신이 곤경에 빠졌을 때 당신 편을 들어 주거나 당신의 사정을 탄원하는 사람, 혹은 당신과 다른 당사자 사이의 분쟁을 화해시키려고 노력하는 사람이다.

구약의 제사장은 종종 하나님이 명하신 의식뿐만 아니라 지도자 역할과 지도를 통해서도 중재했다. 예를 들어 제사장은 법적 분쟁을 해결할 때 개인들 사이에서 중재했고, 속죄 제물을 드림으로 백성과 하나님 사이에서 중재했다. 중재의 가장 일반적인 형태 가운데 하나는 하나님께 도움을 간구하는 것이었다. 제사장은 종종 하나님이 하나님의 백성을 치유하시거나 구원하시거나 다른 방법으로 도와주시기를 기도했다(삼상 1:17; 대상 16:4). 일례로 자녀들을 위한 욥의 중재 기도를 생각해 보라. "그들이 차례대로 잔치를 끝내면 욥이 그들을 불러다가 성결하게 하되 아침에 일어나서 그들의 명수대로 번제를 드렸으니 이는 욥이 말하기를 혹시 내 아들들이 죄를 범하여 마음으로 하나님을 욕되게 하였을까 함이라"(욥 1:5). 자기 가정의 제사장으로서 욥은 죄의 결과로부터 자녀들을 보호해 주시기를 구하는 중재 기도를 드렸다.

중재의 또 다른 일반적인 형태는 복의 선언이었다. 백성을 축복할 때 제사장은 하나님이 백성에게 호의를 베풀어 주시기를 구했다. 이는 멜기세덱이 아브라함을 축복한 일(창 14:19-20)과 제사장이 백성에게 선언했던 복(민 6:22-27)

에서 볼 수 있다. 이에 대한 좋은 예가 히스기야 왕 시대에 나온다. "제사장들과 레위 사람들이 일어나서 백성을 위하여 축복하였으니 그 소리가 하늘에 들리고 그 기도가 여호와의 거룩한 처소 하늘에 이르렀더라"(대하 30:27). 하나님이 제사장들의 소리를 들으셨다고 역대기 저자가 기록한 것은, 하나님이 제사장들의 중재를 존중하셔서 그들이 축복한 백성에게 호의를 베푸셨다는 뜻이었다. 제사장 사역의 이런 측면은 오늘날에도 예배가 끝날 때 사역자들이 하는 축도에서 흔히 되풀이된다. 심지어 많은 교회에서는 아론에게 처음 주어졌던 축복(민 6:24-26)을 똑같이 반복하기도 한다.

제사장의 역할은 약간 다양했다. 제사장은 지도자 역할을 했으며, 의식을 집례했고, 중재했다. 그러나 이러한 다양한 활동은 일관된 목적을 지녔다. 이 활동은 모두 하나님의 백성이 하나님의 언약의 모든 복을 받을 수 있도록 하나님의 특별한 임재 가운데 살기에 적합하게 하고자 마련된 것이었다.

미래의 제사장들에 대한 기대

구약 시대에는 제사장직이 역동적이었으며 변화가 있었다. 제사장의 구체적인 의무와 책임은 시간이 지나면서 달라졌다. 멜기세덱의 제사장 역할은 욥의 제사장 역할과 정확히 똑같지 않았다. 욥의 제사장 역할은 이드로와 달랐으며, 이드로의 제사장 역할은 아론 및 그의 후손들과 달랐다. 구약은 또한 미래에 일어날 더 많은 변화를 가리켰다.

역사적 발전

인간은 하나님의 특별하고 거룩한 임재에 나아갈 필요가 항상 있었기 때문에 제사장이 늘 필요했다. 제사장은 인류와 피조물을 위한 하나님의 장기적인 계획에 언제나 중요했다. 그러나 역사적으로 제사장의 역할은 하나님의 백성의 변화하는 상황에 따라 때때로 바뀌었다.

창조. 인류가 죄에 빠지기 전에 아담과 하와는 에덴동산에 살았다. 에덴동산은 자체가 성소였으며, 거기서 하나님은 자기 백성과 함께 걸으시고 대화하셨다. 이때 아담과 하와는 아론 계열 제사장들이 성막과 성전에서 섬긴 것과 유사한 방식으로 하나님을 섬겼다. 이런 사실은 모세가 창세기 2장에서 에덴동산의 역사를 기술하면서 인류의 역할을 제사장과 관련된 용어로 묘사한 데서 알 수 있다. "여호와 하나님이 그 사람을 이끌어 에덴동산에 두어 그것을 경작하며 지키게 하시고"(창 2:15). 모세는 아담과 하와가 동산에서 했던 일을 **아바드**(ʿābād, 일하다)와 **샤마르**(šāmar, 돌보다)라는 히브리어 단어로 묘사했다. 민수기 3장 7-8절에서 모세는 같은 단어 조합을 사용하여 레위인이 성막에서 하는 일을 묘사한다. 이런 언어의 평행을 이용해, 아담과 하와가 최초의 제사장이었으며 성막과 성전 같은 장소는 에덴동산과 똑같은 기능을 하도록 마련된 것임을 시사한 것이다. 많은 학자들이 성막과 성전의 기구와 장식이 에덴동산을 떠올리도록 특별하게 설계되었다고 올바르게 지적한다. 우리가 발견한 다른 언어의 평행은 이런 견해를 강화하는데, 예를 들어 창세기 3장 8절과 사무엘하 7장 6절은 에덴동산과 성막에 계시는 하나님의 임재를 묘사하기 위해 동사 **할라크**(hālak, 걷다)의 같은 형태를 사용한다.

에덴에서 인류가 수행한 제사장직은 하나님의 동산 성소에서 하나님을 섬기며, 거룩한 것들을 돌보고, 그곳이 하나님이 거하시기에 적합한 장소가 되게 하는 것이었다. 또한 하나님은 아담과 하와 및 그들의 후손에게 제사장의 나라가 되어 나머지 세상에도 그들의 사역을 확대하라고 명령하셨다. 하나님은 인류에게 이렇게 지시하셨다. "생육하고 번성하여 땅에 충만하라, 땅을 정복하라"(창 1:28). 땅에 충만하고 땅을 정복하라는 하나님의 명령을 흔히 '문화 명령'이라고 부른다. 인류에게 온 세상을 가꾸고 발전시켜 에덴동산과 닮은 곳으로 만들라는 의무를 부여하기 때문이다. 제사장직의 관점에서, 인류가 해야 할 일은 온 세상을 하나님의 성소가 되게 하고 하나님을 영원히 섬기는 것이다.

> 하나님이 인류를 자기 형상으로 창조하신 데는 이유가 있었다. 하나님은 '창조 명령' 혹은 '문화 명령'이라고 불리는 명령을 우리에게 주셨다. 이 명령을 (왕의 역할과 관련이 있는) 땅에 대한 우리의 통치권 관점에서만이 아니라 제사장직 관점에서도 보는 것이 유익하다. 죄가 세상에 들어오지 않았지만, 창세기 2장은 에덴을 일종의 성전, 즉 동산 성소로 묘사한다. 창조 때 주어진 우리의 역할은 에덴의 경계를 땅끝까지 확장하는 것이었다. 궁극적으로 그 일은 새 하늘과 새 땅을 세우시는 그리스도 안에서 이루어진다. 또한 우리가 제사장으로 하는 일의 중심에는 예배가 있으므로, 우리가 창조 명령을 이행하기 위해 행하는 모든 일은 하나님의 영광을 위한 것이다. 이 두 개념은 왕의 일뿐만 아니라 제사장의 일과도 관련이 있다. 그러므로 우리의 창조/문화 명령은 청지기가 되고, 하나님과의 관계에서는 피조물이 되며, 동산 성소의 경계를 확장하라는 것이다. 하나님이 창조하신 모든 자원을 탐구하면서 예배와 헌신과 순종 가운데 그렇게 하라는 것이다. 궁극적으로 이 일은 새 하늘과 새 땅에서도 계속될 것이다.
> **스티븐 J. 웰럼**(Stephen J. Wellum)

> 창세기에서 우리는 문화 명령에 대해 배운다. 문화 명령은 인간의 소명에서 매우 중요한 부분으로, 우리가 선물로 받은 삶을 살아갈 때 하나님이 우리가 어떤 사람이 되기를 원하시는지를 알려 준다. 문화 명령은 위대한 선물이자 특권이다. 그것은 근본적으로 섭리하시는 하나님이 자기 형상으로 창조하신 자기 백성을 부르셔서 책임을 위임하신 것이다. 즉 섭리하시는 하나님의 대사나 위임받은 대표로서 창조 질서를 돌보고 관리하며 그 풍부한 잠재력을 개발하게 하신 것이다. 우리는 창조주의 형상을 지닌 창조적인 사람들이 되어야 할 뿐 아니라, 창조 명령을 이행할 때도 은혜롭고 너그러우며 책임감 있게 돌보는 사람들이 되어야 한다.
> **글렌 G. 스코기**(Glen G. Scorgie)

타락. 제사장직의 첫 번째 변화는 창세기 3장에서 인류가 선악을 알게 하는 나무의 금지된 열매를 먹음으로 죄에 빠졌을 때 일어났다. 이때 아담과 하와는 에덴동산에서 쫓겨났으며 속죄 제물을 드려야 했다. 우리는 일찍이 창세기 3장 21절에서 여호와가 아담과 하와에게 동물 가죽을 입히신 일에서 이런 관례에 대한 암시적인 언급을 발견한다. 더 명시적인 언급은 아벨이 여호와께 드린 동물 제사에서 발견된다(창 4:4).

또한 홍수 후에 노아가 드린 제사(창 8:20), 아브라함이 이삭 대신 제물로 드린 양(창 22:13), 야곱이 드린 제사(창 31:54) 등의 다른 언급들도 이 시대 전체에서 발견할 수 있다. 이 시대에는 가장이 자기 자손들의 제사장 역할을 하는 경향이 있었으며, 더 광범위하게 사역하도록 부름을 받은 제사장은 소수에 불과했다.

이 시기에 일어난 또 다른 변화는 제사장의 사역 장소였다. 타락 전에는 오로지 에덴에 있는 하나님의 동산 성소에서만 제사장 사역이 이루어졌다. 그러나 창세기 3장에서 인류가 동산에서 추방되었을 때 하나님은 자신의 제사장들에게 하나님을 예배할 다른 장소를 구별하게 하시고 하나님이 그들과 만났던 장소를 기념하는 돌들을 세우라고 지시하셨다. 창조 시대와 달리 역사의 이 시점에는 하나님의 지상 거처로 묘사될 수 있는 곳이 한 군데도 없었다.

출애굽. 그다음으로 중요한 변화는 이스라엘이 애굽의 노예 상태에서 벗어난 출애굽 시대에 일어났다. 이스라엘 민족이 애굽에서 바로의 노예가 된 지 400년이 되어 하나님께 부르짖자 하나님이 강력한 기적들을 나타내셔서 그들을 해방하셨다(출 5-14장). 이 시기에 하나님은 제사장의 소명을 모든 인류에서 이스라엘 민족으로 축소하셨다. 출애굽기 19장 6절에서 하나님이 말씀하신 대로, 이스라엘은 하나님께 제사장 나라가 되어야 했다. 하나님은 또한 레위 지파를 하나님의 특별한 종으로 구별하셨다. 레위인 가운데 오직 아론과 그의 후손만이 제사장으로 선택되었으며, 한 번에 한 사람씩 대제사장으로 섬겼다. 나머지 레위인은 아론과 그의 후손을 지원하는 역할을 맡았다. 아론 제사장직의 새로운 직무에 관한 하나님의 지시는 레위기 전체에서뿐만 아니라 민수기 일부에서도 볼 수 있다.

하나님은 또한 이 시기에 성막을 지으라고 명령하셨다. 성막은 이스라엘 사람들이 여행하는 동안 가지고 다닐 수 있는 크고 화려하게 장식한 천막이었다. 성막은 근본적으로 창조 시대에 에덴동산이 했던 것과 같은 기능을 했다. 성막은 하나님의 지상 성소, 즉 하나님이 자기 백성과 동행하시고 대화하시는 장소였다. 타락 후에 하나님은 때때로 여러 다른 장소에서 백성을 만나셨다. 그런데 성막이 건립되면서 하나님은 다시 한 번 하나님께 드리는 예배를 한 곳에 집중시키셨다. 하나님이 택하신 종들, 즉 제사장들은 이 예배 처소에서 섬기며 성막을 관리해야 했다(출 25-40장).

하나님은 인류에 대한 자신의 원래의 계획을 성취하기 위한 단계로, 출애굽 기간의 제사장직 변화를 의도하셨다. 하나님의 계획은 먼저 아론 가문의 제사장들을 사용하셔서 이스라엘을 제사장 나라가 되게 하시려는 것이었다. 그런 다음 하나님은 이 특별한 나라의 충성과 섬김을 통해 하나님 나라를 온 세상에 확대하려고 하셨다.

왕정. 구약 제사장직의 마지막 변화는 이스라엘 민족이 약속의 땅에 정착하여 왕의 통치를 받던 왕정 시대에 일어났다. 왕정 시대는 이스라엘의 첫 번째 왕인 사울과 함께 잘못된 출발을 했지만, 사울의 후계자인 다윗과 그의 후손들로부터 본격적으로 시작됐다.

이스라엘의 왕들은 다스리는 동안 제사장의 임무에 긴밀히 관여했다. 예를 들어 다윗은 성전을 위한 계획을 세웠고, 제사장의 임무가 수행되게 했다. 그는 제사장 가문을 편성하여 그들에게 구체적인 임무를 배정했다(대상 15-16장; 23-28장). 그는 또한 다른 레위 가문에게도 임무를 배정하여 성전 문지기와 음악가 등이 되게 했다. 다윗은 때때로 제사장들과 함께 제사를 드리고 백성에게 복을 선언했다(삼하 6:17-18). 어떤 때는 왕복 대신 레위인이 입는 베 에봇을 입기도 했다(대상 15:27). 이와 같은 발전은 다윗 시대 이후에도 유지되었다(스 8:20).

다윗 다음으로 다윗의 아들 솔로몬이 왕으로서 하나님 나라를 다스렸다. 솔로몬은 다윗보다 더 많이 제사장의 임무에 참여했다. 그는 성전 건축을 관장했으며, 수많은 제사를 감독했다. 그는 성전에서 기도할 때 백성을 인도했고, 아버지 다윗이 했던 것처럼 백성에게 복을 선언했다(왕상 8-9장; 대상 21:28; 대하 3-6장). 어떤 특정한 성전 봉사는 오로지 제사장만이 할 수 있었던 반면, 유다 왕들은 종종 다윗과 솔로몬의 예를 따라 제사장의 임무에 직접 참여했다. 유다 왕들은 솔로몬 성전에서 사실상 왕적 제사장이었다.

왕정 시대에는 또한 대제사장으로 섬기도록 허락된 가문이 축소되었다. 다윗 치하에서는 오직 아론의 후손인 사독과 아비아달 가문만이 대제사장으로 섬겼다(대상 24장; 참조. 삼하 8:17; 20:25; 대상 18:16). 솔로몬은 대제사장 계열을 더 축소했다. 아비아달이 반역을 저질렀기 때문에 솔로몬은 아비아달과 그의 가문이 제사장으로 섬기지 못하도록 제외시켰다(왕상 2:26-27, 35). 이것은 일찍이 사사 시대에 불충했던 제사장인 엘리의 집에 내려진 심판의 성취였다(삼상 2:27-36).

왕정 시대는 결국 주전 587년 또는 586년에 바벨론(신바빌로니아)이 예루살렘과 솔로몬 성전을 파괴하고 백성을 포로로 끌어갔을 때 끝이 났다. 그러나 주전 515년경, 포로 시대 이후 복구의 노력을 기울일 때 복귀한 이스라엘 사람들에 의해 두 번째 성전이 건립되었다. 이때 선지자 에스겔과 스가랴는 하나님이 사독의 후손 여호수아를 대제사장으로 임명하셨다고 선포했다. 그들은 또한 여호수아가 회복을 이끌 다윗의 자손 스룹바벨과 함께 섬기게 될 것이라고 선포했다. 애석하게도 스룹바벨과 여호수아의 노력은 멈칫거렸다. 이

읔고 제사장과 레위인 대부분이 하나님에게서 등을 돌렸고, 결국 이스라엘 백성 대부분이 돌아섰다. 이스라엘의 예배는 타락했으며, 이스라엘에 대한 하나님의 심판이 수백 년 동안 계속되었다.

포로 생활을 하면서 이스라엘 백성은 왕국의 전성기인 다윗과 솔로몬 시대를 계속 회상했다. 그들 가운데 신실한 사람들은 왕과 제사장이 하나님을 바르게 섬겼을 때 나라가 어떠했는지를 기억했다. 그들은 왕과 제사장의 직무가 이전보다 훨씬 훌륭하게 수행되고 하나님이 회개하는 자기 백성을 그분의 특별한 임재의 복 가운데 맞아들이실 새로운 날을 소망했다.

구체적인 예언들

구약은 제사장직에 관해 적어도 세 가지의 뚜렷한 예언을 제시했는데, 이는 미래의 제사장직에 대한 기대를 불러일으킨다.

대제사장. 구약은 언젠가 아론의 제사장직을 훨씬 능가하는 제사장직을 맡아 영원히 섬기게 될 한 사람의 대제사장으로 인해 제사장직이 절정에 도달할 것을 여러 가지로 나타냈다(시 110:2-4; 슥 6:13). 이런 의미에서 아론 제사장직은 대제사장이자 왕이신 메시아가 오시면 끝나게 될 임시적인 상태였다. 이 개념에 대한 가장 분명한 진술은 시편 110편에서 볼 수 있다. "여호와는 맹세하고 변하지 아니하시리라 이르시기를 너는 멜기세덱의 서열을 따라 영원한 제사장이라 하셨도다"(시 110:4). 이 시편의 문맥에서 하나님은 메시아가 제사장으로 섬기는 일이 절대로 끝나지 않을 것이며 영원히 지속할 것이라고 약속하셨다.

히브리서 7장은 이 개념을 포착하여 하나님의 백성에 대해 대제사장직을 맡고 계신 예수님과 직접 연관시킨다. 또한 그리스도의 영원한 제사장직이 예레미야가 예언한 새 언약(렘 31:31-34)에 상응한다는 사실도 그리스도의 제사장직을 암시한다고 지적한다. 예레미야 31장에서 예레미야는 새 언약 안에서의 삶이 완전하고 놀라울 것을 나타냈다. 그와 상응하여, 히브리서 저자는 이 더 나은 언약이 영원히 지속할 더 나은 제사장직을 요구한다고 주장했다. 히브리서 저자는 시편 110편 4절을 인용하여 이렇게 말했다. "주께서 맹세하시고 뉘우치지 아니하시리니 네가 영원히 제사장이라 하셨도다 이와 같이 예수는 더 좋은 언약의 보증이 되셨느니라"(히 7:21-22).

왕적 제사장. 앞에서 보았듯이, 인류는 에덴동산에서 제사장이자 왕으로 섬겼으며 멜기세덱도 이 두 가지 직분으로 섬겼다. 후대의 역사에서는 이 직분이 분리되기는 했지만, 구약은 이 직분이 궁극적으로 메시아에게서 재결합할 것이라고 예언했다. 시편 110편도 이 점을 분명히 밝힌다. 시편 110편은 미래의 메시아에 대해 이렇게 말한다. "여호와께서 시온에서부터 주의 권능의 규를 내보내시리니 주는 원수들 중에서 다스리소서…여호와는 맹세하고 변하지 아니하시리라 이르시기를 너는 멜기세덱의 서열을 따라 영원한 제사장이라 하셨도다"(시 110:2, 4). 영원히 제사장으로 섬기는 바로 그 메시아가 시온에서 다스릴 것이라고 말하는 점을 주목하라. 다시 말해 하나님은 메시아가 다윗의 후손으로서 왕으로 다스리면서 동시에 대제사장으로 섬길 것이라고 약속하셨다. 이와 같은 개념은 포로 시대 후 회복 시대의 선지자인 스가랴에게서도 나타난다. 스가랴는 메시아에 대해 "제사장이 자기 자리에 있으리니"(슥 6:13)라고 말한다.

제사장 나라. 창세기 2장 15절에서 보았듯이, 인류는 에덴동산에서 제사장으로 섬겼다. 그러므로 죄에 빠진 이후 우리가 회복될 때, 구속받은 인류가 다시 한 번 하나님의 제사장으로 섬기게 된다는 것은 놀랄 일이 아니다. 출애굽기 19장 6절과 이사야 61장 6절은 메시아가 왕으로 다스리시는 때에 모든 하나님의 백성이 신실한 제사장으로 섬길 것이며 하나의 나라(왕국)로 연합할 것임을 알려 준다. 신학자들은 이것을 가리켜 흔히 '만인 제사장'이라고 부른다. 사도 베드로는 이 일이 자기 시대에 이미 일어나고 있다고 말했다. "너희도 산 돌같이 신령한 집으로 세워지고 예수 그리스도로 말미암아 하나님이 기쁘게 받으실 신령한 제사를 드릴 거룩한 제사장이 될지니라"(벧전 2:5). 요한도 같은 이야기를 했다(계 1:6). 이것은 우리 시대에도 여전히 사실이며, 구속받은 인류에게 영원히 사실일 것이다(계 5:10).

언약의 화해자로서 구약의 제사장은 백성에게 그들과 하나님의 언약 관계의 중요성을 계속 상기시켰다. 죄가 피조계에 일으킨 참상을 고려할 때, 제사장직은 하나님 나라의 계속되는 진전과 하나님의 목적 성취에 매우 중요하고 필수적인 것이었다. 그렇지만 이 목표는 모든 역사의 중심이 되는 제사장, 즉 구약 전체가 예기했던 메시아가 없이는 완전하게 실현될 수 없었다.

복습 문제

1. 구약에서 제사장이 충족시켜야 했던 자격들은 무엇인가?
2. 구약에 나타나는 제사장의 다양한 역할을 설명하라.
3. 구약은 미래의 제사장 사역에 대해 어떤 기대를 불러일으켰는가?

토론 문제

1. 당신이 하나님에 대한 충성을 나타내 보이는 것이 중요한 이유는 무엇이며, 현재 상황에서 당신은 이 일을 어떻게 하고 있는가?
2. 어떻게 해야 당신의 가르침이 그리스도인들이 하나님의 복을 받도록 준비시키고 인도할 수 있겠는가?
3. 당신이 현재 참여하고 있는 사역은 무엇이며, 그 사역은 문화 명령을 실질적으로 어떻게 성취하고 있는가?

참고 도서

Blenkinsopp, Joseph. *Sage, Priest, Prophet: Religious and Intellectual Leadership in Ancient Israel*. Louisville: Westminster John Knox, 1995.

Childs, Brevard S. *Old Testament Theology in a Canonical Context*. 1985. Reprint, Philadelphia: Fortress Press, 1990.

Cody, Aelred. *A History of Old Testament Priesthood*. Analecta Biblica 35. Rome: Pontifical Biblical Institute, 1969.

Goldingay, John. *Old Testament Theology*. Vol. 1, *Israel's Gospel*. Downers Grove, IL: IVP Academic, 2003.

12장 퀴즈

13

제사장이신 예수님

주요 용어와 개념

대제사장 기도(High Priestly Prayer)   대제사장 사역(high priestly ministry)
왕적 제사장(royal priest)   제사(sacrifice)

신약은 예수님이 하나님의 궁극적인 제사장이시라고 분명하게 이야기한다. 예를 들어 히브리서 저자는 다음과 같은 진술을 통해 예수님의 대제사장 사역을 분명하게 확언했다. "우리가 믿는 도리의…대제사장이신 예수를 깊이 생각하라"(히 3:1). "우리에게 큰 대제사장이 계시니…하나님의 아들 예수시라"(히 4:14). 예수님은 한 사람이 선지자직과 대제사장직과 왕직을 겸비한 메시아 이상의 자격을 갖고 계신다. 예수님은 일반적인 제사장과 특히 대제사장의 모든 본질적인 역할을 성취하셨고, 계속해서 성취하시며, 예수님의 직분에 대한 구약의 모든 기대를 충족시키셨다.

예수님의 자격

많은 사람이 예수님은 성전에서 섬기거나 예배 의식을 인도한 적이 없으시고 아론의 후손도 아니라고 지적해 왔다. 그렇다면 왜 신약의 저자늘은 예수님이 제사장 사역을 수행하셨다고 말했을까? 예수님은 어떻게 제사장직을 맡을 자격을 갖추셨을까? 대답은 간단하다. 하나님이 친히 제사장의 모든 직무에 임명하실 왕적 제사장에 대한 구약의 소망을 예수님이 성취하셨기 때문이다. 실제로 예수님은 12장에서 설명한 제사장의 자격을 그대로 충족시키셨다.

하나님의 임명

구약의 제사장 및 대제사장과 마찬가지로 예수님은 하나님의 임명을 받으셨다. 히브리서 저자는 이렇게 말했다. "이 존귀는 아무도 스스로 취하지 못하고 오직 아론과 같이 하나님의 부르심을 받은 자라야 할 것이니라 또한 이와 같이 그리스도께서 대제사장 되심도 스스로 영광을 취하심이 아니요…하나님께…대제사장이라 칭하심을 받으셨느니라"(히 5:4-5, 10). 하나님이 예수님을 임명하셨으므로 예수님은 이 자격을 확실히 충족시키셨다. 예수님은 제사장들이 대대로 그랬던 것처럼 아론의 후손은 아니셨지만 이러한 임명은 처음 일어난 특이한 일은 아니었다.

에덴동산에서 하나님은 인류를 왕으로 임명하셔서 땅을 다스리게 하셨다. 이 통치는 온 세상을 하나님의 영광스러운 임재에 적합한 장소로 만들기 위한 제사장의 임무이기도 했다. 그러므로 제사장직과 왕직은 원래 매우 밀접하게 관련되어 있었다. 왕정 시대에 왕들은 유다 지파에서 나오고 제사장들은 레위 지파에서 나왔지만, 왕과 제사장은 여전히 매우 긴밀한 협력을 지속했다. 게다가 이스라엘의 가장 위대한 왕인 다윗과 솔로몬은 둘 다 제사장 역할을 수행했다(대상 21:22-29; 대하 6:12-7:7).

마찬가지로 그리스도는 왕적 제사장이시다. 그리스도는 하나님의 완전한 봉신 왕으로서 통치하신다. 그러나 그리스도의 통치는 하나님의 영광스럽고 특별한 임재를 위해 우리와 땅을 준비시키는 제사장 임무이기도 하다. 이처럼 그리스도는 아담과 그의 후손들이 실패한 일을 성취하신다. 시편 110편에서 다윗이 위대하신 메시아에 대해 어떻게 말하는지 다시 한 번 보라. "여호와께서 내 주에게 말씀하시기를 내가 네 원수들로 네 발판이 되게 하기까지 너는 내 오른쪽에 앉아 있으라 하셨도다 여호와께서 시온에서부터 주의 권능의 규를 내보내시리니 주는 원수들 중에서 다스리소서…여호와는 맹세하고 변하지 아니하시리라 이르시기를 너는 멜기세덱의 서열을 따라 영원한 제사장이라 하셨도다"(시 110:1-2, 4).

이 시편에서 다윗이 "내 주"라고 부르는 메시아는 권능의 규를 가지고 통치하는 왕이자 제사장의 모습으로 묘사된다. 다윗의 예언은 그의 자손 가운데 하나가 이러한 제왕으로 등극해 멜기세덱이 그랬던 것처럼 왕의 임무와 제사장의 임무를 모두 성취할 날을 고대하는 것이었다. 따라서 메시아는 유다 지파여야 했으며, 그 메시아만이 이 직분들을 겸직할 수 있었다. 이런 이유로 히브리서 7장 14절은 예수님이 제사장 계통인 레위 지파 출신이 아니라 왕의 계통인 유다 지파 출신이라고 강조한다. 또 히브리서가 예수님이 레위 지파가 아니어도 된다고 말할 수 있는 이유는, 예수님의 제사장직이 아론의 제사장직보다 더 위대했기 때문이다(히 7:5-11).

창세기 14장에서 멜기세덱은 왕이자 제사장으로 묘사된다. 아브라함이 제사를 드리고 멜기세덱이 제사장으로서 제물을 받지만, 멜기세덱은 동시에 살렘 왕이기도 하다.
시편 110편은 왕을 의의 감독자로 묘사한다. 이 역할은 물론 통치적인 면을 갖고 있지만, 왕은 의를 감독함으로써 제사장 역할도 수행한다. 이는 온 세상이 의롭게 되는 것이 하나님의 뜻이기 때문이다. 비록 임명된 제사장들이 있기는 하지만, 왕은 백성의 의로움을 두루 살피는 데 참여함으로써 제사장 역할을 한다.
이런 흐름들은 예수님에게서 한데 모인다. 그러므로 우리는 예수님을 선지자와 제사장과 왕으로 부른다. 히브리서에서 예수님은 새로운 멜기세덱, 즉 옛 언약에서 하나님이 이루려고 하셨던 것을 새 언약에서 구현하신 분이시다.
스티브 하퍼(Steve Harper)

하나님에 대한 충성

제사장은 홀로 하나님을 예배하고 섬김으로 그리고 하나님이 그들에게 맡기신 임무를 주의 깊게 수행함으로 하나님에 대한 특별한 충성을 나타내 보여야 했다. 제사장에게 임무를 맡기신 주된 이유 가운데 하나는 하나님의 백성 역시 도덕적으로나 의식적으로나 하나님께 충성함으로 하나님의 특별한 임재에 두려움 없이 들어갈 수 있게 하려는 것이었다.

예수님은 이와 같은 요건을 완전무결하게 충족시키셨다. 예수님은 언제나 하나님만을 예배하고 섬기셨으며, 아버지의 명령에 항상 순종하셨다. 이 제사장 사역을 통해 예수님은 우리가 하나님의 특별하고 거룩한 임재에 들어갈 수 있도록 준비시키셨다.

일반적으로 사복음서의 모든 내용은 하나님에 대한 예수님의 충성을 보여 주는 증거라고 할 수 있다. 예수님은 아버지가 주신 사명을 수행하셨으며, 아버지가 말하라고 하신 것만 말씀하셨고, 아버지가 하시는 일만을 행하셨다. 구체적으로 하나님에 대한 예수님의 충성을 명시하는 구절도 많이 있다(마 26:42; 요 5:19; 14:31; 17:4; 히 3:2-6).

하나님에 대한 예수님의 완전한 충성은 우리의 대제사장으로서 예수님이 이루신 일의 중요한 측면이다. 오로지 하나님에 대한 완전한 충성을 통해서만 예수님은 자기를 따르는 사람들을 완전히 거룩하게 하실 수 있으며 하나님의 특별하고 거룩한 임재에 영원히 거하게 하실 수 있다. 우리는 성경에서 이에 대한 실례를 많이 발견한다. 예를 들어 예수님은 '대제사장 기도'를 통해 우리의 거룩함을 위해 구체적으로 기도하셨으며(요 17:19), 하나님은 그분이 보시기에 우리를 거룩하게 하심으로 이미 그 기도에 응답하셨다(롬 15:16; 고전 6:11).

예수님의 역할

12장에서 우리는 제사장 역할의 세 가지 근본적인 측면을 확인했다. 제사장은 하나님 백성의 지도자 역할을 했으며, 특별한 의식들을 집례하고, 백성을 위해 하나님 앞에서 중재했다. 예수님도 우리의 대제사장으로서 이 세 가지 역할을 모두 수행하신다.

지도자 역할

예수님은 예배와 민사와 의식에 관한 판결, 가르침 등 구약의 제사장이 행했던 모든 방식으로 제사장의 지도력을 행하셨다.

예배. 예수님은 이스라엘 및 제자들의 참된 영적 예배를 촉진하기 위해 많은 일을 하셨다. 예를 들어 예수님은 상인들과 환전상들을 성전에서 쫓아내셨는데, 이는 그들이 하나님의 기도하는 집을 강도의 소굴로 만들었기 때문이었다(마 21:12-13).

더 중요하게는, 예수님은 자기 백성이 하늘 성전의 지성소에서 하나님께 나아갈 수 있게 하셨다. 구약에서 성막과 후대의 성전은 하늘과 땅이 만나는 장소였다. 그곳은 예배자들이 땅에 있으면서도 동시에 하나님의 하늘 궁정에 있을 수 있었던 특별한 장소였다(대상 28:2; 사 6:1). 신약에서는 예수님이 이 역할을 이어받으셨다.

그러므로 우리는 하나님의 하늘 궁정에 들어가기 위해 특별한 건물에 갈 필요가 없고 예수님이 친히 우리를 거기로 데려가신다. 예수님을 통해 우리는 하나님의 특별하고 거룩한 임재에 받아들여졌다. 따라서 히브리서 저자는 이렇게 말했다. "그러므로 형제들아 우리가 예수의 피를 힘입어 성소에 들어갈 담력을 얻었나니 그 길은 우리를 위하여 휘장 가운데로 열어 놓으신 새로운 살 길이요 휘장은 곧 그의 육체니라 또 하나님의 집 다스리는 큰 제사장이 계시매 우리가 마음에 뿌림을 받아 악한 양심으로부터 벗어나고 몸은 맑은 물로 씻음을 받았으니 참 마음과 온전한 믿음으로 하나님께 나아가자"(히 10:19-22).

민사와 의식에 관한 판결. 예수님은 지상 사역을 하시는 동안 민사와 의식에 관한 판결을 통해 특별한 방식으로 지도하심으로 제사장적 지도자 역할을 하셨다. 예를 들어 제자들이 안식일을 범했다는 비난을 받았을 때 예수님은 제사장적 판결을 하셨다(마 12:1-8). 예수님은 음식에 대한 의식상의 정결에 대해 판결하셨다(막 7:19). 마태복음 8장에서 나병 환자를 치료하신 후에는 그 사람이 의식적으로 정결하다는 제사장적 선언을 하시고, 그에게 성전에 가서 적합한 예물을 드리라고 명령하셨다(마 8:4).

가르침. 예수님은 또한 하나님의 말씀을 백성에게 가르치심으로 제사장적인 지도력을 발휘하셨다. 물론 이스라엘에 여러 다른 유형의 교사들이 있었던 것도 사실이다. 선지자는 하나님의 언약과 뜻을 선포하는 교사였다. 부모는 자기 자녀들을 가르쳤다. 랍비와 장로는 그들의 공동체를 가르쳤다.

그러나 제사장은 특별히 회개와 충성을 가르침으로 하나님의 백성이 하나님의 특별한 임재에 들어갈 수 있게 하는 일과 관련이 있었다(느 8장). 예수님의 가르침도 같은 점을 강조했다. 예를 들어 마태복음 5-7장의 산상 설교에서 예수님은 하나님의 율법의 진정한 의도와 적용을 설명하셨다. 더구나 예수님의 가르침은 청중을 언약적 충성으로 이끌어 가기 위한 것이었다. 회개와 신실함을 꾸준히 강조하신 예수님의 가르침 곳곳에서 바로 이 점을 볼 수 있다(마 4:17; 눅 5:32; 요 14:15-24).

의식

예수님은 이스라엘의 의식에 으레 참여하셨으며, 그중 많은 경우가 요한복음에 언급되어 있다. 그렇지만 예수님의 제사장 의식들 가운데 오직 하나, 즉 십자가의 희생만이 하나님의 백성을 위한 구속을 성취했다.

모세 율법은 이스라엘에게 순종을 요구했다. 그러나 하나님은 이스라엘이 계속 불순종할 것을 아셨기 때문에 그들에게 죄를 속할 제물을 가져오라고 명령하셨다. 이런 제사들은 아주 중요해서 해마다 반복해서 드려야만 했는데, 이는 그 제사들이 이스라엘의 죄를 실제로 없애 주지 못했기 때문이었다(히 10:4). 예수님이 죄를 위한 완전한 제물로 자신을 드리셨을 때 단번에 영원히 이루신 속죄는 이스라엘이 절대로 할 수 없었던 방식으로 구속을 성취했다.

구약의 제사장은 속죄 제물과 감사 제물, 화목 제물 등 다양한 제물을 담당했다. 예수님은 십자가에서 죽으셨을 때 하나님의 백성이 역사를 통틀어 드렸던 모든 제사의 공로적 근거가 되는 단번의 제사를 드리셨다. 이전의 모든 속죄 제물은 예수님이 십자가에서 죽으셨을 때 드리신 제물의 그림자였을 뿐이다(롬 3:25; 8:3; 요일 2:2; 4:10). 일례로 이에 대해 성경이 어떻게 말하는지 히브리서 저자의 말을 다시 생각해 보라. "율법은 장차 올 좋은 일의 그림자일 뿐이요 참 형상이 아니므로 해마다 늘 드리는 같은 제사로는 나아오는 자들을 언제나 온전하게 할 수 없느니라…그러나 이 제사들에는 해마다 죄를 기억하게 하는 것이 있나니 이는 황소와 염소의 피가 능히 죄를 없이 하지 못함이라"(히 10:1, 3-4).

구약의 제사는 제사 자체의 공로 때문이 아니라 오실 메시아에 대한 믿음을 예배자들에게 심어줌으로써 예배자들에게 유익을 주었으며, 예배자들은 메시아 안에서 사죄와 구원을 받았다. 그런데 이런 유익은 모든 제사가 가리키던 하나의 제사를 예수님이 드리실 때까지는 절대로 완전할 수 없었다. 이런 이유로 구약의 제사는 죄를 영원히 제거할 수 없었다. 구약의 제사는 예수님이 십자가에서 죽으실 때까지 하나님이 진노를 유예하시고 인내를 발휘하시기 위한 수단에 불과했다.

구약의 제사들은 죄를 단번에 영원히 없애 줄 제사를 예기했다. 성경은 예수님이 십자가에서 하신 역할을 죄에 대한 희생 제물과 제사를 드리는 제사장이라는 양면으로 묘사한다. 어떤 의미에서 예수님은 이 두 가지 역할을 모두 성취하신다. 예수님은 세상 죄를 지고 가는 하나님의 어린양이시다. 그러나 어떤 의미에서 예수님은 다른 모든 제사를 종결시킬 제사를 드리기 위해 자신을 제물로 바치는 제사장이시기도 하다.
사이먼 비버트(Simon Vibert)

예수님의 죽음과 구약의 제사 사이의 관계는 여러 방식으로 설명할 수 있다. 이 관계의 핵심은 구약의 제사를 하나님이 이스라엘 민족에게 주신 옛 언약 안에 배치해야 한다는 것이다. 제사 제도는 백성의 죄를 제거하고, 하나님의 진노를 가라앉히며, 하나님과 백성의 관계를 형성하는 수단이었다.
이 제사들은 예표이며 모형이다. 이 제사들은 앞으로 올 더 위대한 것을 가리킨다. 구약에도 동물 제물은 죄를 없애 주기에 충분하지 않다는 암시가 많이 있다. 구약의 제사는 절대로 죄를 제거할 궁극적인 수단으로 의도된 것이 아니었다. 구약의 제사는 그리스도의 희생 제사를 가리키는 것이었다. 동물 제물과 마찬가지로 그리스도는 우리의 대리자이시다. 그분은 우리를 대신하는 분이시다. 그러나 그리스도는 훨씬 위대한 방식으로 우리를 대신하시는데, 이는 그분이 인간이시기 때문이다. 그리스도는 우리의 인성을 지니시지만, 동물 제물은 그렇지 않았다. 그리스도는 또한 성육신하신 하나님의 아들이시기에 그분 자신의 의로운 요구를 충족시키신다. 그러므로 우리의 죄를 제거하시고, 우리의 대표이자 대리자이시며 제사장이 되신다. 그리스도는 구약의 제사가 가리켰던 모든 것을 성취하신다. 우리와 하나님의 관계를 회복시키시고, 하나님이 우리를 지으셨을 때 처음 의도하셨던 모습으로 우리를 되돌려 놓으신다. 즉 우리가 이 세상에서 하나님을 위해 살고, 하나님을 섬기며, 하나님의 형상을 지닌 자로서 자기의 역할과 의무를 수행하는 하나님의 백성이 되게 하신다.
스티븐 J. 웰럼(Stephen J. Wellum)

이런 점에서 예수님은 단순히 이전의 모든 속죄제가 가리키던 실체만이 아니었다. 예수님은 최종적인 속죄 제물이셨다. 속죄 제물의 완전함이 예수님에게서 실현되었으므로 이제 더 이상 그림자인 제물을 드릴 이유가 없다. 이런 이유로 그리스도인들은 구약에 기술된 속죄 제물을 드리지 않는다. 이는 우리가 속죄제가 필요 없다고 믿기 때문이 아니다. 오히려 우리는 속죄가 절대적으로 필요하다는 것을 알고 있다.

우리가 속죄 제물을 드리지 않는 이유는 예수님이 드리신 단번의 제사가 모든 시대의 신실한 하나님의 백성 모두를 위해 속죄의 필요를 완전히 충족시켰다고 믿기 때문이다. 이 한 번의 행위로 예수님은 우리의 거룩함을 확보하여 우리가 하나님의 특별하고 거룩한 임재에 거할 수 있게 해주셨다. "예수 그리스도의 몸을 단번에 드리심으로 말미암아 우리가 거룩함을 얻었노라"(히 10:10).

예수님의 제사는 하나님 나라의 마지막 단계의 도래를 알렸다. 그것은 하나님의 백성의 추방과 심판이 끝나는 시작이었다. 이 한 번의 제사는 땅의 모든 민족이 하나님의 사죄를 직접 받을 수 있게 해주었다. 또 이것은 많은 불신자에 대한 하나님의 오래 참으심과 관용이 끝난다는 신호였으므로 모든 민족에게 긴박감을 불러일으켰다. 그리스도의 제사 이전에는 하나님이 진리를 모르는 자들에 대한 심판을 더디 하셨다(행 17:30). 그리스도의 제사는 무지에 대한 변명의 여지가 훨씬 적어지게끔 진리를 선포했다. 그 결과 하나님은 죄인들이 복음 전파에 응답하여 회개하지 않을 때 훨씬 더 빈번하고 엄중하게 심판하기 시작하셨다.

일부 회의론자들은 예수님의 죽음을 오도된 이력의 비극적인 종말에 불과한 것으로 보지만, 신자들에게 그리스도의 죽음은 의도적이고 중대한 의미가 있으며 구원을 가져다준 것이다. 십자가의 신비한 역학을 이해하는 방법 가운데 하나는 십자가를 구약의 제사나 선행하는 모티프가 예표한 것의 성취로 이해하는 것이다.

오늘날 많은 사람은 피를 요구하는 것에 대해 매우 거북해한다. 그런 일은 너무 원시적인 것처럼 보인다. 계몽되고 문명화된 사람들에게는 용납될 수 없는 일처럼 보인다. 그러므로 우리는 하나님이 자신의 욕구를 채우기 위해 피를 요구하는 우주 뱀파이어 같은 분이 아니시라는 사실을 깨닫는 것이 중요하다. 구약의 제사 제도는 두드러지고 잔혹하며 긴장시키는 것이었는데, 이는 제사 제도가 다루었던 죄의 심각성을 강조하기 위해서였다. 그것은 하나님의 세계의 도덕적 균형을 회복하려면 반드시 죄를 해결해야 한다는 점을 고대 사람들에게 상기시키는 것이었다.

그런데 예수 그리스도는 전례 없는 자기희생적 사랑의 행위로 하나님의 공의와 세계의 도덕적 균형이라는 요건을 충족시키심으로 그런 필요를 성취하신다. 구약은 고대 제사 제도의 세부 사항까지 철저하게 그리스도를 가리키며 그리스도 안에서 성취된다.

글렌 G. 스코기(Glen G. Scorgie)

중재

앞에서 보았듯이, 중재는 다른 사람을 위해 중보하거나 간구하는 것이다. 제사장의 중재 역할은 여러 면에서 예수님의 지상 사역의 특징이다. 성경에서 예수님의 중보 사역의 가장 분명한 실례 가운데 하나는 예수님이 잡히셔서 재판을 받으시던 밤에 제자들을 위해 드리신 기도다(요 17장). 실제로 이 기도는 일반적으로 '대제사장 기도'라고 불린다. 이 기도에서 예수님은 제자들을 위해 여러 가지를 간구하시는데, 제자들의 전도 사역을 통해 자신의 제자가 될 사람들을 위해서도 기도하셨다(요 17:20-21). 예수님은 십자가에서 죽으실 때도 중보 사역을 계속하셨는데, 가장 효과적인 방법으로 하나님과 인류 사이를 중보하셨다.

예수님이 승천하신 지금, 우리는 예수님이 우리를 위해 자신의 피를 제단에 바치시고 아버지 앞에서 탄원하심으로 하늘 성전에서 우리를 위해 계속 간구하신다는 말을 듣는다. 히브리서 저자는 이렇게 말한다. "예수는 영원히 계시므로 그 제사장 직분도 갈리지 아니하느니라 그러므로 자기를 힘입어 하나님께 나아가는 자들을 온전히 구원하실 수 있으니 이는 그가 항상 살아 계셔서 그들을 위하여 간구하심이라"(히 7:24-25).

우리의 구원이 영원히 확고한 이유는 우리의 대제사장이신 예수님이 우리를 위해 끊임없이 간구하시면서 우리가 범하는 모든 죄의 대가로 아들의 죽음의 공로를 받아 주시기를 아버지께 간청하시기 때문이다.

예수님은 구약의 제사장직 역할을 완전하게 성취하셨다. 예수님은 지도자 역할을 하셨고, 가장 중요한 의식 곧 십자가에서 자신을 희생 제물로 드리신 일을 포함하여 의식들을 시행하셨으며, 자기 백성을 위해 중재하셨다. 사실 예수님은 자신의 교회와 자신의 천상 궁정에서 행하시는 제사장 사역을 통해 오늘날도 이 기본적인 역할을 계속 수행하신다.

예수님을 따르는 자들로서 우리의 책임은 하나님 아버지께 나아갈 수 있는 유일한 길이 예수님임을 인정하고 그분만을 의지하는 것이며, 하나님의 특별하고 거룩한 임재에 들어가도록 우리를 준비시키시는 예수님의 사역에 복종하는 것이다.

한 친구가 내게 물었다. "예수님이 우리를 하나님께로 인도하신다면 어째서 우리에게 여전히 예수님이 필요하지? 예수님이 우리를 하나님께로 인도하셨고 아버지께 기도하게 하셨으니 예수님이 없어도 되지 않을까? 우리는 예수님이 더 이상 필요 없어."

이 말은 예수님의 지속적인 역할을 오해한 것이다. 신약은 예수님이 하나님과 사람 사이의 유일한 중보자이시며(현재 시제) 영원히 살아 계셔서 우리를 위해 간구하신다고 말한다. 이 말은 예수님이 십자가에서 행하신 속죄 사역이 어떤 면에서든 불충분했다는 것을 의미하지 않는다. 그것은 완전했다. 거기에 아무것도 덧붙일 필요가 없다. 그러나 예수님은 지금도 우리의 삶에서 우리의 변호인, 우리의 중보자, 우리의 대표로서 지속적이고 개인적이며 관계적인 역할을 하신다. 예수님은 우리의 변호사로서 위대한 판사이신 하나님 앞에 매일 끊임없이 나아가 우리의 소송 사건을 변론하신다.

좋은 소식은 예수님의 속죄 사역으로 인해 예수님이 소송에 지는 일이 절대로 없으시다는 것이다. 예수님은 우리의 대제사장으로서 하시는 중보 역할에 있어 우리를 위해 이루신 완전하고 완료된 자신의 사역에 언제나 호소하시는데, 이 탄원은 언제나 성공적이며 언제나 효과적이지만 지속적이고 관계적이며 역동적이다. 따라서 예수님은 완료하신 자신의 속죄 사역에 근거하여 계속 우리의 대제사장으로서 우리의 중보자와 중재자가 되신다.

K. 에릭 토에네스(K. Erik Thoennes)

예수님 안에서 성취된 기대

제사장직의 역사적 발전은 메시아가 하나님과 그분의 백성 사이를 중재하셔서 백성이 하나님의 특별하고 거룩한 임재에 들어갈 수 있게 하실 것이라는 기대를 불러일으켰다. 예수님은 지상 사역 동안 이 일반적인 기대를 성취하셨으며, 오늘날도 계속 성취하고 계신다. 또한 예수님은 구약의 구체적인 예언들이 불러일으킨 기대를 성취하신다.

위대한 대제사장

구약은 미래에 메시아 시대를 열 위대한 대제사장이 오실 것이며 그분은 메시아 자신이실 것이라고 여러 가지 방법으로 예언했다. 이 위대한 대제사장은 "멜기세덱의 서열"(시 110:4)을 따르실 것인데, 이 말은 그분이 아론의 후손이 아니시라는 것을 의미한다. 그분은 또한 자신의 직분을 영원히 행하실 것인데, 이 말은 죽음이 그분의 역할 수행을 멈추게 하지 못한다는 것을 의미한다.

신약에서 히브리서 저자는 이 모든 예언이 예수님에게서 실현되었다고 주장했다. 우리가 앞에서 보았던 다음 구절을 생각해 보라. 히브리서 저자는 시편 110편 4절을 인용하여 이렇게 말한다. "주께서 맹세하시고 뉘우치지 아니하시리니 네가 영원히 제사장이라 하셨도다 이와 같이 예수는 더 좋은 언약의 보증이 되셨느니라"(히 7:21-22). 하나님은 메시아가 영원한 제사장일 것이라고 맹세하셨을 때 미래의 위대한 대제사장이 새 언약을 가져오실 메시아이실 것이며 예수님이 바로 그 위대한 대제사장이시라는 것을 분명히 하셨다.

실제로 히브리서는 이 예언된 위대한 대제사장으로서의 예수님의 역할을 적어도 열 번은 언급하고 있다. 히브리서는 또한 꾸준하게 예수님을 그리스도 즉 메시아라고 부르며, 예수님이 새 언약을 가져오시는 분이시라고 분명하게 말한다(히 8-9장; 12장). 신약의 다른 어떤 책보다도 히브리서는 예수님이 위대한 대제사장에 대한 구약의 소망을 성취하시는 방법과 관련이 있다.

왕적 제사장

아담 시대부터 아브라함 시대까지 제사장직과 왕직은 종종 한 사람이 겸직했다. 이 직분들은 이스라엘 왕정 시대에 분리되었으며, 아론 계통의 제사장들이 천 년 이상 하나님의 백성을 섬겼다. 그렇지만 제사장의 사역은 언제나 그 자체를 넘어 제사장과 왕으로 오시는 메시아를 가리켜 보였다. 그러므로 구약이 메시아에게서 이루어지는 이 직분들의 재결합을 예언했다는 것은 놀라운 일이 아니다(시 110:2-4; 슥 6:13).

예수님은 메시아로 오셨을 때 왕과 대제사장의 직분을 맡으심으로 이 예언들을 성취하셨다(막 8:29; 눅 23:3; 히 8-9장). 심지어 예루살렘과 이스라엘의 많은 제사장들도 예수님이 메시아이심을 인정하고 예수님의 제자가 되었다(행 6:7). 예수님은 별도의 제사장직을 세우지 않으셨다. 또한 성전과 아론 계통 제사장직의 영원한 사역도 승인하지 않으셨다. 그러므로 예수님의 제자가 된 제사장들은 메시아가 대제사장직과 왕직을 재결합하실 것이라는 구약의 가르침을 올바로 이해했음이 틀림없다.

제사장 나라

구약은 하나님의 백성이 제사장 나라, 즉 제사장 왕국이 되어야 한다고 말했다(출 19:6). 이는 하나님의 백성 전부가 레위 제사장이 된다는 것이 아니라, 그들 모두가 제사장의 방식으로 하나님과 다른 사람들을 신실하게 섬김으로써 하나님의 거룩한 임재 가운데서 섬겨야 한다는 것이었다. 비록 하나님의 백성은 비참하게 실패했지만, 선지자들은 메시아가 그들에게 성공을 가져다주실 것이라고 예언했다(사 61:6). 예수님은 지상 사역 동안에 자신이 이 예언을 성취하기 시작했다고 선언하셨으며(눅 4:17-21), 제자들에게 능력을 부으셔서 하나님이 요구하시는 신실함을 나타낼 수 있게 하심으로 이 예언을 성취하셨다.

이런 이유로 베드로는 교회를 "거룩한 제사장"과 "왕 같은 제사장들"이라고 불렀다(벧전 2:5, 9). 우리는 요한계시록에서도 똑같은 개념을 발견하는데, 요한은 예수님이 아버지 하나님을 위하여 우리를 나라와 제사장으로 삼으셨다고 말한다(계 1:6; 참조. 계 5:10; 20:6). 메시아이신 예수님은 왕으로 다스리시며 모든 제자에게 그분의 나라에서 제사장으로 섬기라고 명하시는 위대한 대제사장이시다.

구약에서 가장 중요한 종교적 인물들은 제사장들이었다. 신약에서는 그리스도인들 가운데 일부가 아니라 모든 신자가 제사장이다. 이 진리는 흔히 '만인 제사장'이라는 익숙한 문구로 표현된다. 이는 모든 신자가 섬기도록, 즉 그리스도의 몸의 일부인 예수님의 손과 심장과 다리가 되도록 부르심과 능력을 받았다는 점을 강조한다.

이것은 대단히 힘이 되는 진리다. 이 놀라운 진리를 깨달음으로 인한 역사적으로 극적인 결과 하나는 더 이상 누구도 그들 자신과 하나님 사이에서 전달자나 중보자가 될 다른 사람을 고려할 필요가 없다는 것이다. 당신과 하나님 사이에 중간자를 두는 구조는 어떤 것이든 악용과 사회적 통제와 속박의 기회로 가득 차 있다. 그러므로 이것은 엄청난 힘과 존엄과 자유를 주는 진리다.

그러나 이 진리는 하나님이 그분의 몸인 교회에 다양한 은사를 주셨다는 축복할 만한 진리를 조금도 훼손하지 않는다. 그런 은사들 가운데 나를 보살펴 준 사람들에게 감사하게 되는 은사는 목회 은사다. 이 은사는 특별한 마음을 요구한다. 목양하고 인도하고 격려하며 위로하는 마음과 역량을 요구한다. 목회 은사를 받은 사람은 사람들과 하나님 사이에 개입하지 말아야 한다. 사람들이 선한 일을 하고 이 일을 위해 스스로 훈련하는 동안 하나님이 그들의 마음을 밝히심에 따라 성경을 해석할 권리를 침해하지 말아야 한다. 오히려 목회 은사는 우리 모두가 제사장인 여정에서 우리를 돕기 위해 마련된 은혜다. 우리는 모두 목회적 돌봄을 가치 있고 소중하게 여긴다.

글렌 G. 스코기(Glen G. Scorgie)

예수님의 제사장직의 성취는 우리에게 아주 중요한 점을 상기시킨다. 하나님의 창조의 본래 목적은 죄로 인해 복잡해졌지만 결코 죄에 압도당하지 않았다. 예수님의 오심과 제사장 자격의 정확한 성취는 하나님의 선하신 계획에 대한 예수님의 충성을 보여준다. 그리고 예수님이 제사장직과 왕직을 통합하신 것은 하나님의 계획을 진전시키는 데 예수님이 중심이심을 나타낸다. 예수님은 왕으로 다스리시는 큰 대제사장으로서 제사장 사역의 본래적이고 기대되었던 측면들을 성취하신다. 그러므로 우리는 예수님의 백성으로서 예수님을 공경하고 예배하며 신뢰해야 할 커다란 이유가 있다. 그리고 예수님의 제사장 나라로서 충성스럽게 예수님을 섬겨야 할 커다란 이유가 있다.

The Life
and Work
of Jesus

복습 문제

1. 예수님은 제사장직의 자격을 어떻게 충족시키셨는가?
2. 예수님은 제사장의 역할을 어떻게 성취하셨는가?
3. 예수님은 제사장직에 대한 구약의 기대를 어떻게 충족시키셨는가?

토론 문제

1. 제사장에 대한 구약의 기대를 예수님이 성취하신 일은 우리가 구약의 예언을 읽는 방식을 어떻게 바꾸는가?
2. 교회 생활에서 의식은 여전히 중요한가? 당신의 예배에서 의식은 어떤 역할을 하는가?
3. 예수님이 당신을 위해 간구하신다는 사실에서 어떤 위로와 격려를 얻는가?
4. 의심이 들거나 확신이 부족할 때 어떻게 구원을 확신하며 확인할 수 있는가?

참고 도서

Berkhof, Louis. *Systematic Theology*. New ed. Grand Rapids: Eerdmans, 1996.

Boice, James Montgomery. *Foundations of the Christian Faith*. Rev. ed. Downers Grove, IL: Intervarsity Press, 1986.

Cockerill, Gareth L. *The Melchizedek Christology in Heb. 7:1-28*. Ann Arbor: University Microfilms International, 1979.

Letham, Robert. *Union with Christ in Scripture, History, and Theology*. Phillipsburg, NJ: P&R Publishing, 2011.

13장 퀴즈

14

예수님의 제사장 사역의 적용

주요 용어와 개념

교회(church)
사명(mission)
신뢰(trust)
평화(peace)
화해(reconciliation)

대변(advocate)
섬김(service)
예배(worship)
하나 됨(unity)

그리스도의 제사장 사역을 현대에 적용하는 편리한 방법 하나는 웨스트민스터 소요리문답의 다음 진술에서 발견할 수 있다. "그리스도는 하나님의 공의를 만족시키시고 우리를 하나님과 화해시키시기 위해 자신을 희생 제물로 단번에 드리심으로써, 그리고 우리를 위해 계속해서 간구하심으로써 제사장 직분을 행하신다."[1] 여기서 소요리문답은 그리스도의 제사장 사역을 신자에 대한 그리스도의 사역의 관점에서 이야기하면서 적어도 세 가지 측면으로 언급한다. 즉 십자가에서 희생 제사를 드리심, 신자와 하나님을 화해시키심, 신자를 위해 하나님 앞에서 간구하심이라는 측면이다.

희생 제사

모든 신자는 그리스도가 십자가에서 드리신 희생 제사가 우리 신앙의 중심

---

1) 웨스트민스터 소요리문답 25문의 답.

이며 가장 중요하다는 점을 알고 있다. 그러나 모든 신자가 그리스도의 희생에 어떻게 응답해야 하는지 이해하는 것은 아니다. 어떤 사람들은 우리가 일단 그리스도가 십자가에서 행하신 사역을 믿으면 이후로는 그것을 대체로 무시해도 된다고 생각한다. 또 어떤 사람들은 우리 주님의 희생이 하나님에 대한 모든 의무에서 우리를 자유롭게 하며, 따라서 우리가 얼마든지 죄를 지어도 벌을 받지 않는다고 생각한다.

만일 그리스도의 죽음이 우리의 삶에 지속적으로 적용된다면, 그것은 어떻게 적용되는가? 그리스도를 믿는 우리는 우리를 위한 그리스도의 희생에 어떻게 응답해야 하는가?

신뢰

성경은 예수님의 십자가 희생이 구원이라는 하나님의 선물의 유일하고 유효한 근거라고 가르친다. 그리스도는 죄인들을 구원하기 위해 십자가에서 죽으셨다. 그리스도는 그분을 믿는 모든 사람의 죄책을 속상하기 위해, 즉 제거하기 위해 하나님의 공의와 진노를 만족시키심으로 하나님의 진노를 유화하셨다.

따라서 이 믿음은 대단히 중요하다. 그리스도가 베푸시는 사죄를 받으려면 우리는 그리스도를, 오직 그리스도만을 신뢰해야 한다. 우리는 그리스도가 우리의 죄를 위해 죽으신 하나님의 아들이시며, 오로지 그분이 우리를 위해 드리신 희생 제사 때문에 우리가 죄 사함을 받는다는 것을 믿어야 한다(요 20:31; 롬 10:9-10; 요일 4:14-16).

우리의 구원은 예수님의 희생에 근거한다. 예수님 외에는 아무도 우리를 구원할 수 없다. 그러기에 베드로는 이렇게 설교했다. "다른 이로써는 구원을 받을 수 없나니 천하 사람 중에 구원을 받을 만한 다른 이름을 우리에게 주신 일이 없음이라"(행 4:12). 우리는 스스로 구원을 얻어 낼 수 없다. 어떤 교회나 성인도 우리에게 구원을 줄 수 없다. 우리는 오로지 그리스도의 공로와 우리를 구원하기 위한 그리스도의 희생만을 믿어야 한다.

오직 그리스도만을 신뢰할 때 우리는 하나님 앞에서 확신과 기쁨을 누릴 수 있다. 예수님은 아버지가 명하신 모든 일을 신실하게 행하셨으며, 따라서 우리는 예수님이 우리에게 약속하신 모든 일도 신실하게 행하시리라는 것을 확신할 수 있다. 히브리서는 우리에게 이렇게 말한다. "우리가 예수의 피를 힘입어 성소에 들어갈 담력을 얻었나니…또 하나님의 집 다스리는 큰 제사장이 계시매…참 마음과 온전한 믿음으로 하나님께 나아가자"(히 10:19, 21-22). 여기서 말하는 '담력'은 '신뢰'라고 부를 수도 있다. 이 담력은 예수님의 희생이 우리의 죄를 속하기에 충분하며 따라서 우리를 구원하지 못할 리가 전혀 없다는 확고한 믿음이다.

> 우리가 구원받았다는 표지 가운데 하나는 우리가 구원받았음을 인식한다는 것이다. 우리는 하나님의 가족의 일원이 되었음을 인식한다. 성경은 성령이 우리 영과 더불어 우리가 하나님의 자녀라는 것을 증언하신다고 말한다(롬 8:16). 이처럼 참 하나님의 자녀는 자신의 자녀 됨을 인식한다. 그러나 이 말은 우리가 구원을 확신하거나 자신하는 정도가 흔들리지 않는다는 의미가 아니다. 우리는 확신이 자라기를 바라지만, 시간이 지남에 따라 오락가락할 수도 있다.
> 우리는 예수님이 우리를 대신하셨을 때 행하신 일을 이해하기 위해 복음을 이해하려고 노력하며 날마다 우리 자신에게 복음을 전해야 한다. 또 우리는 서로 도와야 한다. 그것이 교제를 통해 우리가 하는 일이다. 즉 우리는 우리의 자녀 됨과 구원과 죄 사함을 더 굳게 확신하도록 서로 도와야 한다. 우리가 앉아서 전해지는 말씀을 들을 때 성령이 이런 사실들을 우리에게 자각시키시며, 그리스도와 그분이 우리를 위해 행하신 일에 대한 우리의 확신이 자라난다. 모든 신자가 구원의 확신에 있어 날마다 오락가락하기는 하지만, 일반적으로 구원의 확신은 시간이 지남에 따라 꾸준히 자라야 한다.
> **K. 에릭 토에네스**(K. Erik Thoennes)

참 신자도 구원을 의심할 수 있는가? 물론이다. 성경에서도 이러한 실례들을 볼 수 있다. 로뎀나무 아래의 엘리야, 수많은 탄식시에서 하나님과 자신의 관계에 대해 의문을 제기하는 다윗, 예수님을 부인한 직후에 밖에 나가 통곡한 베드로가 그런 예다. 참 신자도 자신의 구원을 의심할 수 있다. 때때로 복음주의 단체들에서 그런 방향으로 가는 경향이 있기는 하지만. 우리는 자기가 품은 확신의 정도에 따라 구원을 얻지 않는다. 우리는 사람들에게 간증을 요청하곤 한다. 나에게도 간증이 있다. 나는 바울처럼 갑작스럽게 극적인 회심을 했다. 한때 나는 예수님이 계신다고 믿지도 않았고 신경도 쓰지 않았다. 그런데 24시간 만에 예수님이 하나님의 아들이시며 나의 구주시라고 믿게 되었다. 하지만 나는 내가 가진 확신의 정도로 인해서가 아니라 오로지 그리스도가 완료하시고 이루신 일을 믿는 믿음을 통해 은혜로 구원을 얻었다.

갑작스럽고 암울한 섭리 같은 온갖 일들이 당신에게서 확신을 앗아 갈 수 있다. 어쩌면 당신이 세상에서 가장 사랑하는 사람을 주님이 데려가실 수도 있다. 그 일이 당신을 흔들리게 할 수 있다. 때로는 육체적이거나 심리적인 이유가 있을 수도 있다. 어떤 사람들은 비관적인 경향이 있다. 나도 그럴 수 있다. 또한 하나님으로 인한 요인들도 있다. 예를 들어 웨스트민스터 신앙고백은 하나님이 때로 우리에게서 그분의 얼굴빛을 거두시고 우리와 거리를 두심으로 우리가 하나님을 더욱 원하게 하신다고 말한다. 즉 하나님을 그리워하는 행위 자체가 우리를 자라게 하며, 궁극적으로는 우리의 믿음을 확증하는 것이다. 물론 이런 일은 절대로 즐거운 경험이 아니다. 그런데 부모들도 때때로 그런 일을 한다. 부모들은 이제 막 걷기 시작한 아이의 손을 놓을 것이다. 부모는 아이가 넘어지면 언제라도 잡을 준비를 하고 그 자리에 있지만, 아이는 잠시 혼자가 된다. 하나님도 우리에게 비슷한 일을 행하심으로써 우리가 하나님을 갈망하게 하시고 결과적으로 우리를 자라게 하신다.

데릭 토머스(Derek Thomas)

섬김

성경은 우리가 우리를 위한 예수님의 희생에 감동하여 예수님을 신실하게 섬겨야 한다고 가르친다. 로마서 6장에서 바울은 예수님이 우리를 구원하기 위해 죽으셨으므로 우리가 예수님을 사랑하고 순종해야 한다는 것을 분명히 한다. 예수님은 우리에게 새 생명, 즉 죄의 지배에서 자유로운 생명을 주기 위해 죽으셨다. 우리가 이 구원에 감사를 표하는 한 가지 방법은 우리의 삶에서 죄에 대항하여 싸우고 다시는 죄에 굴복하지 않는 것이다. 바울은 이렇게 말했다. "죄에 대하여 죽은 우리가 어찌 그 가운데 더 살리요…그러므로 우리가 그의 죽으심과 합하여 세례를 받음으로 그와 함께 장사되었나니 이는 아버지의 영광으로 말미암아 그리스도를 죽은 자 가운데서 살리심과 같이 우리로 또한 새 생명 가운데서 행하게 하려 함이라"(롬 6:2, 4). 예수님의 죽으심으로 우리는 죄의 지배에서 벗어나게 되었다. 그리고 그 희생에 유일하게 적합한 응답은 주님을 기쁘시게 하는 삶을 사는 것이다.

성경은 또한 그리스도의 희생에 비추어 우리가 그리스도를 섬길 수 있는 다른 많은 방법을 언급한다. 우리는 그리스도의 목적을 위해 기꺼이 고난을 받고 죽기까지 그리스도의 모범을 따라야 한다. 사실 그리스도를 위해 고난을 받는 일은 커다란 영광이며 복이다(행 5:41; 롬 8:17; 고후 1:5; 빌 1:29; 골 1:24). 성경은 또한 그리스도가 구원하기 위해 죽으신 바로 그 사람들을 위해 우리 자신을 희생함으로 그리스도를 섬기도록 우리를 격려한다. 성경은 우리에게 서로 참아 주고 불쌍히 여기라고 가르친다(엡 4:32-5:2). 성경은 믿음이 약한 사람들을 위해 우리의 자유를 포기하라고 가르친다(롬 14장; 고전 8장). 심지어 성경은 그리스도가 죽으신 것처럼 우리도 다른 신자들을 위해 목숨을 버리라고 명령한다. 요한은 이렇게 말했다. "그가 우리를 위하여 목숨을 버리셨으니 우리가 이로써 사랑을 알고 우리도 형제들을 위하여 목숨을 버리는 것이 마땅하니라"(요일 3:16).

예수님이 십자가에서 단번에 영원히 드리신 제사는 그것이 의도한 목적에, 즉 죄에 대해 하나님이 내리시는 정당한 형벌을 예수님이 감당하시게 한 목적에 완전히 충분했다. 우리는 다른 사람을 위해서는 물론이고 자신을 위해서도 절대로 속죄할 수 없지만, 다른 사람을 위해 우리의 생명을 내어놓음으로 예수님의 모범을 따를 수 있다. 더구나 우리가 다른 사람들을 위해 기꺼이 죽어야 한다면, 우리는 또한 그들을 위한 더 작은 희생, 즉 그들을 섬기기 위해 우리의 시간과 돈과 안위와 소유를 포기하는 일을 기꺼이 감수해야만 한다.

다른 사람들을 사랑하고 그들을 위해 희생하는 것이 얼마나 중요한지를 말하기란 쉬운 일이다. 그러나 이런 생각들을 실천하기는 어려울 때가 있다. 사람들을 사랑하기 위해서는 종종 우리가 매우 소중하게 생각하는 것을 희생해야 한다. 우리 자신의 안위보다 하나님 나라와 하나님의 의를 더 가치 있게 여기기란 어려운 일이다.

하지만 사실 우리는 이런 희생을 통해 잃는 것보다 더 많은 것을 얻는다. 하나님을 예배할 기회, 이 세상에 하나님의 통치가 확장되는 것을 볼 기회, 나아가 우리 자신을 위해 미래의 상급을 쌓을 기회를 얻는다(마 13:44; 19:21-29; 막 10:21-30; 눅 12:31-32; 14:13-14).

예배

그리스도인으로서 우리는 예수님이 우리를 위해 십자가에서 행하신 일을 생각할 때 예수님을 예배하고자 하는 동기를 부여받는다. 예수님의 이타적인 희생은 당연히 우리 마음을 감동시켜 우리에게 베푸신 크신 사랑에 대해 예수님을 찬양하게 한다. 우리의 마음을 움직여 예수님이 우리를 위해 값 주고 사신 놀라운 구원의 복에 대해 거듭해서 감사드리게 한다. 예수님의 희생은 또한 우리에게 성부 하나님과 성령 하나님을 예배하도록 동기를 부여한다. 예수님의 희생 제사는 성부 하나님의 계획이었으며(요 14:31), 성령 하나님의 능력을 통해 드리신 것이었다(히 9:14). 그러므로 성부 하나님과 성령 하나님은 우리가 예수님께 드리는 것과 동일한 찬양과 예배를 받으시기에 합당하시다.

예수님의 희생은 예배의 동기를 부여하는 것 외에도 예배의 모범 역할을 한다. 바울은 이렇게 말했다. "형제들아 내가 하나님의 모든 자비하심으로 너희를 권하노니 너희 몸을 하나님이 기뻐하시는 거룩한 산 제물로 드리라 이는 너희가 드릴 영적 예배니라"(롬 12:1). 이 구절은 자연스럽게 두 가지 질문을 낳는다. 첫째, 예수님의 십자가 죽음은 예배 행위였는가? 둘째, 어떻게 그것을 우리의 예배의 본보기로 삼을 수 있는가?

예수님의 십자가 죽음은 예배 행위였다. 그 죽음은 구약의 제사가 제시한 예표와 그림자를 성취했기 때문이다. 구약에서 하나님에 대한 예배는 제사가 중심이었으며, 히브리서 9장은 예수님의 제사가 이런 모든 구약의 제사가 가리키는 실체라고 가르친다. 또한 그 본문은 예수님이 죽으심에 있어 수동적이지 않으셨다고 말한다. 오히려 예수님은 능동적으로 자신을 희생하셨다. 예수님은 대제사장으로서 옛 언약이 정한 예배의 규례를 따라 희생 제사 같은 예배 행위로 자신을 하나님께 드리셨다. 이런 이유로 우리의 희생 행위도 예배에 해당한다.

이런 점을 염두에 두면서 우리는 어떻게 예수님의 희생 제사를 우리의 예배의 본보기로 삼을 수 있을까? 우리는 어떤 희생을 드려야 할까? 성경은 하나님이 희생 제사로 여기시는 것으로서 우리가 할 수 있는 많은 일을 보여준다.

우리가 그리스도의 희생을 본받을 수 있는 한 가지 방법은 세상의 행위를 본받지 않고 우리 마음을 그리스도 안에서 새롭게 함으로 새로운 행동 양식으로 나아가는 것이다. 우리는 우리 몸을 죄악 되게 사용하기를 삼가고 하나님을 경외하는 새로운 방식으로 행동해야 한다(롬 12:1-2).

또한 다른 사람을 희생적으로 사랑하는 삶을 삶으로써 그리스도의 희생을 본받을 수 있다(엡 5:1-2). 예수님의 십자가 죽음은 최고의 사랑의 행위였다(요 15:13). 그러므로 우리가 서로에게 자비와 긍휼을 베풀 때 우리의 삶은 그리스도의 사랑의 희생을 닮는다(요일 3:16). 우리가 희생을 통해 하나님을 예배할 수 있는 또 다른 방법은 다른 신자들을 돕기 위해 우리의 자원과 시간을 내주는 것이다(빌 4:18). 바울은 빌립보 성도들이 자기에게 보낸 선물이 하나님께 드리는 예물과 제사였다고 말했다. 이는 그 선물을 위해 빌립보 성도들이 치른 희생이 컸기 때문이었으며, 그 선물이 하나님이 사랑하시는 누군가에게 유익을 주었기 때문이었다.

물론 이런 예들은 그리스도의 희생을 본받음으로 하나님을 예배하도록 명하시는 방법 중 몇 가지일 뿐이다. 성경은 다른 많은 예를 제시하며, 성령은 새로운 방식으로 우리가 자신을 내어줄 수 있게 인도하실 수 있다. 그렇지만 여기에 제시된 예들은 더욱 그리스도를 닮아 가며 하나님을 신실하게 예배하려고 노력하는 우리에게 적당한 출발점이 된다.

화해

신약은 그리스도가 속죄의 희생 제사를 통해 우리를 하나님과 화해시키셨으므로 우리는 우리가 맺은 관계에서 화해를 추구해야 한다고 강조한다. 여기서는 우리의 목적을 위해 몇 가지 광범위한 적용 범주에 국한하여, 그리스도가 하신 일에 대한 우리의 응답이 우리의 삶과 가정, 교회, 사회에서 어떻게 나타나야 하는지를 생각해 보려고 한다.

평화

우리를 하나님과 화해시키실 때 예수님은 우리와 하나님 사이에 평화를 이루신다. 이 화해가 있기 전에는 하나님에 대한 우리의 반역이 우리를 하나님의 원수가 되게 하며(롬 5:10; 엡 2:2), 따라서 우리는 하나님의 심판과 진노를 받아 마땅하다(엡 2:3). 예수님은 우리를 하나님과 화해시키심으로써 이 적대를 끝내신다. 예수님은 하나님의 진노를 가라앉히시고 우리 사이에 평화를 이루신다. 우리는 하나님의 원수가 아니라 하나님이 사랑하시는 자녀가 되며, 하나님 나라의 신실한 시민이 된다(엡 2:4-7). 이것은 우리가 결코 하나님을 두려워하지 않아도 된다는 뜻이다. 우리는 하나님이 우리를 멸하기를 바라신다고 생각할 필요가 전혀 없다. 우리의 생명이 그리스도 안에 감추어져 있으므로, 아버지 하나님과 아들 하나님 사이에 존재하는 평화가 우리와 하나님 사이에도 존재한다. 바울이 우리의 화해에 대해 어떻게 말했는지 생각해 보라. "아버지께서는 모든 충만으로 예수 안에 거하게 하시고 그의 십자가의 피로 화평을 이루사 만물…이 그로 말미암아 자기와 화목하게 되기를 기뻐하심이라 전에 악한 행실로 멀리 떠나 마음으로 원수가 되었던 너희를 이제는 그의 육체의 죽음으로 말미암아 화목하게 하사 너희를 거룩하고 흠 없고 책망할 것이 없는 자로 그 앞에 세우고자 하셨으니"(골 1:19-22).

우리가 하나님과 누리는 평화가 우리의 마음을 움직여서 하나님이 우리에게 베푸신 크신 자비에 대해 하나님을 찬양하고 감사하게 되어야 한다. 그 평화가 동기 부여가 되어 하나님이 우리의 삶에 행하신 위대한 일들을 묵상하며 하나님을 사랑하고 순종할 수 있는 새로운 방법들을 생각하게 되어야 한다. 신자들이 이미 하나님과 누리고 있는 평화, 불신자들도 하나님과 화해하면 누릴 수 있는 그 평화를 우리 주위 사람들에게 상기시켜 권면하려는 마음이 우리에게 생겨야 한다.

하나님과의 평화는 하나님과의 관계를 회복하는 것을 의미한다. 우리는 하나님을 섬기고 사랑하며 순종하고 친밀하게 하나님을 알도록 창조되었는데, 우리의 죄가 이 관계를 단절시켰다. 그런데 구원이 우리를 되돌려 놓고 우리에게 평화와 화해를 가져다주었기에 우리는 지금 하나님과 관계를 맺고 있다. 우리가 죄를 지을 때, 하나님은 여전히 우리를 사랑하시기에 우리가 제 길로 가도록 내버려 두지 않으신다. 하나님은 우리를 다시 잡아끄시고 우리를 징계하신다. 성경은 자녀를 가진 부모의 이미지를 사용한다. 아버지로서 아이들이 자기들에게 해로운 일을 하거나 아버지가 명령한 것을 거부하는 일을 하도록 내버려 둔다면, 이는 아이들을 사랑하지 않거나 돌보지 않는 것이다. 그러므로 우리의 하늘 아버지는 주 예수 그리스도를 통해 우리를 징계하심으로써 우리가 그리스도의 형상을 닮게 하신다. 이는 우리의 유익을 위한 것이다. 만일 우리가 하나님의 징계를 경험하지 못한다면 오히려 그것을 염려해야 한다. 징계는 나쁜 것이 아니라 좋은 것이다. 징계는 자기 자녀에 대한 하나님의 사랑을 보여주는 것이다.

스티븐 J. 웰럼(Stephen J. Wellum)

우리가 하나님과 누리는 평화는 또한 우리가 행동하게 하는 것이어야 한다. 우리는 다른 사람들과 화목해야 한다. 하나님의 평화로운 나라의 복을 도덕적이고 사회적인 정의와 어려운 사람들을 돌아보는 일을 통해 보여주어야 한다. 삶에서 평화와 복을 누리지 못해 마음이 상한 사람들을 위로하고 권고해야 한다.

또한 우리는 우리가 하나님과 누리는 평화가 동기 부여가 되어 위대하신 하나님과 구주를 더 잘 알고 이해해야 한다. 하나님의 말씀은 우리가 하나님을 따라 생각함으로써 우리의 마음이 하나님의 사고방식을 닮아야 한다고 말한다. 하나님이 우리를 세상에 내주실까 염려하지 말고 하나님이 우리를 사랑하시며 돌보신다는 것을 아는 확신을 유지하면서 하나님의 충족하심 가운데서 평화롭게 안식하라고 가르친다.

하나 됨

신약에서 자주 나타나는 주제 중 하나는 하나님을 사랑하는 사람들은 하나님이 사랑하시는 사람들을 사랑한다는 것이다. "하나님을 사랑하는 자는 또한 그 형제를 사랑할지니라"(요일 4:21). 간단히 말해서, 하나님이 어떤 사람과 화해하시면 우리도 그 사람과 화해해야 한다. 이런 이유로 사도 바울은 그의 편지를 읽는 사람들에게, 그들이 하나님께 받은 놀라운 화해의 선물을 인식하고 다른 신자들과 하나 됨을 통해 이 인식을 입증하라고 촉구했다. 바울은 초대 교회의 유대인 신자들과 이방인 신자들 사이에서 때때로 볼 수 있었던 긴장 관계에 그의 이러한 생각을 적용하곤 했다(롬 15:5; 엡 4:3-13). 다음의 예를 생각해 보라. "이제는 전에 멀리 있던 너희가 그리스도 예수 안에서 그리스도의 피로 가까워졌느니라…이는 이 둘[유대인과 이방인]로 자기 안에서 한 새 사람을 지어 화평하게 하시고 또 십자가로 이 둘을 한 몸으로 하나님과 화목하게 하려 하심이라 원수 된 것을 십자가로 소멸하시고"(엡 2:13, 15-16).

현대 교회는 유대인과 이방인 사이의 바른 관계라는 특정한 문제를 마주하고 있지는 않지만, 우리에게도 비슷한 문제가 있다. 우리는 신자들 사이의 인종적, 민족적, 국가적 적대감과 싸우고 있다. 예수님의 화해 사역은 우리가 이런 부분에서 하나 됨을 추구하는 데 도움을 줄 수 있다(고후 5:17-21). 우리는 모두 그리스도와 하나 됨을 통해 하나님과 그리고 서로 간에 화해를 이루었다(요 17:20-23).

이 하나 됨은 지역 교회와 보편 교회 모두에서 우리의 관계를 통해 표현되어야 한다. 이 하나 됨으로 인해 우리는 하나 된 교회라는 하나님의 목표를 소중히 여기고 추구해야 한다. 이는 때로 서로를 구분하는 것들을 제쳐 놓는 것을 의미한다.

사명

예수님이 제사장으로서 행하신 화해의 사역은 교회가 세상에서 화해의 사역을 추구할 의무를 부여한다. 이상하게 생각될 수도 있겠지만, 예수님이 제사장으로서 행하신 화해의 사역은 끝나지 않았다. 예수님의 희생 제사가 화해를 값 주고 샀으며 그것을 보장했지만, 성령은 이 화해를 온 세상에 적용하시는 일을 끝마치지 않으셨다(롬 8:20-25). 그러므로 역사의 이 단계에서 예수님은 교회에 자신의 화해 사역을 진척시키라고 명하셨다. 우리는 예수님의 화해의 사절들이며, 죄인들을 하나님과 화해시키는 복음을 선포하도록 부름을 받았다.

바울이 교회의 사명을 어떻게 묘사하는지 생각해 보라. "모든 것이 하나님께로서 났으며 그가 그리스도로 말미암아 우리를 자기와 화목하게 하시고 또 우리에게 화목하게 하는 직분을 주셨으니 곧 하나님께서 그리스도 안에 계시사 세상을 자기와 화목하게 하시며 그들의 죄를 그들에게 돌리지 아니하시고 화목하게 하는 말씀을 우리에게 부탁하셨느니라 그러므로 우리가 그리스도를 대신하여 사신이 되어 하나님이 우리를 통하여 너희를 권면하시는 것같이 그리스도를 대신하여 간청하노니 너희는 하나님과 화목하라"(고후 5:18-20).

하나님과의 화해를 제안하는 일은 교회가 계속해야 할 중요한 사역이다. 하나님은 그리스도를 통해 우리를 자신과 화해하게 하셨으며, 계속해서 세상을 자신과 화해시키고 계신다. 그러므로 그리스도의 제자인 우리의 책임은 이 메시지를 다른 사람들에게 전함으로 그들도 그리스도를 통해 하나님과 화해할 수 있도록 하는 것이다. 우리는 그리스도의 삶과 죽음, 부활, 승천을 통해 죄인들이 하나님과 화평할 수 있다는 좋은 소식을 전함으로 이 일을 한다.

중재

그리스도의 중재에는 다양한 측면이 있다. 그리스도는 지상 사역 기간에 우리를 위해 기도하시고 우리를 위해 목숨을 바치시는 등 온갖 방식으로 신자를 위해 중보하셨다. 그 이후로도 그리스도는 우리를 위해 계속 기도하시며, 자신의 순종과 죽음과 부활로 우리를 위해 값 주고 사신 구원을 아버지 하나님께 계속 상기시키신다. 따라서 우리가 그리스도의 모범에서 끌어낼 수 있는 실천적인 적용점도 다양하다.

우리 자신을 위한 간구

하나님 오른편 하늘 보좌에 앉으신 예수님은 우리를 위해 날마다 간구하신다(롬 8:34; 히 7:25). 우리가 죄를 지을 때마다 예수님은 우리를 위한 자신의 희생과 아버지 하나님이 약속하신 사죄를 아버지께 상기시키신다. 게다가 아들을 사랑하시고 아들의 희생을 가치 있게 여기시는 아버지는 우리를 위한 아들의 간구에 긍정적으로 응답하신다. 아버지는 그리스도가 드리시는 제사장의 간구를 들으시고 응답하시며, 사죄와 성화와 생명과 다른 모든 구원의 복이 계속 우리에게 적용될 수 있게 하신다. 그리스도의 지속적인 간구에 비추어 볼 때, 우리는 날마다 우리의 필요를 가지고 아버지께 나아갈 수 있다. 우리의 위대한 대제사장이 행하신 일과 행하고 계신 일로 인해 아버지가 우리의 기도를 호의적으로 들어 주신다는 것을 알기 때문이다(엡 3:12; 히 10:19).

예를 들어 히브리서 저자는 이렇게 말했다. "그러므로 우리에게 위대한 대제사장이 계시니 승천하신 이 곧 하나님의 아들 예수시라 우리가 믿는 도리를 굳게 잡을지어다 우리에게 있는 대제사장은 우리의 연약함을 동정하지 못하실 이가 아니요 모든 일에 우리와 똑같이 시험을 받으신 이로되 죄는 없으시니라 그러므로 우리는 긍휼하심을 받고 때를 따라 돕는 은혜를 얻기 위하여 은혜의 보좌 앞에 담대히 나아갈 것이니라"(히 4:14-16). 이 본문이 지적하듯이 예수님은 승천하셨다. 즉 예수님은 우리를 위해 중보하시려고 자신의 피를 가지고 하늘 성소에 들어가셨다. 예수님의 중보로 우리는 하나님이 우리에게 호의를 베푸시며 우리가 기도할 때 긍휼과 은혜를 베푸신다는 것을 확신할 수 있다.

우리는 자기 힘으로 삶의 시련을 마주할 필요가 없다. 사죄나 구원 같은 깊은 것이든 일상의 의식주 같은 일반적인 것이든 우리의 모든 필요를 만물의 창조주께 간구할 수 있다. 우리를 위한 그리스도의 중보의 범위를 벗어날 만큼 작은 필요는 없으며, 그리스도의 희생의 가치가 감당하지 못할 만큼 큰 필요도 없다(롬 8:32). 심지어 직면한 어려움에 압도되어 어떻게 기도해야 할지 모를 때에도 우리는 우리를 위해 기도하시는 성령을 의지할 수 있다(롬 8:26). 어떤 상황이 닥치든지 우리는 용기를 내어 기도에 담대함과 확신을 가지고 우리를 사랑하시는 하늘 아버지께 우리의 모든 필요와 의로운 갈망을 간구해야 한다.

다른 사람들을 대변하는 기도

그리스도의 천상의 중보가 주는 중요한 교훈 가운데 하나는 우리가 기도할 때 다른 사람들을 대변함으로써 그리스도의 모범을 따라야 한다는 것이다. 우리는 다른 사람들에 대한 사랑과 관심이 동기가 되어 그들을 위해 하나님께 아뢰어야 하며, 그들이 어떤 상황을 마주하고 있든지 하나님이 그들에게 긍휼과 사랑을 베풀어 주시기를 간구해야 한다(엡 6:18; 요일 5:16). 물론 이렇게 할 때마다 우리의 대변은 우리를 위한 예수님의 대변과 마찬가지로 그들을 위한 그리스도의 희생에 근거한다.

예수님이 이미 간구하고 계시는데 우리가 굳이 다른 사람들을 위해 기도할 이유가 무엇일까? 가장 큰 이유는 두 단어로 "나를 따르라."이다. 예수님은 이렇게 말씀하신다. "나는 네가 나를 따르기를 원한다. 따라서 너도 다른 사람들을 위해 간구하기를 바란다." 우리의 기도는 영향력이 있다. 성경은 우리의 기도가 영향력이 있다고 가르칠 뿐 아니라, 우리가 기도하지 않아서 이루어지지 않는 일도 있다고 가르친다. 우리는 기도를 믿는가? 그렇다. 왜인가? 예수님이 "나를 따르라."라고 말씀하셨고, 예수님이 기도하셨기 때문이다.
맷 프리드먼(Matt Friedeman)

예수님은 왜 기도하시는가? 나의 필요를 아시며 이해하시기 때문이다. 예수님이 왜 나를 위해 간구하셔야 하는가? 중재 기도의 근저에는 분명 하나님의 마음의 본보기가 있다. 하나님은 우리를 품으시고 짐을 짊어지신다. 주님의 성육신의 삶과 삼위일체의 삶에서 주님의 사랑은 인류의 필요를 받아들이시고 품으신다. 그것이 십자가의 기초이며, 내가 예수님과 동행함의 기초이다. 예수님은 내가 이 사실을 이해하기를 바라신다.
그러나 예수님은 또한 내가 누군가를 내 마음에 품을 기회를 제공하신다. 물론 우리의 모든 필요에 대한 해답은 예수님의 마음에서 발견할 수 있다. 그러나 자기 형상으로 우리를 지으시고 제자가 되도록 우리를 부르신 예수님은 이렇게 말씀하셨다. "나는 너희도 품기를 바란다. 나는 너희가 이스라엘 제사장들처럼 되기를 바란다. 나는 너희가 아론처럼 너희 마음에 품기를 바란다. 내가 그랬던 것처럼 너희의 마음에 세상의 필요를 품기를 바란다." 이처럼 중재 기도는 하나님의 마음을 표현하는 것이다.
빌 유리(Bill Ury)

다른 사람을 대변하는 중재 기도는 삶의 모든 측면에 적용할 수 있다. 예를 들어 우리는 기독교 사역의 성공을 위해 기도하라는 권면을 받는다(롬 15:30; 엡 6:18-20; 골 4:3-4; 살전 5:25; 히 13:19). 또 영적인 위험이나 죄에 빠진 사람들을 위해 기도하라는 가르침을 받는다(요일 5:16). 우리는 다른 사람들을 유혹에서 보호해 주시기를 기도해야 한다(마 6:13; 눅 22:32). 또한 다른 사람들의 건강을 위해 기도하되 하나님이 몸과 마음의 상처를 치유해 주시기를 간구해야 한다.

> 나는 하나님의 주권에 대해 흔들리지 않는 확신이 있다. 나는 예수 그리스도가 바로 지금 나를 위해 그리고 모든 신자를 위해 아버지 보좌 앞에서 간구하고 계신다는 것을 절대적으로 확신한다. 나는 내게 필요한 모든 것이 그리스도 안에 있다는 것을 절대적으로 확신한다. 그렇다면 만일 내가 아는 어려운 사람들을 위해 도움을 구하는 기도를 하지 않는다면 해를 끼치게 될까? 분명히 말하지만, 누군가에게 도움이 필요할 때 이런 질문을 하는 사람은 없다. 나는 의학적으로 생명이 아주 위태로운 심각한 상황에 처한 적이 있다. 나는 믿는 자들의 기도가 중요하다는 것을 알았다. 나를 위해 기도해 주는 그리스도 안의 형제자매들이 내 생명에 중요한 일을 하고 있다는 것을 알았다. 나의 궁극적인 믿음과 신뢰는 주권자이신 하나님과 영광스러우신 그리스도께 있지만, 그리스도에 대한 우리의 신실함은 우리에게 그리스도가 명하시는 일을 하도록 요구하며, 그것은 바로 믿는 자들을 위해 기도하는 것을 의미한다. 나는 그 일이 중요한 한 가지 이유를 알고 있다. 내가 아는 어려운 이들을 위해 기도할 때, 나는 훨씬 더 신실한 그리스도인이 된다.
>
> **R. 앨버트 몰러 2세**(R. Albert Mohler, Jr.)

이와 관련하여 야고보의 교훈을 생각해 보라. "너희 중에 병든 자가 있느냐 그는 교회의 장로들을 청할 것이요 그들은 주의 이름으로 기름을 바르며 그를 위하여 기도할지니라 믿음의 기도는 병든 자를 구원하리니 주께서 그를 일으키시리라 혹시 죄를 범하였을지라도 사하심을 받으리라 그러므로 너희 죄를 서로 고백하며 병이 낫기를 위하여 서로 기도하라 의인의 간구는 역사하는 힘이 큼이니라"(약 5:14-16). 야고보는 우리가 주님의 이름으로 다른 사람들을 위해 간구할 때, 즉 그들이 주님께 속했다는 사실을 주님께 상기시키면서 그들을 위해 기도할 때 주님이 우리가 대변하는 것을 호의적으로 받아들이시며 우리의 간청을 들어 주신다고 가르쳤다. 그러므로 우리는 이 특권을 최대한 활용하여 도움이 필요한 사람들을 꾸준히 대변해야 한다.

우리는 일상생활의 문제에 대해 다른 사람들을 대변해야 한다. 예를 들어 우리 자신을 위해 양식을 간구하듯이 하나님께 다른 사람들의 일상적인 필요도 채워 주시기를 간청하면서 그들을 대변해야 한다. 우리는 하나님이 그분의 백성에게 건강과 일자리, 성공적인 관계 등을 포함하여 모든 복을 주시기를 간청해야 한다. 우리는 우리 삶에서 어떤 상황이 마음을 짓누를 때마다 하나님께 도움을 호소해야 한다. 마찬가지로 다른 사람들의 필요를 위해 기도하고자 하는 마음을 가져야 한다. 심지어 전혀 만나 본 적이 없는 사람들을 위해서도 그래야 한다(엡 1:15-19; 골 1:3-8).

사람들은 종종 기도의 신비에 대해 궁금해한다. 하나님이 이미 모든 것을 아시고 예수님이 이미 간구하고 계신다면, 우리는 왜 기도해야 할까? 우리가 세상과 다른 사람들을 위해 간구하지 않으면, 어떤 일이 이루어지지 않거나 어떤 것을 해치게 될까? 대답은 "그렇다."이다.
첫째, 우리가 다른 사람들을 위해 간구하지 않으면 우리는 하나님께 불순종하는 것이다. 하나님이 우리에게 기도하라고 명령하셨기 때문이다. 우리는 기도가 어떻게 효력을 발휘하는가 하는 신비를 이해할 필요가 없다. 하나님이 우리에게 기도하라고 명령하셨기에, 하나님을 신뢰하고 사랑한다면 우리는 기도할 것이다.
둘째, 하나님은 우리에게 기도하라고 명령하셨을 뿐 아니라, 이 모든 신비 가운데 하나로 성도의 기도를 예수님의 중보 기도 자체에 포함시키신다. 나는 하나님께 태워서 올려 드리는 향을 성도의 기도로 묘사하는 요한계시록의 이미지에 충격을 받았다. 하나님은 우리가 하나님이 세상에서 하고 계신 일에 참여하기를 원하신다는 점에서 볼 때, 우리가 기도하지 않는 것은 우리와 하나님과의 관계를 해치는 것과 같다. 하나님은 우리가 하나님과 더 깊고 풍성한 관계를 맺도록 부르시는데, 이 관계 속에서 우리는 자신을 (바울이 자신과 다른 사람들을 묘사하듯이) 하나님의 구속 사역의 동역자로 보며 우리의 중재 기도를 통해 거기에 참여한다.
셋째, 이것은 가장 큰 신비인데, 하나님은 외면의 작용을 통해서가 아니라 내면에서 역사하는 하나님의 은혜의 능력을 통해 세상을 구원하겠다고 결정하셨다. 예수님과 함께 간구할 때, 하나님이 원하지 않으시는 어떤 일을 하시도록 설득하려 한다거나 예수님의 기도에 무

> 언가를 덧붙인다고 생각하지 않아야 한다. 우리는 기도를 통해 세상이나 다른 사람들을 하나님이 그들에게 원하시는 자리로 데려가거나 이끌어서 하나님이 그들에게 복과 은혜를 부어 주실 수 있도록 하는 것이다. 우리는 세상이나 다른 사람들을 위한 우리의 간구를 이렇게 생각해야 한다. 그러므로 하나님의 신비한 계획으로는 우리가 기도하지 않으면 무언가가 부족하다. 하나님이 구속받은 자녀들을 피조계에 내버려 두신 이유는 그들이 최종 구원을 기다릴 뿐만 아니라 사역을 하게 하시려는 것이다. 하나님은 우리가 기도를 통해 세상과 다른 사람들을 이끌어서 하나님이 그들을 구원하실 수 있는 자리로 인도하게 하셨다.
>
> **스티브 블레이크모어**(Steve Blakemore)

예수님은 성경적인 제사장직의 궁극적인 성취이시다. 예수님은 우리의 위대한 대제사장으로서 우리가 하나님의 거룩한 임재 가운데 살며 놀라운 방식으로 하나님의 복을 누리도록 준비시키신다. 이러한 복 가운데 일부는 미래의 것이지만, 전부 그런 것은 아니다. 예수 그리스도의 희생과 중보를 통해 아버지 하나님은 우리가 지금 이 세상에서 영생을 맛볼 수 있게 하신다. 그리스도의 제자들은 예수님의 제사장 사역을 기뻐해야 하며, 예수님이 새 하늘과 새 땅에서 하나님의 특별한 임재 가운데로 우리를 맞아들이실 날을 고대해야 한다.

The Life
and Work
of Jesus

복습 문제

1. 예수님이 십자가에서 드리신 희생 제사에서 우리는 어떤 실제적인 적용을 이끌어 낼 수 있는가?
2. 예수님의 제사장적 화해는 오늘 우리의 삶에 어떤 영향을 미치는가?
3. 예수님의 제사장적 중보로 인해 우리가 할 수 있는 일은 무엇이며, 예수님의 사역에 비추어 우리가 다른 사람들에게 행해야 할 의무는 무엇인지 설명하라.

토론 문제

1. 당신은 무엇을 또는 누구를 가장 자주 신뢰하는가? 우리가 그리스도만을 신뢰한다는 것은 무엇을 의미하는가?
2. 당신은 현재의 사역과 상황에서 어떻게 그리스도를 신실하게 섬기고 있는가?
3. 하나님과 화평을 누리고 있다는 사실을 아는 우리는 삶의 시련과 고난에 어떻게 반응해야 하는가?
4. 다른 사람들을 위해 기도하는 일은 당신에게 얼마나 중요하고 유익이 되는가?

참고 도서

Frame, John M. *The Doctrine of the Christian Life*. Phillipsburg, NJ: P&R Publishing, 2008.

Grudem, Wayne. *Systematic Theology: An Introduction to Biblical Doctrine*. Grand Rapids: Zondervan, 1994.

Milligan, William. *The Ascension and Heavenly Priesthood of Our Lord*. London, 1892.

Ridderbos, Herman N. *The Coming of the Kingdom*. Philadelphia: Presbyterian and Reformed, 1962.

14장 퀴즈

4부 테스트

5부

왕

인류의 역사는 종종 강력한 왕들의 통치를 따라 기록된다. 우리 중 많은 이들이 세계의 큰 부분을 다스렸던 왕들에 대해 들어 보았을 것이다. 그들 중 일부는 수많은 적들을 정복하여 그들의 제국이 땅끝까지 뻗어 있는 것처럼 보이기도 했다. 이러한 왕들에게는 적어도 한 가지 공통점이 있는데, 그들이 결국 사라졌다는 것이다. 그들은 죽었다. 그들은 더 이상 다스리지 않으며, 그들의 막강한 군대는 사라졌고, 그들의 권력은 소멸했다. 이 법칙의 예외는 오직 하나뿐이다. 예수님은 그 권력이 절대 쇠하지 않고 그 나라가 절대 끝나지 않을 유일한 왕이시다.

15

구약의 왕들

주요 용어와 개념

다윗 언약(Davidic covenant)   다윗의 자손(son of David)
모세 율법(law of Moses)   봉신(vassal)
신실(faithfulness)   왕(king)
유다(Judah)   자비(mercy)
정의(justice)   종주(suzerain)

그리스 철학자 플라톤(Platon)은 그의 저서 『국가』(The Republic)에서, 가능한 모든 정치 체제 중 가장 좋은 체제는 철학자 왕이 다스리는 것이라고 주장했다. 플라톤의 견해에 따르면, 부나 권력이 아닌 지혜를 참으로 사랑하는 왕은 나라를 말할 수 없는 유익으로 이끌어 갈 것이다. 이와 유사하게 성경은 이스라엘과 유다의 왕이 하나님을 경외하며 하나님의 교훈을 따랐을 때 하나님의 복 주심 아래 나라가 번성했음을 보여준다. 그 반대로 왕이 하나님을 거역했을 때는 온 나라가 하나님의 심판을 받았다. 이런 의미에서 이스라엘 왕은 하나님의 지상 왕국의 안녕에 중심 역할을 했다.

성경의 관점에 따르면, 왕은 하나님이 자신을 대신하여 하나님 나라의 지상 영역을 다스리도록 세우신 인간이다. 하나님은 언제나 모든 피조물의 궁극적인 통치자이셨고 앞으로도 그러실 것이다. 그렇지만 성경 역사를 통해 하나님은 인간을 자신의 종인 왕으로 임명하셨다. 이 인간 왕은 하나님의 허락을 받아 다스리며, 하나님 나라를 위한 그분의 목적과 목표를 추진한다.

구약의 이스라엘과 유다에는 왕이라고 불릴 수 있는 많은 통치자가 있었지만, 신약은 예수님이 그들 모두보다 뛰어나시다고 가르친다. 그러나 우리는 구약에서 예수님의 왕직의 배경을 탐구함으로써 예수님의 최고의 왕직에 대해 많은 것을 배울 수 있다.

왕의 자격

구약에서 하나님은 이상적인 왕의 자격을 두 단계로 보여주셨다. 이스라엘에 왕이 있기도 전에 하나님은 모세 율법에 왕직의 여러 기준을 제정해 놓으셨다. 훗날 왕정이 자리를 잡은 후 하나님이 다윗과 맺으신 언약은 오직 다윗 왕조만이 하나님의 백성을 다스릴 권리를 갖게 될 것이라고 약속했다.

모세 율법

모세는 약속의 땅에 들어가 그 땅을 정복하기 위해 이스라엘 민족을 준비시키면서, 하나님이 언젠가는 그들 위에 왕을 세우실 것이라고 설명하고 하나님이 임명하실 왕을 위한 지침을 정해 주었다. "네가…그 땅[약속의 땅]을 차지하고 거주할 때에…네 하나님 여호와께서 택하신 자를 네 위에 왕으로 세울 것이며…네 형제 중에서 한 사람을 할 것이요…그는 병마를 많이 두지 말 것이요 병마를 많이 얻으려고 그 백성을 애굽으로 돌아가게 하지 말 것이니…그에게 아내를 많이 두어 그의 마음이 미혹되게 하지 말 것이며 자기를 위하여 은금을 많이 쌓지 말 것이니라…그가…이 율법서의 등사본을…기록하여 평생에 자기 옆에 두고 읽어 그의 하나님 여호와 경외하기를 배우며 이 율법의 모든 말과 이 규례를 지켜 행할 것이라"(신 17:14-19).

모세는 왕의 자격에 대해 네 가지 원칙을 열거했다. 첫째, 모세는 이스라엘 왕이 하나님의 선택을 받아야 한다고 말했다. 백성은 하나님이 요구하시는 대로 그들을 인도할 왕을 선택할 자격이 없었다. 백성은 또한 하나님이 위임하시는 권한을 어떤 사람에게 부여할 권리도 없었다. 오직 하나님만이 자신의 권한을 위임하실 수 있으며, 하나님이 선택하시는 사람에게만 그 권한을 주실 것이다.

> 구약, 특히 구약 처음에 나오는 다섯 권의 책 모세 오경은 이미 왕의 출현을 예기하고 있다. 특히 신명기 17장에는 왕이 있기도 훨씬 전에 왕이 어떠해야 하며 어떤 일을 해야 하는지 명시한 지침이 있다. 이유가 무엇일까?
> 이런 본문들은 하나님의 계획에 비추어서 봐야 한다. 아담에게로 거슬러 올라가 보자. 아담은 선지자와 제사장과 왕의 역할을 한다. 그런데 이 땅에 대한 아담의 지배권, 즉 아담의 통치와 왕권은 어떤 의미에서 상실되었다. 그것은 아브라함 언약을 통해 이스라엘 민족에게서 속개된다. 창세기 17장에서도 하나님은 아브라함의 혈통에서 왕들이 나올 것을 약속하신다. 이런 약속들은 이스라엘에게서, 특히 이스라엘의 왕들에게서 실현되기 시작한다. 구약의 왕직은 아주 오래전에 선포되었지만, 다윗 계보의 왕들을 통해 임할 회복과 더 나아가 주 예수 그리스도의 오심을 예기하게 한다. 그리스도는 다윗의 역할, 이스라엘의 역할, 궁극적으로는 아담의 역할을 성취하시고 우리를 본래대로 회복시키신다. 이런 의미에서 구약에 나타나는 왕에 대한 구절들은 하나님의 계획이 펼쳐짐에 따라 우리가 더 많은 것을 예기하게 한다. 즉 어떤 일이 일어날 것이며 메시아 왕이 어떻게 그런 역할들을 성취할 것인지 설명하는 메시아 주제로 우리를 이끌어 간다. 모세가 왕이 있기도 전에 왕직을 설명하는 이유가 이 때문이다.
>
> **스티븐 J. 웰럼** (Stephen J. Wellum)

둘째, 왕은 이스라엘 사람이어야 했다. 즉 왕은 하나님이 택하신 민족 출신이어야 했다. 이것은 하나님이 아브라함과 맺으신 언약, 즉 아브라함의 후손이 백성의 왕이 될 것이라고 하신 맹세를 성취하기 위함이었다(창 17:1-8).

셋째, 왕은 평화와 번영을 확보하기 위해 인간의 전략이 아니라 하나님을 의지해야 했다. 모세는 미래의 이스라엘 왕들이 하나님만 의지하도록 네 가지 제한 규정을 두었다. 말을 많이 두지 말라는 명령은 말이 왕의 군대에 중요했기 때문일 것이다. 왕은 나라의 안전을 위해 인간의 힘이 아닌 하나님의 힘을 의지해야 했다. 애굽(이집트)으로 돌아가지 말라는 금령은 보호와 공급을 위해 더 큰 제국에게 복종하지 말고 하나님께 복종하며 의지하라는 것이었다. 아내를 많이 두지 말라는 금지는 아마도 정략 결혼을 통해 구축된 정치적 동맹에 특별히 적용되었을 것이다. 이런 결혼은 문제가 많았는데, 이는 단지 이스라엘이 하나님보다 이방 나라들을 의존하도록 만들었기 때문만이 아니었다. 이방인 아내들이 이방 신들을 섬기면서 왕도 그렇게 하도록 유혹할 가능성이 있었기 때문이었다(왕상 11:1-10). 금과 은을 많이 축적하지 말라는 명령은 아마도 부당한 과세를 가리켰을 것이다. 왕이 부자가 되는 것은 잘못된 일이 아니었다. 그러나 왕이 하나님의 백성을 압제하여 부자가 되는 것은 죄악이었다(렘 22:13-17). 전체적으로 이런 제한 규정들은 왕에게 통치의 성공과 나라의 안전을 위해 하나님을 의지하라고 명령하는 것이었다.

넷째, 왕은 하나님의 율법을 받고 베끼며 묵상함으로 하나님에 대한 언약적 충성을 나타내 보여야 했다. 이런 행위들은 개인적인 경건과 적절한 겸손, 신실한 통치를 장려하기 위한 것이었다.

> 이스라엘과 유다의 왕들은 하나님의 백성을 대표했다. 따라서 하나님의 지상 대표이자 하나님 백성의 대표로서 여러 면에서 신성한 상징의 면모를 지녔다. 이 특별한 이중적인 신분은 하나님이 왕에게 어떻게 반응하시는가 그리고 궁극적으로 그것이 나라 전체에 어떤 영향을 미쳤는가에 있어 중요한 것이었다. 왕국이 이스라엘과 유다로 나뉘었을 때 이스라엘에는 선한 왕이 없었다. 이스라엘 왕들은 모두 악했으며, 이스라엘은 주전 722년에 멸망했다. 그러나 유다에서는 상황이 오락가락했다. 선한 왕이 여호와가 보시기에 바르게 행하면, 그다음에는 악한 왕이 여호와가 보시기에 악을 행했다. 악한 왕들이 여호와가 보시기에 악을 행했을 때는 심각한 영향이 있었다. 이때는 하나님의 심판을 알리는 신적인 경고가 왕과 백성에게 전해졌다. 왕의 신분과 백성이 따르는 방식 사이에는 유기적인 관계가 있었던 것으로 보인다. 왕이 제단들을 세우고 이방 신들을 숭배하면 백성도 그랬으며, 반대의 경우도 마찬가지였다. 요시야왕의 경우처럼 개혁이 있었을 때는 백성이 하나님과 율법에 반응하는 방식에 국가적으로 큰 반향이 일어났다. 그러므로 왕은 하나님께 백성을 대표하고 백성에게 하나님을 대표하는 중요한 역할을 했다.
>
> **마크 지닐리어트** (Mark Gignilliat)

다윗 언약

하나님은 이스라엘의 두 번째 왕인 다윗과 맺으신 언약에서 왕직에 대해 추가적인 자격을 정하셨다(삼하 7:8-16; 시 89장; 132장). 이 언약은 다윗의 자손을 이스라엘의 영원한 왕조로 정하신 것이었다.

하나님은 다윗의 자손이 다스리고 이스라엘이 왕조가 계승되는 안정을 누릴 것을 보장하심으로써 다윗과 이스라엘에게 큰 자비를 베푸셨다. "내가 너를 목장 곧 양을 따르는 데에서 데려다가 내 백성 이스라엘의 주권자로 삼고…땅에서 위대한 자들의 이름같이 네 이름을 위대하게 만들어 주리라 내가 또 내 백성 이스라엘을 위하여 한 곳을 정하여…너를 모든 원수에게서 벗어나 편히 쉬게 하리라…내가 네 몸에서 날 네 씨를 네 뒤에 세워 그의 나라를 견고하게 하리라…네 집과 네 나라가 내 앞에서 영원히 보전되고 네 왕위가 영원히 견고하리라"(삼하 7:8-12, 16).

다윗 언약에 따르면 하나님의 백성은 다윗의 자손이 이끌어야 했다. 이때부터 다윗 가문만이 나라 전체를 다스릴 특권을 주장할 수 있었다. 일찍이 창세기에서 하나님은 유다 지파에 왕권을 부여하셨다. 야곱의 축복은 규가 유다를 떠나지 않는다는 것이었다(창 49:10). 다윗이 유다 지파였으므로 다윗에게 하신 하나님의 약속은 이 축복의 성취였다.

하나님은 결국 유다 지파 왕들만이 이스라엘을 다스리기를 언제나 의도하고 계셨다. 다윗과 맺으신 언약에서 하나님은 이 약속을 좁혀 이스라엘의 왕권이 다윗의 혈통을 통해 영원히 이어질 것이라고 말씀하셨다. 다윗 가문의 사람이 아니라면 이스라엘에서 누구도 합법적으로 왕권을 주장할 수 없었다. 그러므로 복음서 저자들은 예수님이 하나님의 부르심을 받으셨을 뿐만 아니라 다윗의 왕좌에 앉을 합법적인 자격을 지닌 다윗의 직계 후손이시라는 것을 증명하는 것이 중요했다.

왕의 역할

구약에서 이스라엘 왕은 주로 하나님의 율법을 시행하고 집행함으로써 하나님의 백성을 다스리도록 부르심을 받았다. 고대 근동의 강력한 황제나 종주들은 약한 나라들을 정복하고 통제하여 그들을 종이나 봉신으로 삼는 것이 일반적이었다. 이 종주들은 보통 봉신 국가가 종주의 법에 복종하도록 요구하는 조약이나 계약을 통해 봉신과의 관계를 관리했다. 이스라엘과 하나님의 관계도 마찬가지였다. 나라 전체가 하나님의 언약에 순종할 책임이 있었으며, 왕은 이스라엘이 그렇게 하도록 보장해야 했다.

왕은 여러 방법으로 백성에게 하나님의 언약법에 대한 책임을 물었다. 그러나 구약이 왕에 대해 말하는 내용을 살펴보면 그들이 예수님이 율법의 더 중요한 것들이라고 하신 것에, 즉 정의와 자비와 신실에 초점을 맞추어야 했음을 알게 된다(마 23:23).

정의

왕의 책임이라는 맥락에서 정의는 하나님의 율법에 따라 모든 사람에게 합당한 판결을 내리는 것이라고 규정할 수 있다. 이스라엘과 유다의 왕은 적어도 두 가지 차원에서 하나님의 정의를 시행해야 했다. 첫째, 자기 나라와 다른 나라 사이에서 국제적으로. 둘째, 자기 나라 안에서 국내적으로.

왕은 국제적인 차원으로 다른 나라와의 사이에서 여러 가지로 정의를 유지했다. 왕은 다른 나라들과 평화롭게 협상했으며(왕상 5:1-2), 악한 나라들을 징벌했다(삼상 14:47-48; 삼하 8:1-13). 왕은 이스라엘이 공격을 받을 때 나라를 방어했다(삼하 5:17-25; 왕하 19장).

시편 2편에서 여호와가 하시는 말씀은 이스라엘과 유다의 왕들이 그들과 여호와께 반역한 나라에 시행할 공의를 요약한 것이다. "내가 나의 왕을 내 거룩한 산 시온에 세웠다 하시리로다…여호와께서 내게 이르시되 너는 내 아들이라 오늘 내가 너를 낳았도다 내게 구하라 내가 이방 나라를 네 유업으로 주리니 네 소유가 땅끝까지 이르리로다 네가 철장으로 그들을 깨뜨림이여 질그릇같이 부수리라 하시도다 그런즉 군왕들아 너희는 지혜를 얻으며 세상의 재판관들아 너희는 교훈을 받을지어다 여호와를 경외함으로 섬기고 떨며 즐거워할지어다 그의 아들에게 입맞추라 그렇지 아니하면 진노하심으로 너희가 길에서 망하리니 그의 진노가 급하심이라 여호와께 피하는 모든 사람은 다 복이 있도다"(시 2:6-12).

> 국민이나 통치자로서 우리는 안전한 길과 죄악된 길 가운데 선택할 수 있는 권리와 자유와 의지를 갖고 있다. 그런데 마침내 예수님이 오시면 하나님의 심판이 우리 모두에게 임할 것이며, 예수님은 모든 일을 바로잡으실 것이다.
> 그때까지는 우리가 하나님 나라에 속한 개인으로서 그리고 지상에 있는 하늘나라 시민으로서 살아야 할 사명이 있다. 당분간은 우리가 여전히 죄악된 세상, 망가진 세상, 하나님의 심판 아래 있는 세상, 잔인함과 가난과 무지와 타락이 여전히 존재하는 세상에 산다는 것을 알고, 정의와 평등을 실천하며, 다른 사람들을 존중하고, 약자를 존중하며, 불의한 자들을 공정하게 대하고, 정의를 이루기 위해 노력해야 한다. 우리는 빛을 비추는 촛불과 같다. 즉 우리는 불의한 자를 마음에 두고 계시는 사랑의 하나님이 하늘에 계신다는 것을 다른 사람들에게 상기시킨다. 이 땅에서 잔인함과 타락과 무지가 아무리 오래 간다 해도, 마침내 모든 것을 바로잡으실 하나님이 계시기에 거기에는 정한 시간이 있다는 것을 상기시킨다.
> **조너선 쿠탑**(Jonathan Kuttab)

이 구절들은 종주를 아버지로, 봉신 왕을 아들로 지칭하는 고대 근동의 관습을 따르고 있다. 이 경우 하나님이 종주이시고 다윗 계보의 왕은 아들이었다. 세상에 대한 하나님의 계획은 열방이 다윗 계보의 왕을 섬기고 순종하는 것이었다. 열방은 다윗 계보의 왕을 경외하며 공경해야 했는데, 이는 그가 세상에서 정의를 시행하는 하나님의 도구였기 때문이다.

왕은 또한 이스라엘과 유다에서 국내적으로 하나님의 정의를 시행할 책임이 있었다. 왕은 하나님의 율법에 순종하여 하나님의 특별한 백성을 통솔함으로 이 일을 했다. 이 통솔은 약자에게 복지와 보호를 제공하고(잠 29:14), 악한 자들을 옹호하며(삼하 4:9-12), 범죄자들을 심판하고(왕하 14:5), 시민의 발전과 번영을 위해 안정을 확립하는(시 72편) 일 등을 포함했다. 또한 왕이 부자나 가난한 자, 힘 있는 자나 약자를 편애하여 정의를 왜곡하는 일은 명백히 금지되었다(레 19:15; 사 11:1-5).

자비

자비는 피조물에 대한 하나님의 동정심을 닮는 것이다(시 40:11; 103:8; 욘 4:2). 하나님은 피조물이 죄를 지었을 때 종종 관대하게 대하시는데, 이는 그들의 연약함을 이해하시고 그들을 사랑하시기 때문이다. 하나님은 피조물의 삶에 좋은 것들을 주시고 고난에서 구원해 주신다. 이는 순전히 그분이 자신이 지으신 것을 자애롭게 대하는 것으로 기쁨을 누리시기 때문이다. 하나님은 이스라엘과 유다 왕들에게 다른 나라와의 국제적인 관계에서뿐 아니라 특히 자기 나라 백성을 대할 때 자비를 베풀 것을 요구하셨다.

국제적인 차원에서 왕은 이스라엘의 하나님께 복종하는 나라들과 백성들에게 자비를 베풀어야 했다. 예를 들어 이스라엘의 적 가운데 한 왕의 봉신들이 다윗과 화친했을 때 다윗은 그들에게 자비를 베풀었다(삼하 10:19). 다윗은 또한 암몬 왕에게 동정심을 보였다(삼하 10:1-2). 더욱이 구약의 선지자들은 이방 나라들이 마침내 예루살렘에 복종할 것이라고 예언했다. 이방 나라들은 하나님 나라의 수도 예루살렘에 공물을 바칠 것이며, 예루살렘을 다스리는 인간 왕에게서 자비와 보호를 받을 것이다(사 60:1-22; 66:18-23; 미 4:1-8; 습 2:11).

물론 앞서 정의에 대한 논의에서 보았듯이, 하나님은 왕이 언제나 자비를 베풀기를 바라지는 않으셨다. 때때로 하나님은 왕에게 악한 나라들을 긍휼히 여기지 말라고 요구하셨다. 예를 들어 하나님은 다윗에게 블레셋을 멸하라고 명령하셨으며, 다윗은 블레셋에 자비를 베풀지 않았다(삼하 5:17-25). 그들의 악은 너무나 커서 용서받을 수 없었다. 그러므로 하나님이 자비를 베풀게 하시는 때와 그렇지 않은 때를 분별하는 것도 왕의 책임에 속했다.

> 자비는 구약의 율법 전체에 걸쳐 나타난다. 율법은 나쁜 것이라는 편견을 극복하고 율법을 하나님의 인애의 도구로 읽으면, 우리는 어디에서나 자비를 발견하기 시작할 것이다. 십계명을 출발점으로 삼아도 마찬가지다.
> 예를 들어 안식일을 거룩하게 지키라는 넷째 계명 같은 율법을 보자. 주일 또는 안식일에 우리가 쉬어야 할 뿐 아니라 우리 집의 종들, 가축들, 우리가 소유하는 모든 것도 쉬도록 해야 한다는 것을 알기 위해서는 넷째 계명의 첫 부분 이하를 읽어야 한다. 현대 사회에서 하나님을 경외하는 사업가들은 자기 직원에게 자비를 베풀어야 하며, 그들을 이용하거나 소모할 자원으로 대하지 말고 사람으로 대해야 한다. 사업주는 하나님이 그들에게 맡기신 사람들에 대한 청지기가 되어야 한다. 이는 하나님의 자비로운 안배이다.
> 구약이 설명하는 많은 율법들은 자비를 보여준다. 신명기에는 가난한 사람이 가져다가 먹을 수 있도록 밭모퉁이에 이삭을 남겨 놓으라는 명령이 있다. 또 다른 구약의 명령은 동족에게 이자를 받지 말라고 한다. 고대 세계에는 자본주의 투자 경제가 없었기 때문에 이자 부과가 종종 사람들을 학대하거나 이용하는 방법이 되곤 했다. 따라서 이자 부과는 관대함의 대체 수단이 되곤 했다. 만일 누군가가 가난한 이스라엘 동족을 이용한다면 그는 부유해질 수 있지만 다른 사람을 탈취하는 게 될 수 있었다. 이 명령은 그렇게 하지 말라고 말한다. 오히려 관대함을 베풀어 가난한 사람들에게 이자를 받지 말고 빌려주어야 한다. 우리는 또한 회복에 대한 율법들도 볼 수 있다. 7년마다 종을 해방시키는 법, 불행한 일로 땅을 빼앗겼던 사람들에게 그 땅을 돌려주는 희년법이다. 하나님은 자기 백성에게 자비로우시며, 따라서 그들에게 하나님의 성품을 반영하라고 구약의 율법을 통해 명령하셨다.
>
> **마이클 J. 글로도**(Michael J. Glodo)

왕은 또한 자기 나라 안에서 자비를 베풀어 하나님의 율법을 집행할 책임이 있었다. 왕은 하나님의 봉신이었으므로 하나님이 원하시는 대로 하나님의 백성을 대해야 했다. 하나님은 율법에서 요구하는 제사보다 하나님의 백성이 자비를 베푸는 것을 더 원하셨다(호 6:6). 이것은 하나님의 율법이 중요하지 않아서가 아니었다. 반대로 율법이 강조하는 가장 중요한 점 가운데 하나가 자비였기 때문이다. 이런 이유로 이상적인 왕은 하나님의 돌보심의 본을 따르는 자비로운 사람이었다. 다윗은 자신에게 복종하는 적들에게 자비를 베풂으로써 이 일에 모범을 보였다(삼하 19:18-23).

신실

신실은 진심 어린 신뢰와 순종을 통해 입증되는 하나님에 대한 충성이라고 정의할 수 있다. 신실은 하나님이 그분이 말씀하신 그대로라고 믿는 것, 다른 신들이 아니라 하나님을 충성스럽게 섬기는 것, 하나님께 사랑의 순종을 드리는 것을 포함한다. 정의 및 자비와 마찬가지로, 이스라엘과 유다의 왕들은 국제적으로나 국내적으로나 신실을 고취할 의무가 있었다.

국제 무대에서 왕은 하나님의 백성을 하나님께 충성하도록 이끌어서 주변 나라들이 우상 숭배와 죄를 회개하고 하나님을 섬기게 해야 했다. 솔로몬이 성전을 봉헌할 때 드린 기도에서 보듯이, 왕은 특히 신실한 예배를 확립함으로써 이 역할을 이행했다(왕상 8:41-43). 왕은 열방을 가르치고 훈육할 세계적인 책임이 있었다(시 72:8-11; 슥 8:20-23).

왕은 하나님에 대한 신실을 국제적으로 고취하는 것과 더불어 국내적인 차원에서도 신실을 장려해야 했다. 왕은 특히 예배에 있어 정결함을 보장하고 제공함으로써 자기 백성의 신실을 고취해야 했다. 선한 왕은 예배를 위한 자원과 계획을 마련하고, 인력을 조직화하며, 성전 유지를 위한 정책을 지시하고, 종종 공적 의식에서 중요한 역할을 했다(대상 15장; 16장; 23-28장).

신실의 고취에 대한 왕의 헌신은 나라에 심대한 영향을 끼쳤다. 왕은 하나님 앞에서 나라의 대표였기 때문에, 신실한 왕이 통솔할 때 백성은 종종 증대된 복을 누렸으며 신실하지 않은 왕 아래에서는 증대된 심판을 당했다. 하나님은 신실한 왕에게 번영과 함께 나라의 경계가 물리적으로 확장되는 복을 주셨다. 신실하지 않은 왕은 심판을 당했으며, 그들이 다스리는 백성도 종종 마찬가지였다. 실제로 열왕기상은 유다가 바벨론(신바빌로니아)에 포로로 끌려간 일의 책임이 부분적으로 왕들에게 있다고 말한다. 하나님은 솔로몬에게 이렇게 말씀하셨다. "만일 너희나 너희의 자손이 아주 돌아서서 나를 따르지 아니하며 내가 너희 앞에 둔 나의 계명과 법도를 지키지 아니하고 가서 다른 신을 섬겨 그것을 경배하면 내가 이스라엘을 내가 그들에게 준 땅에서 끊어 버릴 것이요 내 이름을 위하여 내가 거룩하게 구별한 이 성전이라도 내 앞에서 던져 버리리니 이스라엘은 모든 민족 가운데에서 속담거리와 이야기거리가 될 것이며"(왕상 9:6-7).

애석하게도 구약의 어떤 왕도 하나님께 완전하게 신실하지 않았다. 실제로 많은 왕이 백성을 우상 숭배에 빠지게 함으로써 노골적으로 하나님께 반역했다. 그 결과 그들은 하나님의 저주라는 심각한 결말을 맞았다. 하지만 성전이 방치되거나 백성이 우상 숭배에 빠졌더라도, 히스기야(왕하 18:1-8)나 요시야(왕하 22:1-23:25) 같은 신실한 왕이 종종 나라의 예배를 개혁하고 회복시킬 수 있었다. 이들의 개혁 노력은 하나님의 백성 가운데 신실함을 장려하고 산출했으며, 그들이 통치하는 동안 하나님이 나라에 복을 베푸시도록 만들었다.

미래의 왕들에 대한 기대

구약은 미래의 왕들에 대한 기대, 특히 땅 위에 하나님 나라를 세우려는 하나님의 목표를 성취할 것으로 예언된 특별한 메시아 왕에 대한 많은 기대를 확립했다. 물론 신약은 이 메시아 왕이 예수님이라고 밝힌다.

역사적 발전

이스라엘과 유다의 역사 각 단계에서 하나님은 메시아의 미래 왕권에 대한 중요한 생각들을 밝히셨다. 그 과정에서 성경은 하나님이 전에 어떤 말씀을 하셨는지 확언하고 새로운 세부 사항과 구체성을 더해 그것을 확장했다.

왕정 이전 시대. 그리스도인들은 흔히 이런 식으로 생각하지 않지만, 인간의 왕권은 왕이 있기 훨씬 전, 심지어 국가가 존재하기 전에도 하나님의 계획에서 중요한 역할을 했다. 세상을 창조하셨을 때 하나님은 아담과 하와를 에덴동산에 두어 하나님의 봉신 왕으로서 땅과 모든 피조물을 다스리게 하셨다. 하나님은 우리를 자기 형상대로 만드시는 것이 자신의 계획이라고 말씀하셨을 때 인류가 이런 역할을 하게 될 것을 내비치셨다(창 1:26-27).

구약 시대에는 '신의 형상', '신들의 모양', '신의 아들' 같은 말이 일반적으로 왕과 황제를 가리키는 데 사용되었다. 이 용어는 왕이 신의 지상 대리자나 부왕(副王)이라는 신념을 나타냈다. 왕의 일은 자기 신의 뜻이 땅에서 이루어지게 하는 것이었다. 따라서 성경이 아담과 하와를 하나님의 형상이라고 부르는 것은 하나님이 온 인류를 지상의 봉신 왕으로 임명하셨다는 것을 나타낸다. 그러므로 넓은 의미에서 모든 인간은 왕으로 살도록 창조되었다. 즉 하나님의 뜻이 땅에서 이루어지게 하는 하나님의 종인 왕으로 살도록 창조되었다. 하나님의 형상이 왕적인 풍모라는 개념은 하나님이 우리의 첫 조상들에게 주신 명령을 설명하는 데 도움이 된다. "생육하고 번성하여 땅에 충만하라, 땅을 정복하라, 바다의 물고기와 하늘의 새와 땅에 움직이는 모든 생물을 다스리라"(창 1:28).

처음부터 하나님의 계획은 온 땅이 하나님 나라가 되게 하는 것이었다. 따라서 하나님은 인류에게 추가적인 하나님의 형상들로 세상을 채우고 피조계 전체를 다스리며 통치하라고 명하셨다. 12장에서 말했듯이, 이 명령은 흔히

'문화 명령'이라고 불린다. 이 명령은 온 세상에 문화와 문명을 수립하여 하나님 나라를 건설하라고 요구한다.

아담과 하와가 죄에 빠진 후에 그들과 그 후손들이 원래의 책임에서 너무 멀리 벗어나자, 하나님은 노아 시대에 홍수를 통해 죄악된 인류를 심판하셨다(창 6-9장). 그렇지만 하나님은 세상에서 인류가 맡아야 할 왕적인 역할을 취소하지 않으셨다. 노아와 그의 가족이 방주에서 나온 후에 하나님은 자신의 왕적 형상을 가진 사람들에게 하나님을 공경하는 문명을 온 세상에 확산시키라고 명령하심으로 문화 명령을 재확인하셨다(창 9:1, 7).

인류의 봉신 왕직은 아브라함의 생애 동안 크게 바뀌었다. 하나님은 아브라함을 구속하셔서 하나님이 택하신 백성 이스라엘의 조상이 되게 하셨다. 넓은 의미에서는 모든 인류가 여전히 하나님의 봉신이었지만, 여호와는 아브라함과 그의 자손들에게 열방 가운데서 장자의 지위를 주셨다. 하나님은 아브라함과 특별한 언약을 맺으셨는데(창 15장; 17장), 이 언약은 이스라엘이 하나님을 위해 거룩한 나라를 건설할 특별한 왕적 특권을 지녔다는 것을 알려 준다. 이 나라는 하나님의 뜻을 다른 모든 나라에 확산시키는 출발점이 될 것이었다.

이후 역사에서 하나님은 모세와 여호수아를 보내 이스라엘 민족을 통솔하게 하심으로써 아브라함에게 하신 약속을 성취하기 시작하셨다. 이들의 통치 하에 하나님은 자기 백성을 애굽의 노예 상태에서 구출하시고 가나안(약속의 땅)을 정복할 권한을 부여하셨는데, 거기서 그들은 구속받은 거룩한 하나님의 형상들의 큰 나라를 이루어야 했다.

애석하게도 이스라엘은 가나안 정복을 완수하는 데 실패했다. 따라서 여호수아가 죽은 후에 민족의 단결이 무너졌으며, 여러 지역적인 사사와 레위인이 매우 어려운 시기에 지파들을 이끌었다. 비록 하나님이 이 기간에 이스라엘을 지탱해 주셨지만, 사사와 레위인의 지도력은 이스라엘을 하나님의 왕적 형상들의 선도적인 나라로 성공하도록 이끌기에 부족했다. 사사기 저자는 사사기 전체를 통해 이 점을 분명히 하면서 이런 말로 책을 끝맺는다. "그때에 이스라엘에 왕이 없으므로 사람이 각기 자기의 소견에 옳은 대로 행하였더라"(삿 21:25). 이 의로운 왕의 필요성은 사사기 마지막 부분에서 세 번이나 되풀이된다(삿 17:6; 18:1; 19:1). 이는 이스라엘이 하나님의 특별한 종으로 섬기는 의로운 왕의 통치하에서만 하나님이 택하신 나라로서 전진할 수 있다는 점을 강조하는 것이다.

왕정 시대. 사사 시대가 끝날 무렵 이스라엘 민족은 인간 왕들이 주변 나라에 제공하는 안정과 질서를 부러워했다(삼상 8:5-20). 조급한 이스라엘은 하나님이 그분의 때에 왕을 세워 주실 것을 기다리지 않았다. 오히려 그들은 하나님께 즉시 왕을 달라고 요구했다. 이에 응답하여 하나님은 사울을 이스라엘의 첫 번째 공식적인 왕으로 임명하셨다.

그런데 중요한 것은 이스라엘이 인간 왕을 바란 것 자체가 죄는 아니라는 점이다. 하나님은 이스라엘이 위대한 인간 왕이 있는 강력한 나라가 되도록 계획하셨음을 벌써 여러 번 밝히셨다. 예를 들어 하나님은 아브라함의 자손들 가운데 왕이 있을 것이라고 아브라함에게 약속하셨다(창 17:6). 족장 야곱은 자기 아들 유다를 축복할 때 유다의 자손 가운데 하나가 이스라엘 왕으로 다스릴 것이라고 선언했다(창 49:8-10). 모세는 이스라엘 왕들에 대한 규례를 정하기도 했다(신 17:14-19). 이 외에도 이스라엘이 하나님께 왕을 달라고 조르기 직전에, 의로운 한나는 하나님이 마침내 자기 백성을 다스릴 의로운 왕을 세우실 것이라는 예언적인 기도를 드렸다(삼상 2:10).

이스라엘의 왕직에 대한 하나님의 선한 계획에도 불구하고 이스라엘은 하나님을 신뢰하지 못하고 하나님의 때를 기다리지 못함으로써 죄를 지었다. 하나님이 사울을 그들의 왕으로 임명하신 데는 이런 죄에 대해 그들을 징계하시려는 의도가 일부 있었다. 사울은 어떤 면에서는 이스라엘을 앞으로 나아가게 했지만, 하나님에 대한 사울의 반역은 여호와가 사울과 그의 가족을 폐하시게 했다. 이것은 예견된 일이었다. 사울은 유다 지파가 아니라 베냐민 지파였기 때문이었다.

사사기는 왕의 출현에 대한 근거라고 생각된다. 사사기의 사건들은 주기적이다. 사사가 일어나고 잠시 상황이 괜찮다가 백성이 죄에 빠지고 하나님께 부르짖으면 하나님이 또 다른 사사를 일으키신다. 저자는 더 안정적이고 안전한 무언가가 있어야 한다는 점을 분명히 하고 싶어 한다. 즉 그는 하나님의 마음에 맞는 통치자를 갈망한다. 물론 이것은 특별히 하나님의 마음에 맞는 왕인 다윗에게 적용되는 특성이다. 다윗은 왕이 무엇인지를 보여주는 모델이다. 즉 하나님이 자기 백성을 어떻게 다스리시는지를 보여주는 모델이다. 그러므로 사사기는 그 당시는 물론이고 오늘날에도 하나님 아래에서 다스릴 왕의 필요성, 곧 하나님이 자기 백성을 어떻게 다스리시는지를 우리에게 보여줄 왕의 필요성에 대한 논증이다.

사이먼 비버트(Simon Vibert)

중요한 점은 사사기를 하나님의 전체 계획의 맥락에서, 즉 창세기에서 예수 그리스도의 오심에 이르는 이야기의 맥락에서 보는 것이다. 사사기는 이전에 주어진 계시들을 되돌아본다. 즉 왕적 인물인 아담에게 주신 계시, 그의 가계에서 왕들이 나올 것을 예고하는 언약을 맺은 아브라함에게 주신 계시, 왕의 도래를 예기하는 옛 언약을 주었던 모세에게 주신 계시(신 17장)를 돌아본다. 하지만 하나님의 계획에서 그 시점에는 실제의 왕이 존재하지 않는다. 그러므로 사사기는 어떤 의미에서 지도자들의 필요성, 통치의 필요성을 보여준다. 여호수아가 모세를 승계하고 사사들이 여호수아를 승계한다. 그러나 하나님이 예고하신 왕은 오지 않았다. 약속은 아직 성취되지 않았다.

사사들이 선하면 이스라엘은 일반적으로 악하게 행하지 않는다. 사사들이 악하면 이스라엘은 형편없게 행한다. 사사기는 왕이 오면 상황이 더 나아지며 옛 언약이 성취될 것이라고 우리에게 말한다. 우리는 사사들에서 이제 사울과 다윗으로 옮겨 가는데, 이 두 사람은 백성의 왕과 하나님의 왕으로서 서로 대조를 이룬다. 이는 위대한 다윗 언약, 즉 다윗의 더 위대한 자손에 대한 약속으로 우리를 이끌어 간다. 이 모든 일은 하나님의 계획의 일부분이다. 진정한 왕과 다른 왕들의 모습을 대조시켜 보여주고 우리에게 본래의 모습을 회복시키실 왕이 필요하다는 것을 보여줌으로써 주 예수 그리스도의 오심을 대비하게 한다. 이 모든 일은 우리를 예수 그리스도께로 이끌어 가는 하나님의 계획의 일부다.

스티븐 J. 웰럼(Stephen J. Wellum)

사울이 실패한 후 하나님은 은혜롭게도 유다 지파인 다윗을 왕으로 세우셔서 이스라엘이 필요로 하는 왕을 주셨다. 다윗은 타락한 다른 모든 인류와 마찬가지로 죄인이었다. 그러나 그는 또한 하나님의 마음에 맞는 사람이었다. 하나님은 다윗에게 능력을 주셔서 나라를 통합하게 하셨고 적을 물리치게 하셨으며 이스라엘에 안정과 번영을 가져오도록 하셨다. 더욱이 하나님은 다윗과 언약을 맺으셔서 다윗의 자손이 이스라엘의 영원한 왕조로서 언제나 이스라엘을 다스릴 것이라고 하셨다(삼하 7장; 대상 17장; 시 89편; 132편).

다윗이 죽자 아들 솔로몬이 왕위를 계승했다. 여러 면에서 솔로몬의 통치는 이스라엘 왕들의 역사의 절정이었다. 솔로몬은 이스라엘의 영토를 확장하고 부를 증진하며 명성을 높였다. 그러나 애석하게도 그는 이방인 아내들의 신을 섬김으로써 하나님의 율법을 심각하게 위반했다(왕상 11:1-10). 따라서 여호와는 솔로몬의 아들 르호보암 시대에 나라가 나뉘게 하셨다(왕상 12장).

남쪽의 유다와 베냐민 지파는 르호보암과 함께 남았으며 유다 왕국으로 알려지게 되었다. 북쪽의 열 지파는 여로보암을 따랐으며 이스라엘 왕국으로 알려지게 되었다. 이어지는 세대들은 훨씬 더 하나님께 불충했다. 결국 이스라엘과 유다는 둘 다 하나님의 심판을 받게 되었으며 그들의 땅에서 추방당했다. 북쪽 이스라엘 왕국은 주전 723년 혹은 722년에 앗수르(아시리아)에 정복당했으며, 남쪽 유다 왕국은 주전 587년 혹은 586년에 바벨론(신바빌로니아)에 정복당했다. 합법적인 마지막 왕은 여고냐라고도 알려진 다윗의 자손 여호야긴이었는데, 그는 폐위되어 주전 597년에 바벨론에 포로로 끌려갔다.

왕정 시대 말기에 하나님은 인간의 왕권에 대해 많은 것을 계시하셨다. 넓은 의미에서 모든 인간은 땅을 다스리는 하나님의 봉신 왕이었다. 좁은 의미에서 이스라엘 민족은 인류의 거룩한 민족으로서 특별한 지위를 가지고 있었으며 다른 나라들의 모범이 되어야 했다. 가장 좁은 의미에서 다윗의 자손인 왕들은 하나님의 중요한 봉신 왕이라는 직분을 갖고 있었다. 하나님은 다윗의 자손들을 세우셔서 가장 높은 왕이신 하나님의 뜻을 따라 이스라엘 백성과 나머지 세상 사람들을 이끌게 하셨다.

포로 시대와 회복 시대. 바벨론 사람들이 다윗의 후계자를 왕좌에서 몰아내고 예루살렘을 멸망시킨 후에 바사(페르시아) 황제 고레스가 바벨론을 정복했으며, 주전 539년 혹은 538년에 이스라엘 사람들이 약속의 땅에 돌아갈 수 있도록 칙령을 내렸다(대하 36장; 스 1장).

이 고레스 칙령에 이어지는 기간을 흔히 회복 시대라고 부른다. 귀환자들은 하나님의 제단을 재봉헌하고, 새로운 성전을 건축했으며, 예루살렘 성벽을 재건했다. 일찍이 학개 선지자는 이 회복된 남은 자들이 신실할 경우 하나님이 다윗의 자손인 그들의 총독 스룹바벨을 다윗의 왕좌에 앉게 하실 것이라고 말했다(학 2:21-23). 밝혀진 바대로 이스라엘 백성은 하나님께 신실하지 않았다. 그래서 구약은 이스라엘의 남은 자들이 단지 약속의 땅에 사는 것과 그들을 영광으로 인도할 위대한 왕에 대한 소망이 연기된 것으로 끝난다.

구약과 신약의 중간기에 이스라엘의 배교는 왕권의 회복을 계속 지연시켰다. 그리스 제국은 메대(메디아)와 바사(페르시아)를 물리치고 팔레스타인의 이스라엘 사람들을 지배했다. 나중에는 로마 제국이 그리스인들을 물리치고 약속의 땅을 장악했다. 이 모든 기간에 이스라엘에는 하나님이 임명하신 왕이 없었다.

앗수르와 바벨론, 메대, 바사, 그리스, 로마의 압제 아래 있었던 이스라엘의 비참한 상태는 한 가지 사실을 아주 분명하게 보여주었다. 즉 의로운 다윗의 자손의 통치가 미래의 하나님 나라에 매우 중요하다는 것이었다. 이스라엘이 하나님이 택하신 백성으로서 세상에서 자기 역할을 성취하기 위해서는 다윗 계보의 왕이 필요했다. 그러므로 하나님의 신실한 백성은 하나님이 의로운 다윗 계보의 왕을 보내셔서 압제자들에게서 그들을 구원하시고 하나님의 뜻을 온 세상에 확장하심으로써 다윗과 맺으신 언약을 지키실 때를 계속 고대했다.

구체적인 예언들

구약의 선지자들이 이스라엘 왕권의 미래에 대해 너무 많은 이야기를 했기 때문에 그것들을 다 언급할 수는 없다. 그러므로 몇 가지 중요한 기대에 초점을 맞추려고 한다.

첫째, 구약의 선지자들은 하나님이 의로운 다윗의 자손을 보내서서 이스라엘에 다윗 왕권을 회복시켜 다윗 왕조를 복원하실 것이라고 예언했다(시 89편; 사 9:7; 16:5; 렘 23:5; 33:25-26; 겔 34:23-24). 하나님은 아모스 선지자를 통해 이렇게 말씀하셨다. "그날에 내가 다윗의 무너진 장막을 일으키고 그것들의 틈을 막으며 그 허물어진 것을 일으켜서 옛적과 같이 세우고"(암 9:11).

둘째, 선지자들은 이 미래의 다윗의 자손이 하나님의 백성을 이방의 압제에서 해방하고 적에 대한 승리를 줄 것이라고 예언했다. 구약의 선지자들은 하나님이 극적으로 개입하셔서 신실한 하나님의 백성을 위해 적들을 정복하실 때를 자주 이야기했다. 하나님은 이스라엘 안의 불충한 자들을 포함하여 하나님의 길을 대적하는 모든 자를 심판하시겠다고 약속하셨다. 선지자들은 이 승리를 하나님의 위대한 종인 왕으로 행할 다윗 왕좌의 미래 계승자와 거듭 연관시켰다(시 132:17-18; 사 9:4-7; 렘 30:5-17; 겔 34:23; 슥 12:1-10). 예를 들어 예레미야는 이렇게 말했다. "만군의 여호와의 말씀이라 그날에 내가 네 목에서 그 멍에를 꺾어 버리며 네 포박을 끊으리니 다시는 이방인을 섬기지 않으리라 그들은 그들의 하나님 여호와를 섬기며 내가 그들을 위하여 세울 그들의 왕 다윗을 섬기리라"(렘 30:8-9).

셋째, 구약의 선지자들은 이 미래의 다윗의 자손이 영원한 나라를 세울 것이라고 예언했다. 그들은 위대한 다윗의 자손이 이스라엘을 다스릴 때 백성이 하나님의 복을 영원히 누릴 것이라고 자주 가르쳤다. 다윗 계보의 왕의 통치는 땅을 하늘처럼 만들 것이며, 그 왕의 백성은 영원히 평화와 번영을 누리며 살 것이다(사 55:3-13; 겔 37:24-25). 이사야는 미래의 다윗의 자손에 대해 이렇게 말했다. "그 정사와 평강의 더함이 무궁하며 또 다윗의 왕좌와 그의 나라에 군림하여 그 나라를 굳게 세우고 지금 이후로 영원히 정의와 공의로 그것을 보존하실 것이라 만군의 여호와의 열심이 이를 이루시리라"(사 9:7).

> 구약은 메시아가 무엇보다도 다윗의 자손이시라는 것을 특히 강조한다. 다윗은 이스라엘의 위대한 왕으로서 여호와를 크게 신뢰했으며, 강력한 승리를 거두었고, 여러 면에서 여호와께 순종했다. 비록 그에게도 몇 가지 중대한 실패가 있었지만, 다윗은 메시아, 즉 이스라엘에 평화를 가져다줄 통치자의 전형이었다. 다윗이 죽은 후 구약의 뒷부분에서 우리는 다윗의 자손이 평화와 의와 기쁨을 수반하고 오신다는 기대를 발견한다.
> **토머스 R. 슈라이너**(Thomas R. Schreiner)
>
> 구약에서 메시아로 알려진 인물은 다윗 계열의 왕이었다. 다윗은 하나님의 언약을 받았다. 그 언약을 통해 다윗은 언젠가 하나님이 그분의 아들로서 그분과 특별하고 유일한 관계를 맺으실 왕, 다윗의 왕좌에 앉아 영원히 다스리실 왕, 공의와 의를 확립하실 왕을 세우실 것이라는 약속을 받았다. 실제로 구약의 메시아를 말할 때 우리는 왕 곧 궁극적인 왕, 하나님의 구원과 해방을 가져오실 왕을 말하는 것이다.
> **마크 L. 스트라우스**(Mark L. Strauss)

넷째, 선지자들은 또한 이 미래의 다윗의 자손이 세계적인 왕국을 세운다고 밝혔다. 이 미래의 다윗 왕국은 시간과 영토 면에서 무한할 것이다. 이 나라는 온 땅을 채울 정도로 확장될 것이다. 자기 죄를 회개하는 모든 사람은 국적과 민족에 상관없이 그 나라의 복을 누릴 것이다(시 2편; 67편; 72편; 86편; 110편). 다니엘은 이 미래의 왕과 그의 왕국의 이런 측면을 다음과 같이 묘사했다. "인자 같은 이가 하늘 구름을 타고 와서…그에게 권세와 영광과 나라를 주고 모든 백성과 나라들과 다른 언어를 말하는 모든 자들이 그를 섬기게 하였으니"(단 7:13-14).

구약은 미래의 메시아에 대한 위대한 소망으로 끝난다. 하나님은 특별한 다윗의 자손, 오직 하나님만 섬길 지극히 의로운 인간 왕을 보내실 것이다. 이 왕은 하나님의 백성의 모든 적을 물리치고 그의 통치에 복종하는 모든 사람을 위해 영원한 나라를 땅 위에 세울 것이다. 이 왕국은 하나님의 형상으로 창조된 인류에 대한 하나님의 본래 목적을 성취할 것이다. 이스라엘에 대한 본래 목적을 성취할 것이며, 다윗의 왕좌를 확립하시려는 하나님의 본래 목적을 성취할 것이다. 의로운 다윗의 자손은 온 세상을 하나님 나라가 되게 할 것이다. 세상에서 악을 완전히 제거하고 그의 모든 백성을 위해 영원히 평화와 번영을 확립할 것이다.

> 메시아의 역할을 이해하는 데 중요한 구약 본문 가운데 하나는 시편 2편이다. 이 시편은 하나님이 거룩한 산 시온에 특별한 왕을 세우셨으며 이 왕은 또한 열방을 다스리는 통치자가 될 것이라는 매우 분명한 예언이다. "그에게 모든 백성이 복종하리로다"(창 49:10). "그의 아들에게 입맞추라"(시 2:12)라고 한 대로, 이 왕은 땅의 모든 나라와 모든 통치자가 실제로 숭배하게 될 권위 있는 인물이다. 여기에 나타나는 개념은 그분이 이스라엘의 메시아이시라는 것만이 아니라, 그분이 이스라엘의 메시아이시기 때문에 또한 온 세상의 정당한 주님이시라는 것이다. 그러므로 이해해야 할 중요한 사항 중 하나는 메시아는 이 땅에 오셔서 온 세상의 통치자가 되실 인물이라는 점이다.
> **피터 워커**(Peter Walker)

복습 문제

1. 구약이 밝히는 왕의 자격은 무엇인가?
2. 구약 왕들의 역할을 설명하라.
3. 구약에서 확립된 미래의 왕들에 대한 기대는 무엇인가?

토론 문제

1. 구약에서 하나님을 경외하며 하나님의 명령을 따랐던 왕은 통치하는 나라에 유익을 주었다. 오늘날 하나님을 경외하며 하나님의 명령을 따름은 당신의 영향력 가운데 있는 사람들에게 어떤 유익을 주는가?
2. 당신의 현재 상황에서 사람의 계획을 의존하기보다 하나님을 의지함이 더 깊어지게 하려면 어떻게 해야 하는가?
3. 다른 사람들이 당신에게 저지른 잘못에 대응할 때 정의나 자비 가운데 무엇을 적용할 가능성이 더 큰가? 둘 중 하나가 다른 것보다 중요한가? 당신의 답변을 설명해 보라.
4. 하나님에 대한 당신의 신실함이나 불신실함은 주변 사람들에게 어떤 영향을 미쳤는가?

참고 도서

Hess, Richard S., and M. Daniel Carroll R., eds. *Israel's Messiah in the Bible and the Dead Sea Scrolls*. Grand Rapids: Baker Academic, 2003.

Howard, David M., Jr. "The Case for Kingship in the Old Testament Narrative Books and the Psalms." *Trinity Journal*, n. s., 9, no. 1 (Spring 1988): 19-35.

Robertson, O. Palmer. *The Christ of the Covenants*. 1980. Reprint, Phillipsburg, NJ: Presbyterian and Reformed, 1987.

Satterthwaite, Philip E., Richard S. Hess, and Gordon J. Wenham, eds. *The Lord's Anointed: Interpretation of Old Testament Messianic Texts*. Grand Rapids: Baker Books, 1995.

15장 퀴즈

16

왕이신 예수님

주요 용어와 개념

다윗 왕조(Davidic dynasty)   세계적인 나라(worldwide kingdom)

승리(victory)   언약에 대한 충성(covenant fidelity)

영원한 나라(everlasting kingdom)   이스라엘 사람(Israelite)

임마누엘(Immanuel)   자유(freedom)

신약은 예수님이 구약에 약속된 다윗 계보의 왕이라고 분명하게 가르친다. 예를 들어 동방 박사들은 예수님을 유대인의 왕으로 묘사했다. "유대인의 왕으로 나신 이가 어디 계시냐 우리가 동방에서 그의 별을 보고 그에게 경배하러 왔노라 하니"(마 2:2). 예수님의 제자들은 '메시아', 즉 '그리스도' 같은 왕의 칭호를 예수님께 사용했다(막 8:27-29). 나다나엘은 예수님을 "이스라엘의 임금"(요 1:49)이라고 불렀다. 가장 중요한 것은, 돌아가시기 직전에 예수님이 자신이 구약이 약속한 메시아 왕이라고 하셨다는 점이다. "예수께서 총독 앞에 섰으매 총독이 물어 이르되 네가 유대인의 왕이냐 예수께서 대답하시되 네 말이 옳도다 하시고"(마 27:11; 참조. 막 15:2; 눅 23:1-3; 요 18:33-37).

예수님은 이스라엘의 많은 사람이 기대했던 대로 지상 사역 기간에 이스라엘 왕좌에 오르지 않으셨다. 그렇지만 신약은 예수님이 참으로 약속된 다윗 계보의 메시아이시며, 다시 오셔서 왕직에 대한 구약의 모든 기대를 성취하실 것이라는 점에 의심의 여지를 남기지 않는다.

예수님의 자격

우리는 15장에서 모세 율법이 왕의 자격 네 가지를 열거하는 것을 보았다. 왕은 하나님의 선택을 받아야 하고, 이스라엘 사람이어야 하며, 성공과 안전에 대해 하나님을 의지해야 하고, 통치와 사생활에서 언약에 대한 충성을 유지해야 했다. 이 자격 외에도 하나님이 다윗과 맺으신 언약은 왕이 다윗의 자손이어야 한다고 명시했다. 의문의 여지 없이 예수님은 이 자격들을 모두 충족시키셨다.

하나님의 선택

하나님은 모든 피조물과 특별히 고대 이스라엘을 다스리시는 위대한 제왕 또는 종주이시다(대상 29:23). 이스라엘과 유다의 왕들은 하나님이 자신의 특별하고 거룩한 백성에게 인간적인 지도력과 돌봄을 제공하기 위해 임명하신 종이거나 봉신 왕이었다.

하나님만이 자신의 권한을 위임하실 수 있으므로, 하나님은 하나님 나라에 대한 그분의 권한을 어느 정도 받아 실행할 모든 합법적인 왕을 친히 선택하셔야 했다. 예수님은 이 자격을 충족시키셨는데, 하나님이 예수님을 이스라엘 왕으로 선택하시고 지명하셨기 때문이다. 이것은 예수님의 족보(마 1:1-17)와 예수님의 탄생 때 가브리엘 천사가 마리아에게 한 선언에서 분명히 알 수 있다. "네가 잉태하여 아들을 낳으리니 그 이름을 예수라 하라 그가 큰 자가 되고 지극히 높으신 이의 아들이라 일컬어질 것이요 주 하나님께서 그 조상 다윗의 왕위를 그에게 주시리니 영원히 야곱의 집을 왕으로 다스리실 것이며 그 나라가 무궁하리라"(눅 1:31-33).

이스라엘 사람

예수님이 이스라엘 사람이라는 자격을 충족시키신 것은 말할 나위가 없다. 예수님은 이스라엘 가정에서 태어나셨다. 동정녀 마리아의 태를 통한 기적적인 성육신이라는 점에서 예수님의 탄생이 특이하기는 하지만, 예수님은 여전히 요셉과 마리아의 합법적인 아이였으며 언약 공동체인 이스라엘의 정식 일원이었다. 예수님의 족보(마 1장; 눅 3장)와 예수님이 진정한 이스라엘 혈통이라고 말하는 구절들(롬 9:5)이 이 점을 확증한다.

하나님을 의지함

구약은 왕이 평화와 번영을 확보하기 위해 인간의 계획이 아니라 하나님을 의지하도록 요구했다. 예수님은 자기 백성의 안전과 번영을 확고히 하기 위해 전적으로 하나님의 능력을 의지하셨기 때문에 이 자격을 충족시키셨다. 예수님은 헤롯이나 빌라도나 다른 어떤 인간 정부와 동맹을 맺으려고 하지 않으셨다. 오히려 예수님은 자기 나라를 세우고 유지하기 위해 하나님의 권위와 능력을 의존하셨다(요 13:3; 19:10-11).

언약에 대한 충성

하나님의 언약 율법에 대한 예수님의 충성은 여러 면에서 볼 수 있지만, 특히 율법의 원래 의미를 고수하시고 율법이 요구하는 모든 것을 이행하시는 헌신에서 나타난다. 예를 들어 산상 설교(마 5-7장)에서 예수님은 율법 교사들이 말하는 것과 대조하여 율법에 기록된 말씀의 원래 의미를 거듭 강조하셨다. 또한 예수님은 율법의 모든 세부 사항을 남김없이 이루기 위해 오셨다고 구체적으로 말씀하셨다. "내가 율법이나 선지자를 폐하러 온 줄로 생각하지 말라 폐하러 온 것이 아니요 완전하게 하려 함이라 진실로 너희에게 이르노니 천지가 없어지기 전에는 율법의 일점일획도 결코 없어지지 아니하고 다 이루리라"(마 5:17-18). 사도 바울은 이런 개념을 반영하여, 예수님이 자신을 위해서만이 아니라 우리를 위해서도 모든 율법을 이루셨다고 말했다(롬 8:3-4).

성경은 율법이 우리에게 그리스도를 가리키고, 그분께 이끌어 가며, 그리스도를 맞을 준비를 시키는 초등 교사라고 말한다. 율법은 하나님의 성품을 반영하지만, 우리는 그 율법을 지키지 못한다. 그런데 예수님이 오셔서 율법이 의도하는 목적을 이루는 완전한 인간을 보여주신다. 율법이 의도하는 목적은 하나님의 명령에 대한 신실함으로 대표되는 하나님과의 관계를 맺는 것이다. 예수님은 우리에게 진정한 인간의 본래 모습을 보여주실 뿐만 아니라 계속 신실하게 언약을 준수하며 율법을 지키는 행위를 통해 우리를 위해 율법을 성취하신다. 그리고 그렇게 하심으로 우리의 의가 되신다. 성경은 하나님이 의로우시며 의롭게 하시는 분이시라고 말한다. 하나님은 율법과 함께 오시며, 우리를 위해 율법을 지키시는 하나님의 아들과 함께 오신다. 하나님은 의로운 분이시며 그리스도 안에서 우리를 의롭게 하시는 분이시다.

K. 에릭 토에네스(K. Erik Thoennes)

중요하게 강조할 점은 예수님이 언약에 충실하시다는 것이다. 그것이 바로 예수님이 우리를 다스리실 권리의 근거다. 이 주제는 아담에게로 거슬러 올라간다. 아담은 우리의 머리이자 온 인류의 대표로서 하나님의 모든 피조물과 마찬가지로 순종하며 신실해야 했다. 우리는 피조물이다. 창조주에게 순종해야 하는 자들이다. 우리는 삶의 모든 영역에서 하나님을 섬기고 순종하며 사랑해야 한다. 아담의 불순종은 죄와 죽음과 심판을 가져왔다. 이를 되돌리는 유일한 방법은 하나님이 또 다른 아담, 또 다른 인간을 통해 우리에게 해결책을 제공하시는 것이었다.

하나님이 아담과 같은 이를 주신다는 것이 여러 선지자와 제사장과 왕들을 통해 강력하게 강조되는 이유가 이 때문이다. 이는 하나님의 뜻을 행하러 오신 우리 주 예수 그리스도에게서 절정에 이른다. 예수님은 순종하러 오셨다. 갈라디아서 4장은 예수님이 온 율법에 순종하시기 위해 여자에게서 나시고 율법 아래에 나셔야 했다고 말한다(갈 4:4). 왜 그래야만 했는가? 아담이 행한 일을 되돌리셔야 했기 때문이다. 예수님은 능동적 순종을 통해 우리에 대한 율법의 모든 요구를 이행하셨다. 예수님은 순종을 통해, 특히 십자가에 죽기까지 순종하신 그분의 죽으심을 통해(빌 2장), 우리의 왕과 제사장으로서 행하신 일과 순종으로 인해 하나님 오른편으로 높아지셨다.

예수님이 이전에 왕과 주님이 아니셨던 것은 아니다. 하나님의 아들로서 예수님은 언제나 왕과 주님이셨다. 그러나 성육신하신 아들 하나님으로서 예수님은 우리를 위해 구원을 획득하시기 위해 우리 대신 인간으로 순종하고 신실하셔야 했다. 아버지에 대한 완전한 순종과 신실함이 없이는 메시아 왕의 사역에 있어 만왕의 왕, 만주의 주가 되실 수 없었다.

스티븐 J. 웰럼(Stephen J. Wellum)

다윗의 자손

하나님이 다윗과 맺으신 언약은 다윗의 자손들을 이스라엘의 영원한 왕조로 확정했다. 오직 다윗의 후손만이 이스라엘의 합법적인 왕권을 주장할 수 있었다. 신약은 종종 예수님이 다윗의 자손이었다고 확언한다(마 1:1-25; 눅 3:23-31; 롬 1:1-3; 계 5:5; 22:16). 더구나 예수님을 비방하고 반대하는 자들은 예수님께 많은 비판을 제기하면서도 예수님이 다윗의 자손이라는 것에 대해서는 의심하지 않았다. 오히려 그들은 예수님이 요셉의 아들이라는 것을 알았으며(요 6:42), 요셉이 다윗의 자손이라는 것은 기록되어 있는 사실이었다(눅 2:4).

예수님의 역할

이스라엘과 유다 왕들의 기본 역할은 하나님의 율법을 시행함으로써 하나님의 봉신인 백성과 온 세상을 하나님을 대신하여 신실하게 다스리는 것이었다. 그런데 우리 모든 그리스도인은 예수님이 지상 사역 기간에 자신의 사역을 다 마무리하지 않으셨음을 알고 있다. 사실 예수님은 지금도 하늘에서 그리고 교회 가운데서 계속 일하고 계시며, 마침내 자신의 사역을 마무리하러 다시 오실 것이다. 그럼에도 예수님은 이미 그분이 참으로 그리스도이시며 하나님 나라를 회복하기 위해 하나님이 보내신 다윗 계보의 왕이시라는 것을 우리가 찬양하기에 충분할 정도로 메시아의 역할을 수행하셨다.

정의

구약은 왕이 국제적으로나 국내적으로나 정의를 확립해야 한다고 주장했다. 예수님은 지상 사역 기간 대부분 인간 정부에 직접 관여하지 않으셨다.

그렇지만 사탄의 나라 및 귀신들과 전쟁을 벌이시고 자기 백성을 죄의 압제에서 해방하심으로써 정의를 추구하셨다. 성경은 이것을 하나님 나라와 사탄의 나라 사이의 영적 전투로 묘사한다(눅 11:14-20; 엡 2:2). 그러므로 이것을 구약 왕들이 전쟁을 통해 국제적인 정의를 추구했던 것과 비교하는 것은 타당한 일이다.

예수님은 이렇게 말씀하셨다. "내가 하나님의 성령을 힘입어 귀신을 쫓아내는 것이면 하나님의 나라가 이미 너희에게 임하였느니라"(마 12:28). 여기서 예수님은 자신이 행한 축사(逐邪)가 사탄의 나라와 벌이는 전투에서 자신이 하나님 나라를 이끌고 있다는 증거라고 시사하셨다.

더욱이 영적 전투를 이야기할 때 우리는 현실 세계와 무관한 일들에 대해 말하는 것이 아니라는 점을 기억해야 한다. 오히려 우리가 거주하는 가시적인 세계에 엄청난 영향을 미치는 참으로 실재하는 비가시적인 나라에 대해 말하는 것이다(왕하 6:14-18; 사 24:21; 막 1:23; 5:2-13; 엡 6:12; 골 1:16; 2:15). 매우 실제적인 의미에서, 영적인 영역의 정의를 다루는 것은 인간 정부를 다루는 것보다 훨씬 크고 엄청난 일이다.

구약의 왕들은 또한 다른 나라들과 평화로운 교섭을 가짐으로써 국제적인 정의를 실행했다. 예수님은 비록 땅에 계시는 동안 자주 이런 일을 행하지는 않으셨지만, 동방 박사들에게 평화로운 공물을 받으셨다(마 2장). 그 박사들은 이방 나라의 대표들이었으며, 그들의 의도는 자기 나라와 새로 탄생한 이스라엘 왕 사이의 친선을 증진하려는 것이었다. 영적인 영역에서 예수님은 또한 하나님과 하나님의 이전 적들, 즉 신자들 사이에 평화를 이루셨다(롬 5:10; 엡 2:2-7; 골 1:21-22).

국제적으로 정의를 실행하는 일 외에도 예수님은 이스라엘 나라 안에서 하나님의 정의를 고수하셨다. 예수님은 다른 인간 왕들과 마찬가지로 개인적인 분쟁에 관여하지 않으셨다. 오히려 그런 일들은 하급 법정이나 중재자들에게 맡기셨다. 그렇지만 예수님은 자기 백성 가운데서 자주 정의를 촉구하셨다(마 5:25-26; 12:15-21; 눅 18:7-8). 예수님은 또한 자신이 심판하러 다시 오실 때 그들에게 갚으시기 위해 선행과 악행을 기록하고 계신다고 확약하셨으며, 심지어 미래에 행하실 정죄를 구체적으로 말씀하시기도 했다(마 10:15; 11:22-24; 12:36; 요 5:22).

자비

예수님은 하나님이 피조물에게 보이신 긍휼을 본받아 왕의 자비를 나타내셨다. 예수님은 사람들이 죄를 지었을 때 관용을 보이셨다. 그들의 연약함을 이해하셨다. 그들의 필요를 채워 주셨으며, 고통에서 구원하셨다. 나아가 예수님은 이런 일들을 국제적인 영역과 국내적인 영역 모두에서 행하셨다.

일반적인 인간의 왕권 역사에서, 우리는 왕이 절대 권위를 가진 존재라고 생각한다. 왕이 방에 들어오면 사람들은 절을 하고 왕이 원하는 일은 무엇이든지 행한다. 그러나 예수님의 왕권은 예수님의 생애의 모든 일과 마찬가지로 온 세상을 거꾸로 뒤집는 것처럼 보인다. 예수님의 왕권을 말하기 위해 세상을 지으신 창조주 개념을 사용하는 요한복음 1장을 생각해 보라. 요한복음은 예수님이 "자기 땅에 오매 자기 백성이 영접하지 아니하였으나"(요 1:11)라고 말한다. 어떤 왕이 자기가 만든 세상에 와서 거부당하는 것을 허용하겠는가?

나는 주님이 자비를 베푸시는 것은 단순히 우리를 불쌍히 여기셔서만이 아니라, 삼위일체 하나님 내부의 삶에 대해 무언가를 우리에게 계시하시기 위함이라고 생각한다. 영원 전부터 우주의 왕이신 하나님은 성부와 성자와 성령 삼위가 하나이시며 서로에게 자신을 주시는 하나님이시다. 즉 성부는 성자에게, 성자는 성부에게, 성령은 성부와 성자에게 자신을 주신다. 그러므로 죄인들에게 자비를 베푸실 때 예수님은 바로 이 자기를 주는 사랑을 표현하시는 것이며, 이는 왕이신 하나님의 자기 계시다. 물론 하나님은 그분을 사랑하지 않는 자들을 결국 심판하시고 정죄하실 것이다. 그러나 하나님은 세상에 오셨을 때 온갖 잘못된 세력들과 마귀에게 학대받고 뒤틀어진 사람들에게 오셨다. 이 왕은 오셔서 이렇게 말씀하셨다. "나는 너희에게 어떤 것도 요구하지 않을 것이다. 먼저 나는 너희에게 나 자신을 줄 것이다." 예수님이 행하신 모든 자비의 행위는 삼위일체 하나님의 마음을 세상에 나타내신 행위다.

이것이 우리의 왕이 일하시는 방식이다. 그분은 요구 없이 오신다. 자기를 주려고 오신다. 자비는 하나님의 마음에서 비롯되는 자기를 희생하는 사랑의 놀라운 표현이며, 성육신을 통해 예수님이 가신 곳 어디에서나 사람들에게 베풀어졌다. 이 자비의 절정은 십자가다. 왕이신 예수님은 우리가 구원을 위해 하나님의 자비를 받을 수 있도록 자기 목숨을 희생하심으로 우리에게 자비를 베푸셨다. 예수님은 유일하게 참으로 자비로운 왕이시며, 그분의 왕권을 통해 자비가 무엇인지 설명하신다.

빌 유리(Bill Ury)

예수님이 자비를 베푸시는 것은 그분이 자비로운 분이시기 때문이다. 나는 특히 팔복 가운데 두 번째 복에 충격을 받는다. "애통하는 자는 복이 있나니 그들이 위로를 받을 것임이요"(마 5:4). 내 생각에 이 구절은 하나님의 마음을 아프게 하는 일들에 대해 마음 아파하는 사람들을 가리킨다. 인간의 육체를 입으시고 자기의 세상을 돌아보셨을 때, 하나님은 자신을 슬프게 하는 일들을 보셨다. 그런데 하나님은 단지 울기만 하지 않으시고 이렇게 말씀하셨다. "나는 눈물을 흘릴 뿐만 아니라 그 상황을 향해 자비롭게 나아갈 것이다." 바클레이(Barclay)는 신약에서 '자비'에 해당하는 헬라어가 '다른 사람의 피부 속에 들어가는 것'을 의미한다고 말한다.[1) 긍휼에 대한 이러한 이해는 우리가 다른 사람이 느끼는 감정을 느낄 수 있으며 그저 "내가 거기 없어서 다행이야."라고 말하지 않고 상대방에게 나아가서 그 순간에 아버지 하나님이 우리에게 바라시는 역할을 할 수 있다는 의미다.

맷 프리드먼(Matt Friedeman)

국제적인 차원에서 왕은 하나님께 복종하는 나라와 백성에게 자비를 베풀어야 했다. 예수님은 이 일을 여러 방식으로 행하셨다. 일례로 예수님은 이스라엘 밖에 있는 많은 이방인에게 기적적인 치유를 베푸셨다. 예를 들어 예수님은 가나안 여인의 딸(마 15:28)과 로마 백부장의 종(마 8:13)을 고쳐 주셨다. 또한 이방인 지역인 데가볼리의 한 남자에게서 귀신의 무리를 쫓아내 주셨다(막 5:1-20). 게다가 예수님은 두로와 시돈, 데가볼리 등 여러 이방인 지역에서 사역하심으로써 시므온이 예언했던 것처럼 그분의 메시지와 사역이 이방인들에게 계시의 빛이 되게 하셨다(눅 2:32).

---

1) William Barclay, *The Gospel of Matthew*, vol. 1, *Chapters 1 to 10*, 2nd ed. (Philadelphia: The Westminster Press, 1958), 98.

> "왜 오로지 하나님만 죄를 용서하실 수 있는가?"라는 질문에 답하는 것은 매우 중요하다. 성경은 우리가 죄를 지은 상대가 하나님이시기 때문이라고 말한다. 하나님은 주님이시며 창조주이시다. 하나님이 우리를 지으셨으며, 따라서 우리는 모든 것에서 하나님의 은혜를 입고 있다. 우리의 죄는 무엇보다도 하나님을 거스르는 것이다. 우리의 죄는 서로와 온 세상에 영향을 미친다. 그러나 무엇보다도 하나님 앞에서 하나님의 형상을 지닌 자라는 우리의 관계로 볼 때 하나님에 대한 우리의 반역은 하나님을 거스르는 죄다. 따라서 오직 하나님만이 죄를 용서하실 수 있다.
>
> 시편 51편에서 다윗이 "내가 주께만 범죄하여 주의 목전에 악을 행하였사오니"(시 51:4)라고 말하는 것을 생각해 보라. 다윗의 삶을 생각해 보면, 그는 많은 사람에게 죄를 저질렀다. 그는 나라에 영향을 미쳤고, 우리아와 밧세바에게 영향을 미쳤으며, 자기 아들에게도 영향을 미쳤다. 그러나 다윗은 자신이 궁극적으로 하나님 앞에 죄를 지었다는 것을 올바로 깨달았다. 우리의 문제, 그리고 사람들이 깨닫지 못하는 인간의 문제는 오직 하나님만이 죄를 용서하실 수 있다는 사실이다. 오로지 하나님만이 우리의 죄 문제를 해결하실 수 있다.
>
> **스티븐 J. 웰럼**(Stephen J. Wellum)

예수님이 국제적으로 베푸신 자비보다 더 명백한 것은 국내적인 차원에서 행하신 왕적인 자비였다. 왕이신 예수님은 하나님의 백성을 하나님이 그들을 대하시듯이 대해야 할 책임이 있으셨으며, 이는 백성을 자비롭게 대하는 것을 의미했다.

이상적인 왕은 하나님의 보살핌의 모범을 반영했다. 따라서 예수님은 왕으로서 이스라엘에 엄청난 자비를 베푸셨다. 예수님은 여러 해 동안 인내하시면서 그들을 가르치고 권면하셨다. 병을 고치시고, 귀신을 쫓아내시며, 굶주린 자들을 위해 양식을 만드시고, 죽은 자를 살리시는 등 그들을 위해 표적이 되는 수많은 기적을 행하셨다.

왕이신 예수님의 자비를 가장 잘 보여주는 기적 가운데 하나는 중풍병자의 치유다(마 9:1-7; 막 2:1-11; 눅 5:17-25). 이 사례에서 예수님은 그의 중풍병을 치유하셨을 뿐만 아니라 그의 죄도 사해 주셨다. 예수님은 자기 발에 향유를 부은 여인의 죄를 사하셨을 때도 비슷한 일을 행하셨다(눅 7:36-50). 모든 죄는 궁극적인 의의 기준이 되시는 하나님을 거스르는 위반이며 범죄다. 더욱이 하나님만이 가장 높으신 왕이시며 최종적인 재판장이시므로, 하나님을 거스르는 이런 죄를 사할 수 있는 궁극적인 권위를 지니신 분은 오직 하나님뿐이시다. 오직 하나님만이 이런 차원의 자비를 베푸실 권위를 갖고 계신다. 그러므로 이 사건에서 예수님은 자신의 신적인 특권을 보여주고 계신다는 느낌이 든다.

> 내가 다른 사람에게 죄를 짓거나 다른 사람이 내게 죄를 지었을 때 용서를 구하고 용서받는 일이 이뤄지면 한쪽 당사자는 "나는 당신이 내게 저지른 죄가 우리의 지속적인 관계를 방해하도록 허용하지 않을 것입니다."라고 말한다. 이것은 중요하다. 우리는 하나님이 우리를 어떻게 용서하셨는지를 이해하고 이 용서를 본받아 서로 용서해야 한다.
> 그러나 하나님은 용서하실 때 우리의 죄책의 객관적인 빚을 탕감해 주신다. 이런 일은 내가 다른 누구에게도 해줄 수 없으며 다른 누구도 내게 해줄 수 없는 일이다. 이것은 하나님의 용서다. 예를 들어 마가복음 2장에서 예수님은 중풍병자를 고쳐 주시면서 그에게 "작은 자야 네 죄 사함을 받았느니라"(막 2:5)라고 말씀하신다. 우리는 이 장면을 보고 있던 서기관들이 '이 사람이 누구이기에 죄를 용서한다고 주장하는가? 하나님 외에는 아무도 죄를 용서할 수 없는데.'라고 마음속으로 조용히 생각한다는 말을 듣는다. 바로 이것이 핵심이다. 서기관들은 예수님이 오직 하나님만 하실 수 있는 방식으로 이 사람을 용서한다고 말씀하시는 것을 들으며 당혹해한다. 그들은 예수님이 신성 모독을 저지르고 있다고 생각한다. 서기관들은 예수님의 말씀을 정확하게 들었지만 잘못된 반응을 보였다.
> 이 사건은 복음서에서 예수님의 신성을 보여주는 인상 깊은 증거 가운데 하나다. 예수님의 자기 이해에 따르면, 예수님은 단지 관계상의 죄를 제거하심으로 죄를 용서하시는 것이 아니다(아마도 예수님은 이전에 이 중풍병자를 보신 적이 없으실 것이다). 오직 하나님만이 하실 수 있는 방식으로 객관적인 죄책을 실제로 탕감할 권리가 있으신 것이다.
> **로버트 G. 리스터**(Robert G. Lister)

그러나 우리는 예수님이 아버지께 대속의 제사를 드리심으로 아버지가 아들의 희생에 근거하여 우리를 용서하시도록 하셨다는 점을 주목해야 한다. 다시 말해 우리를 사하는 것은 궁극적으로 아버지의 특권이며, 예수님은 아버지가 아니다. 그러므로 예수님은 하나님의 백성에게 이런 자비를 베푸시는 하나님의 권위를 위임받은 완전히 의로운 봉신 왕으로서 왕의 사면을 베푸셨다고 말하는 것도 타당하다. 이와 관련하여, 이 문맥에서 예수님이 자신을 '하나님의 아들'이 아니라 '인자'(사람의 아들)라고 부르시며 자신이 특별히 '세상에서'(땅에서) 이 권위를 가지고 있다고 주장하셨다는 것을 생각해 보라.

신실

정의 및 자비와 마찬가지로 예수님은 국제적으로나 국내적으로나 왕의 신실함을 이행하셨다. 예수님이 국제적으로 하나님에 대한 진심 어린 예배와 순종을 증진하신 가장 직접적인 방법은 이방 민족들에게 하나님 나라를 전파하신 일(마 4:13-25; 24:14; 눅 24:47)과 특별히 제자들에게 그 일을 하도록 명령하신 일이었다(마 28:18-20; 행 1:8). 마태복음과 사도행전의 두 명령에서, 예수님은 제자들에게 모든 민족을 제자로 삼고 땅끝까지 이르러 자신의 증인이 되라고 명령하셨다.

예수님은 하나님에 대한 신실을 강력하게 강조하셨다. 신실이 신뢰의 표현이기 때문이다. 신실은 하나님이 참로 우리의 신실과 우리의 신뢰, 우리의 순종, 그리고 무엇보다도 우리의 헌신을 받아 마땅하시다는 깨달음의 표현이다. 우리가 의사의 지시에 불순종하는 경우, 우리는 단지 그 지시에 대해서만이 아니라 의사에 대해서도 무언가를 말하는 것이다. 우리가 하나님께 불순종하는 경우, 우리는 단지 무시하고 있는 명령에 대해서만이 아니라 그 명령을 내리신 하나님에 대해서도 무언가를 말하고 있는 것이다.

신실은 신뢰와 순종의 표현이다. 신뢰는 하나님이 누구신지를 깨닫고 하나님이 말씀하시는 것을 행하는 표현이기 때문이다. 그것은 하나님이 누구신지에 대한 일상적인 헌신과 신뢰의 표현이다. 로마서에서 바울은 자신의 사도 사역이 사람들을 믿음의 순종으로 인도하는 것이라고 말한다. 이것은 그리스도인의 삶을 아름답게 요약하는 말이다. 우리는 하나님이 누구신지를 깨닫고 하나님을 믿게 되며, 이는 자연스럽게 순종을 낳는다. 우리는 우리가 신뢰하는 하나님께 순종한다.

K. 에릭 토에네스(K. Erik Thoennes)

예수님은 그분과 동행하며 그분을 친밀히 아는 기쁨으로서 신실함을 우리에게 제안하신다. 예수님은 우리가 날마다 그분께 응답하기를 원하신다. 예수님은 우리에게 순종을 강요하시거나 율법을 따르도록 강제하지 않으신다. 예수님은 이렇게 말씀하신다. "오늘 네 감정이 어떻든지, 세상에서 무슨 일이 일어나고 있다고 느끼든지, 나는 신실한 마음을 필요로 한다. 내게는 신실한 신부가 필요하다. 나는 신실한 종, 내 마음을 신뢰하는 연인이 필요하다." 나 같은 사람들은 자신이 이해하는 영성의 측면에서 세상을 바라보는 경향이 있다. 그런데 주님은 영성보다 훨씬 더 깊은 것이 있다고 말씀하신다. 주님은 신실한 마음을 원하신다. 마치 결혼한 부부처럼 어떤 일이 닥치더라도 신실한 것이 참된 사랑의 기초다. 주님은 신실을 원하실 뿐 아니라 성령의 임재를 통해 우리가 신실할 수 있게 하신다.

빌 유리(Bill Ury)

예수님은 또한 국내적인 차원에서 신실을 촉진하셨다. 이방인들 가운데서 행하신 국제적인 사역의 경우와 마찬가지로, 예수님은 이스라엘 내부에서 특별히 복음 전파를 통해 신실을 촉진하셨다. 예수님은 마을마다 다니시면서 사람들에게 회개하고 죄에서 돌이키라고 명령하셨다. 하나님 나라가 가까웠으니 하나님께 충성하라고 명령하셨다. 마태는 예수님이 전하신 메시지를 "회개하라 천국이 가까이 왔느니라"(마 4:17; 참조. 막 1:15; 눅 5:32; 10:13)라는 말로 요약했다. 복음서는 예수님이 이런 내용을 전하신 많은 사례를 보여준다.

예수님 안에서 성취된 기대

이스라엘 역사 내내 왕들의 연약함과 죄악은 그들이 하나님 앞에서 책임을 이행하지 못하도록 방해했다(슥 4:6; 행 13:34-39; 롬 8:3-4; 히 4:8). 하나님의 율법에 순종하며 하나님의 백성을 돌보았던 모세와 여호수아, 다윗 같은 신실한 지도자들도 하나님이 명하시는 모든 것을 행할 수는 없었다. 그들은 기껏해야 짧은 기간 동안 평화와 안전을 제공했다. 율법의 요구는 그들이 끊임없이 충족시키기에는 너무나 컸다. 타락한 인류가 하나님이 만족하시도록 율법을 이행하기는 너무나 어렵다. 더구나 가장 훌륭한 지도자들일지라도 수명과 죽음의 제한을 받았다.

구약 시대에 하나님의 백성을 다스렸던 왕들은 하나님이 자기 백성에게 베푸시는 가장 큰 복을 이루지 못했다. 왕들은 그렇게 할 수 없었다. 그들은 연약하고 타락한 인간들이었다. 그러나 왕들의 실패는 하나님이 마침내 다윗의 의로운 자손을 보내어 자기 백성을 구원하심으로써 다윗과 하신 언약을 지키실 것이라는 소망을 갖게 했다.

이 왕은 특별히 하나님의 성령의 능력을 받을 것이므로 인간의 연약함이라는 일반적인 한계가 없을 것이다. 이 왕은 다윗 가계와 이스라엘 민족과 인류가 저지른 과거의 실패를 만회하는 구속자로서 하나님의 율법을 완전하게 지킬 것이다. 하나님은 바로 이러한 왕이신 예수님을 보내셨다. 하나님은 의로운 다윗의 자손, 즉 메시아이신 예수님을 통해 우리가 스스로 할 수 없었던 일을 인류를 위해 마침내 행하셨다.

다윗 왕조

신약의 많은 곳에서 예수님은 예언된 다윗의 자손으로서 다윗 왕조를 회복하시는 분으로 구체적으로 밝혀진다(마 1:1; 눅 3:31; 행 13:22-23; 롬 1:3). 의미심장하게 예수님도 자신이 다윗의 자손 메시아라고 명시적으로 주장하셨다(마 21:15-16; 계 3:7; 22:16). 이런 증거는 예수님이 참으로 예언된 다윗의 자손, 즉 모든 피조물을 위해 하나님 나라의 목적을 성취하실 미래의 메시아 왕이셨다는 것을 보여준다.

다윗 왕위의 계승자로서 예수님은 먼저 이스라엘 내부에 신실한 남은 자, 즉 신실한 사도들과 제자들을 회복하심으로 하나님 나라의 목적을 성취하기 시작하셨다. 그런 다음 예수님이 명령하신 대로(마 28:19-20), 이 제자들은 그들이 도달할 수 있는 모든 민족 가운데서 유대인과 이방인 모두에게 복음을 전하고 제자를 삼아 제자들을 확장시켰고, 그들의 제자들은 세상에 더 멀리 나아가 더 많이 제자를 삼았다. 이 과정은 이후로도 계속되었으며, 이제는 하나님 나라가 세계 인구 중 큰 비율을 포함하며 땅 위의 거의 모든 민족과 나라에 어느 정도 존재하는 결과를 낳았다.

자유와 승리

지상 생애 동안 예수님은 죄와 사망과 귀신과 같은 영적인 원수들에 대한 승리를 통해 하나님의 백성에게 자유를 주시기 위해 단호하게 행동하셨다. 마태가 기록한 대로 주님의 천사는 요셉에게 이렇게 말했다. "[마리아가] 아들을 낳으리니 이름을 예수라 하라 이는 그가 자기 백성을 그들의 죄에서 구원할 자이심이라 하니라 이 모든 일이 된 것은 주께서 선지자로 하신 말씀을 이루려 하심이니 이르시되 보라 처녀가 잉태하여 아들을 낳을 것이요 그의 이름은 임마누엘이라 하리라 하셨으니 이를 번역한즉 하나님이 우리와 함께 계시다 함이라"(마 1:21-23).

이 본문에서 마태는 예수님의 탄생을 이사야 7장 14절이 언급하는 임마누엘 아이와 비견한다. 이사야의 예언의 문맥에서, 임마누엘 아이는 하나님이 전투에서 자기 백성과 함께하시는 전사 왕이시라는 표징이었다. 하나님은 자기 백성을 위해 싸우시며 그들의 원수들을 물리치심으로 전쟁의 승리를 통해 그들을 압제에서 자유하게 하실 것이다. 이 점에서 예수님은 특별하시다. 예수님은 가장 큰 원수인 죄와 싸워 물리치도록 하나님이 사용하실 예언된 왕이셨다(참조. 요 8:36).

예수님은 또한 자기 백성에게 죽음에 대한 승리를 주셨다(롬 6:4-9; 고전 15:54-57). 예수님의 부활은 우리를 위해 죄와 죽음을 물리쳤다. 어떤 면에서 죄와 죽음은 여전히 우리에게 문제로 남아 있다. 우리가 여전히 죄를 짓고 우리의 육신이 여전히 죽기 때문이다. 그렇지만 우리는 이미 이 원수들에게 승리했다. 죄와 죽음이 더 이상 우리를 지배하고 정죄할 권능이 없기 때문이며, 우리가 장차 죄와 죽음에서 구원받을 것이 확실하기 때문이다.

귀신들의 경우도 마찬가지다. 우리의 위대한 왕이신 예수님은 귀신들을 물리치시고 우리에게 승리를 주셨다. 귀신들은 여전히 우리를 괴롭히고 유혹한다. 심지어 우리에게 육체적으로 해를 입힐 수도 있다. 그러나 그들은 우리를 속박하거나 우리 영혼에 해를 가할 권능이 없다. 바울은 이렇게 말했다. "[예수님이] 통치자들과 권세들을 무력화하여 드러내어 구경거리로 삼으시고 십자가로 그들을 이기셨느니라"(골 2:15).

다시 오실 때 예수님은 자기와 자기 백성을 대적하는 모든 원수를 완전히 물리치실 것이다. 그러나 지금도 그들의 지배에서 우리를 자유롭게 하시기 위해, 우리에게 가장 해를 끼칠 원수들에게 사전 심판을 행하셨다.

영원한 나라

구약은 약속된 왕이 영원히 존재할 나라를 출범시키실 것이라고 예언했다. 그 나라는 땅 위의 하늘나라가 될 것이며, 다윗 계보의 왕의 다스림 아래 영원히 계속될 것이다. 신약은 왕이신 예수님의 통치가 영원히 지속될 것이라고 확언한다(마 19:28-29; 25:34; 눅 1:33; 히 1:8-13). 또한 하나님 나라가 이미 시작됐지만 아직 완성에 이르지는 않았다고 말한다.

예수님은 분명히 메시아 왕국을 건설하신 후 하늘 보좌에 오르셨다. 예를 들어 귀신을 쫓아내시는 그분의 능력이 그분이 하나님 나라를 이미 가져오셨음을 입증한다고 주장하신 데서 알 수 있다(마 12:28). 축사는 하나님 나라가 오고 있다는 표적이 아니었다. 하나님 나라가 이미 능력 가운데 현존하며, 그 나라의 왕이 원수들을 쫓아내고 계신다는 증거였다.

예수님이 지상 사역 동안 이루신 일 가운데 하나는 땅 위에 하나님 나라를 건설하는 것이었다. 예수님은 하나님의 능력으로 적의 영토에 교두보를 마련하셨으며, 이 땅에 정당한 창조주와 소유자와 왕을 회복할 공격을 개시하셨다. 적의 영토에 대한 이 초기 공격은 악한 체제에 도전하고, 악한 영들에 도전하며, 빛과 진리로 속임수를 몰아내는 등 여러 가지 극적인 방식으로 나타났다. 이것은 대안적인 충성의 강력한 도입이었다. 이 전투는 지금도 진행 중이다. 최후의 저항이 제거되었으므로 소탕 작전만 남았다. 그리고 이겨 내야 할 남아 있는 마지막 적은 죽음이다. 그러므로 성령의 능력으로 이 계속되는 하나님 나라의 전투에 참여할 때 우리는 이렇게 기도한다. "나라가 임하시오며 뜻이…이루어지이다"(마 6:10). 이 일이 이루어지는 것을 보려면 우리에게 초자연적인 도움이 필요하다.

글렌 G. 스코기(Glen G. Scorgie)

구약의 기대에 대한 성취로 하나님의 구원의 통치가 예수 그리스도를 통해 이 세상에 돌입했으며, 예수님의 죽음과 부활에서 절정에 도달했다. 예수님의 부활은 그분의 죽음이 승리였다는 것을 입증했다. 죄는 처리되었고, 죄의 결과인 죽음은 패배했다. 단지 부활에서만 그런 것이 아니다. 예수님이 하나님 오른편에 앉으신 영광스러운 승천과 성령을 부어 주신 오순절도 하나님 나라 도래의 일부다. 우리가 '하나님 나라의 출범'이라고 부르는 것이 지금 여기 임했다. 그러나 우리 주 예수 그리스도는 또한 성취되어야 할 하나님 나라의 미래 측면이 여전히 남아 있다고 우리에게 말씀하셨다. 따라서 우리는 여전히 "나라가 임하시오며"(마 6:10)라고 기도한다. 하나님 나라는 임했다. 예수님은 승리하셨다. 그러나 하나님 나라는 여전히 완성을 기다리고 있다.

스티븐 J. 웰럼(Stephen J. Wellum)

사람들이 가장 이해하기 어려운 일들 가운데 하나가 메시아 예수님의 초림과 재림의 관계다. 우리가 사자와 어린 양이 함께 눕는 것을 보지 못하고 있는데, 어떻게 예수님이 메시아이시며 메시아 기대를 성취하셨다고 할 수 있는가? 우리는 사람들이 칼을 두드려 보습을 만드는 것을 보지 못하고 있다. 우리는 땅의 화평이나 사람들을 향한 선의를 보지 못하고 있다. 그런데 어떻게 메시아가 오셨다고 할 수 있는가?

여기서 우리는 '시작된 종말론'을 말할 수 있다. 이것은 예수님의 초림과 함께 종말의 현실이 역사 속에 도래했다는 개념이다. 종말은 출범했다. 결정적인 방식으로 개시되고 시작되었다. 그러나 이 종말의 현실의 궁극적인 완성은 여전히 이루어지고 있다. 이것은 하나님 나라의 '이미 그러나 아직'이라고 불려 왔다. 하나님 나라는 임했다. 예수님이 하나님 나라를 가져오셨다. 예수님은 전투에서 결정적인 타격을 가하셨다. 그러나 아직도 전투가 격렬하며, 미래의 궁극적인 성취를 기다리고 있다.

K. 에릭 토에네스(K. Erik Thoennes)

어떤 학자들은 하나님 나라가 많은 사람이 기대하는 가시적인 방식으로 도래하지 않았다고 이의를 제기하지만, 예수님은 전통적인 정치 권력의 의미에서 하나님 나라의 물리적인 나타남을 기대하는 것은 잘못이라고 주장하셨다. 예수님은 바리새인들에게 이렇게 말씀하셨다. "하나님의 나라는 볼 수 있게 임하는 것이 아니요 또 여기 있다 저기 있다고도 못하리니 하나님의 나라는 너희 안에 있느니라"(눅 17:20-21). 그러나 예수님은 또한 영원한 하나님 나라가 하늘에서처럼 땅 위에서도 가시적으로 될 미래의 날이 오고 있다고 분명히 밝히셨다(행 1:6-7; 벧후 3:13; 계 21:1-3).

세계적인 나라

예수님이 다시 오시면 새로운 땅 전체가 하나님 나라가 될 것이다. 예수님의 물리적 힘과 통치가 모든 지상 정부를 대체할 것이다. 지금 예수님의 우주적 통치는 주로 영적이다(엡 1:21-22). 그러나 예수님이 다시 오시면 그 통치가 물리적이기도 할 것이다. 요한계시록 21-22장은 수도인 새 예루살렘에서 예수님이 왕으로 다스리시는 새 하늘과 새 땅을 영광스럽게 그리고 있다.

신약은 예수님이 오래 고대하던 메시아 왕, 즉 하나님 나라를 이 땅에 가져오신 다윗 계보의 왕이심을 분명히 한다. 예수님은 지상 사역 기간에 구약의 예언과 기대를 모두 성취하지는 않으셨다. 그러나 예수님은 그중 많은 예언과 기대를 성취하심으로 자신이 진정한 왕이심을 입증하셨으며, 시작하신 일을 다 마치기 위해 다시 오실 것이라고 우리에게 약속하셨다. 그날에는 하나님 나라가 하나님의 본래 창조 목적을 완전하게 성취할 것이다. 온 세상이 죄와 고통에서 자유롭고, 확고한 평화와 번영을 누리며, 하나님의 임재와 교제의 복을 누리는 하나님의 지상 왕국이 될 것이다.

The Life
and Work
of Jesus

복습 문제

1. 예수님은 왕의 자격을 어떻게 충족시키셨는가?
2. 예수님은 왕의 직무를 어떻게 수행하시는가?
3. 예수님은 미래의 메시아 왕에 대한 구약의 기대를 어떻게 만족시키시는가?

토론 문제

1. 우리가 가족과 친구, 동료와 다른 사람들 사이에서 하나님의 언약과 율법에 대한 우리의 헌신을 보여주려면 어떻게 해야 하겠는가?
2. 지상 사역 기간에 예수님이 보여주신 정의와 자비와 신실에서 우리는 무엇을 배울 수 있으며, 이러한 교훈을 오늘 우리의 삶에 어떻게 적용해야 하겠는가?
3. 하나님은 어떻게 당신이 원수들에게서 자유와 승리를 얻게 하셨는가?

참고 도서

Boice, James Montgomery. *Foundations of the Christian Faith*. Rev. ed. Downers Grove, IL: Intervarsity Press, 1986.

Flusser, David. *Jesus*. 3rd ed. Jerusalem: The Hebrew University Magnes Press, 2001.

Ladd, George Eldon. *The Gospel of the Kingdom: Scriptural Studies in the Kingdom of God*. Grand Rapids: Eerdmans, 1959.

Ridderbos, Herman N. *The Coming of the Kingdom*. Philadelphia: Presbyterian and Reformed, 1962.

Warfield, Benjamin B. *The Lord of Glory*. New York: American Tract Society, 1907. Reprint, Grand Rapids: Baker Book House, 1975.

16장 퀴즈

17

예수님의 왕 사역의 적용

주요 용어와 개념

대위임령(Great Commission)
죄인의 멸망(destruction of sinners)
하나님의 원수(enemies of God)
예수님의 통치(Jesus's rule)
하나님 나라(God's kingdom)

예수님의 왕권의 의미를 설명하는 많은 방법이 있지만, 도움이 되는 모델 하나를 웨스트민스터 소요리문답에서 발견할 수 있다. "그리스도는 왕의 직분을 어떻게 행하시는가?"라는 질문에 소요리문답은 이렇게 답한다. "그리스도는 우리를 자신에게 복종케 하심으로, 우리를 다스리시고 지키심으로, 자신과 우리의 모든 원수를 억제하시고 정복하심으로, 왕의 직분을 행하신다."[1)

이 대답은 예수님의 왕권이 우리 삶에 영향을 미치는 방식을 전통적인 기독교 신학의 세 가지 범주에서 설명한다. 첫째, 예수님은 우리를 복종하게 하심으로 자신의 나라를 세우신다. 즉 예수님은 우리가 더 이상 예수님의 원수가 아니라 예수님이 사랑하는 시민이 되게 하시고자 우리를 자신의 나라로 이끌어 들이신다. 둘째, 예수님은 우리를 다스리시고 지키심으로 우리를 통치하신다. 셋째, 예수님은 자신과 우리의 모든 원수를 억제하시고 궁극적으로 정복하신다.

---

1) 웨스트민스터 소요리문답 26문과 답.

예수님은 하나님 나라를 세우신다

예수님은 하나님 나라를 땅 위에 회복하시고 완성하시는 다윗 계보의 왕이시다. 우리가 아직은 이 나라가 완전하게 이루어진 것을 보지 못하고 있지만, 우리는 그 나라를 맛보고 있다(마 12:28; 막 10:29-30; 눅 18:29-30; 롬 8:23; 엡 1:13-14). 이 메시아 왕국에 대한 하나님의 계획과 그 왕국의 현재 상태, 하나님 나라 건설에 대한 그리스도의 지시는 하나님 나라 시민인 우리에게 의무를 부여한다.

하나님 나라의 목표

성경은 하나님이 온 세상을 하나님의 지상 왕국이 되게 하시려는 계획을 항상 갖고 계셨으며 하나님의 지상 통치가 천상 통치를 반영할 것이라고 가르친다. 우리는 이것을 주기도문과 같은 곳에서 볼 수 있다. 예수님은 하나님 나라가 임하기를 기도하라고 가르치셨다. 또한 하나님의 뜻이 이미 하늘에서 이루어진 것같이 땅에서도 이루어지기를 기도하라고 가르치셨다(마 6:10). 요한계시록 21-22장에 기술된 새 하늘과 새 땅에 대한 묘사에서도 이 점을 볼 수 있다. 그러므로 넓게 말해 예수님의 하나님 나라 건설의 목표는 세상을 하나님의 지상 왕국, 즉 하나님이 거하시기에 적합하며 하나님께 온전히 충성하는 백성으로 가득한 곳이 되게 하는 것이다.

처음부터 하나님은 인류가 하나님의 통치를 하늘에서와 마찬가지로 땅에서도 확립하도록 정해 놓으셨다. 예수님은 이 계획을 성취하신다. 하나님은 자신을 대신해 예수님이 인성을 가지고 피조물을 다스리도록 임명하셨다. 이런 면에서 하나님은 고대 근동의 종주와 같고 예수님은 봉신 왕과 같다. 예수님은 자신의 종주를 기쁘게 하기를 원하셔서 하나님의 목표를 이루는 일에 헌신하셨다. 바울은 아버지에 대한 예수님의 왕적 복종을 이렇게 설명했다.

"그 후에는 마지막이니 그[그리스도]가 모든 통치와 모든 권세와 능력을 멸하시고 나라를 아버지 하나님께 바칠 때라…만물을 그에게 복종하게 하실 때에는 아들 자신도 그때에 만물을 자기에게 복종하게 하신 이에게 복종하게 되리니 이는 하나님이 만유의 주로서 만유 안에 계시려 하심이라"(고전 15:24, 28).

예수님은 하나님의 최고 봉신 왕으로서 모든 피조물에 대한 권세를 갖고 계신다. 피조물에 대한 하나님의 목적을 이루기 위해 지금 그 권세를 사용하셔서 하나님을 대적하는 모든 것을 정복하시고 모든 것이 하나님께 복종하게 하신다.

그러면 현대의 그리스도인들은 예수님의 목표가 온 세상을 하나님 나라가 되게 하려는 것이라는 개념에 어떻게 반응해야 하는가? 간단한 대답은 우리도 하나님 나라 건설을 우리 삶의 주요 목표로 삼아야 한다는 것이다. 생계, 가족 부양, 건강 유지, 교육 등 다른 목표들이 우리에게 있더라도 그 목표는 하나님 나라를 진척시키는 방식으로 추구되어야 한다. 예수님은 이렇게 가르치셨다. "너희는 먼저 그[하나님]의 나라와 그의 의를 구하라 그리하면 이 모든 것을 너희에게 더하시리라"(마 6:33).

실질적으로 말하자면, 이것은 우리가 피조계와 역사 가운데서 하나님이 하시는 일의 큰 그림을 보아야 한다는 의미다. 우리가 하나님이 가치 있게 여기시는 것을 가치 있게 여기고 하나님이 거부하시는 것을 거부해야 한다는 의미다. 우리가 하나님 나라의 동료 시민들을 인정하고 사랑하며 하나님 나라의 원수들과 그들의 방식에 저항해야 한다는 의미다. 우리가 예수님의 나라의 특성을 반영하고 그 나라의 목표를 촉진하는 결정들을 내려야 한다는 의미다. 베드로는 이렇게 말했다. "너희가 어떠한 사람이 되어야 마땅하냐 거룩한 행실과 경건함으로 하나님의 날이 임하기를 바라보고 간절히 사모하라"(벧후 3:11-12). 이상하게 생각되겠지만, 하나님에 대한 우리의 순종은 실제로 예수님이 더 빨리 오셔서 그분의 나라를 완성하시도록 할 수 있다.

하나님 나라의 현시

신약이 예수님의 나라의 현시(顯示)에 대해 말할 때 그 나라를 교회와 자주 연관시킨다는 것을 여러 시대에 걸쳐 많은 신학자가 주목해 왔다. 하나님 나라와 교회의 관계는 성경 전체에 걸쳐 여러 곳에서 설명된다(참조. 엡 1:19-2:20; 계 1:4-6). 한 가지 예로, 베드로와 예수님 사이의 이 토론을 보라. "시몬 베드로가 대답하여 이르되 주는 그리스도시요 살아 계신 하나님의 아들이시니이다 예수께서 대답하여 이르시되 바요나 시몬아 네가 복이 있도다 이를 네게 알게 한 이는 혈육이 아니요 하늘에 계신 내 아버지시니라 또 내가 네게 이르노니 너는 베드로라 내가 이 반석 위에 내 교회를 세우리니 음부의 권세가 이기지 못하리라 내가 천국 열쇠를 네게 주리니 네가 땅에서 무엇이든지 매면 하늘에서도 매일 것이요 네가 땅에서 무엇이든지 풀면 하늘에서도 풀리리라"(마 16:16-19).

이는 하나님 나라와 교회를 밀접하게 연관시키는 적어도 세 가지의 사실을 이야기한다. 첫째, 예수님은 "내 교회를 세우리니"라고 말씀하셨다. 그리고 이 말에 이어서 베드로에게 천국 열쇠를 주시겠다고 말씀하셨다. 여기서 둘의 연관성을 주목하라. 사도이며 교회의 기초 일부인 베드로는 하늘나라를 다스릴 권세를 갖게 될 것이다. 둘째, 베드로는 예수님께 '그리스도'라는 칭호를 적용했다. '그리스도'라는 말은 '기름 부음 받은 자'를 의미한다. 이것은 왕들이 왕좌에 대한 권리를 나타내기 위해 기름 부음을 받았던 사실을 구체적으로 가리키는 것이었다. 그러므로 베드로는 예수님을 그리스도로 부름으로써 예수님이 예언된 다윗 계보의 왕이라고 밝히고 있었다. 예수님이 자신의 교회를 세우시는 일은 그분의 왕으로서의 역할이었다. 셋째, 교회를 음부(지옥)와 천국 사이의 전쟁에 참여시키는 것이 예수님의 의도였다. 이런 세부 사항들은 모두 예수님과 베드로가 교회와 하나님 나라를 매우 밀접하게 관련된 개념으로 생각했다는 사실을 나타낸다. 그러나 교회와 하나님 나라가 밀접한 관계이기는 하지만, 신약에서 이 둘은 정확하게 일치하지 않는다. 대부분의 학자는 하나님 나라가 교회보다 훨씬 더 큰 개념이라는 데 의견이 일치한다.

하나님 나라와 교회의 개념은 둘 다 우리가 그리스도인으로서 삶의 어떤 부분에서 어떻게 살아야 하는지 온전히 이해하려면 없어서는 안 될 것들이지만, 이 둘을 구분하는 것이 중요하다. 많은 그리스도인은 교회가 하나님 나라의 절정이며, 따라서 우리가 현존하는 가장 훌륭한 존재라고 생각한다. 그러나 성경 전체에서 하나님 나라의 개념은 교회보다 훨씬 더 크다. 성경은 교회를 하나님 나라의 대체 불가한 부분이면서도 하나님 나라 사역의 하위 부분이나 일부분이라고 본다. 하나님 나라, 즉 하나님의 통치는 언제나 현실의 기초였다. 하나님은 우주와 모든 피조물과 우리를 다스리시는 주님이시다. 하나님은 모든 사람과 모든 나라, 모든 왕과 모든 족속의 주님이시다. 대부분의 사람들이 모르고 있지만, 하나님은 만유의 주님이시다. 그러므로 하나님 나라, 즉 하나님의 통치는 성경 전체에 걸쳐 있는 가장 중요한 주제다. 교회는 예수님의 주 되심에 복종하고, 예수님의 주권적인 통치를 인정하며, 세상에서 예수님의 대리인이 되는 일에 헌신한 사람들이다.

빌 유리(Bill Ury)

교회와 하나님 나라의 관계는 매우 흥미롭다. 하나님 나라는 하나님의 완전한 뜻에 자발적으로 복종하도록 만물을 회복시키려는 거시적인 비전이다. 즉 이 지구와 인간의 삶을 포함하여 온 우주를 포괄하는 비전이다. 그것은 하나님의 영광과 우리의 큰 기쁨을 위해 놀랄 만한 삶의 샬롬을 창조하시는 왕에 대한 복종이다. 교회는 이 거시적인 비전을 진척시키기 위해 하나님이 택하신 주요한 방편 가운데 하나다. 그러므로 교회를 하나님 나라와 동일시하지 않는 것이 중요하다. 종교적인 교회 조직들을 하나님 나라와 절대로 동일시하지 말아야 한다. 이것들은 하나가 아니며 동일한 것도 아니다. 교회는 목적을 위한 수단이다. 교회는 말하자면 언덕 위에 세워진 도시로서, 자체의 내부 생활과 사회적 역학 관계를 통해 언젠가 이 바다에서 저 바다까지 이르는 하나님의 모든 피조물의 특징이 될 바로 그 역학 관계를 이미 나타내고 있어야 한다. 우리는 하나님 나라의 원형이자 하나님 나라의 대리인이 되어야 한다.

글렌 G. 스코기(Glen G. Scorgie)

신약은 피조물에 대한 하나님의 통치의 마지막 영광스러운 단계가 그리스도의 초림에서 시작되었다고 가르친다. 그 이후로 시상의 하나님 나라는 세속 성장했으며 인간 문화의 많은 국면을 하나님께 복종시켜 왔다. 그리스도가 다시 오시면, 하나님 나라는 누구의 반대도 전혀 받지 않을 것이며 자연과 인간 문화의 모든 측면에 완전하게 나타날 것이다.

교회는 이 역사의 윤곽에 어떻게 들어맞는가? 근본적으로 교회는 현세에 지상에 있는 하나님 나라의 핵심이다. 우리는 지금 하나님 나라를 진척시키는 데 헌신하고 있다. 그리스도가 다시 오시면 우리는 하나님 나라의 완전한 복을 유업으로 받게 될 것이다. 그때까지 우리는 그리스도의 재림에 앞서 하나님의 분명한 통치를 인간 사회의 모든 차원에 최대한 확장하기 위해 주님이 명령하신 모든 것을 가르침으로써 그리스도의 복음을 전파해야 한다.

> 교회가 하나님 나라에서 자기의 위치를 이해하는 것은 매우 중요하다. 나는 그리스도가 다시 오셔서 우리가 그분과 함께 있게 되면 우리가 더 이상 교회라고 불리지 않을 것이라고 생각한다. 우리는 하나님 나라가 될 것이다. 때로 우리는 교회로서의 우리 자신을 너무 높게 보는 때가 있다. 우리가 유일한 해답이거나 하나님의 유일한 목적이라고 생각하는 것이다. 물론 우리는 참으로 중요하다. 그런데 그리스도는 교회를 위해서도 죽으셨지만 또한 세상을 위해서도 죽으셨다.
> 예수 그리스도의 교회의 일원으로서 나 자신을 보는 가장 좋은 방법은 이렇게 말하는 것이다. "내게는 한 가지 목표가 있다. 그것은 그리스도의 몸이 되는 것이다. 나는 세상을 향한 주님의 손과 발과 팔이 되도록, 즉 주님이 여기에 계셨다면 하셨을 일을 하도록 부르심을 받았다." 그것이 나의 왕이 내게, 그리고 교회인 우리에게 내리시는 명령이다. 안타까운 일은 때로 교회가 이렇게 말한다는 것이다. "우리는 하나님 나라의 절정이다. 우리는 주님이 행하러 오신 목표다. 그러므로 우리는 주님이 다시 오실 때까지 가만히 앉아서 아무 일도 하지 않거나 주님의 임재를 즐기기만 할 것이다." 이것은 잘못된 견해다. 우리는 우리 자신을 바로잡고 교회의 목적을 우리 주님이자 구주이신 왕의 목적과 연결하는 일에 다시 착수해야 한다.
> **빌 유리**(Bill Ury)

하나님 나라의 건설 방법

예수님은 두 가지 주요한 방법으로 하나님 나라를 건설하시는데, 두 방법 모두 교회와 직접적인 관련이 있다. 즉 예수님은 교회에 더 많은 사람을 추가

하시고, 교회의 지리적 경계를 확장하신다. 신약에서는 예수님이 주로 이스라엘에서 사람들을 모으기 시작하셨다. 그러나 예수님은 승천하실 때 자신의 나라를 유대와 사마리아와 땅끝까지 확장하라고 교회에 명령하셨다(행 1:6-8). 예수님은 인류 전체와 온 세상을 포함하도록 교회를 확장하심으로 자신의 나라를 건설하고 계신다.

교회인 우리는 이 일에 어떻게 응답하고 참여하는가? 대답은 일반적으로 대위임령의 이 말씀에서 찾을 수 있다. "너희는 가서 모든 민족을 제자로 삼아 아버지와 아들과 성령의 이름으로 세례를 베풀고 내가 너희에게 분부한 모든 것을 가르쳐 지키게 하라"(마 28:19-20).

자신의 나라를 건설하기 위해 예수님이 주로 사용하시는 방법은 복음 전도와 세례, 성경을 가르치는 일이다. 더구나 예수님은 이 방법들을 혼자 수행하지 않으시고 자신을 대신해 교회가 이 일들을 수행하도록 명하셨다. 복음 전도는 사람들을 믿음으로 인도한다. 세례는 사람들을 교회에 연합시킨다. 가르침은 사람들을 성장하도록 도와주어 교회를 강화하며 더욱 확장되게 한다.

복음서의 마지막에 나오는 도전은 모든 민족에게 가서 복음을 전파하고 제자를 삼으라는 것이다. 제자가 된다는 말은 단순히 배우는 사람, 신자가 되는 것 이상을 의미한다. 그것은 하나님과 관계를 맺는 것을 의미한다. 물론 하나님은 우리를 가르치고 인도하는 분이시지만, 우리의 과제는 평생 제자가 될 사람, 즉 평생 하나님과 관계를 맺을 제자를 만드는 것이다. 그러려면 제자의 좋은 모범이 필요하다.

사람들은 그리스도인의 삶을 잘 사는 방법을 보여줄 수 있는 다른 신자들과 관계를 맺어야 한다. 그들은 또한 가르침이 필요하다. 사람들은 하나님이 그분을 따르는 제자들에게 무엇을 요구하시는지 이해해야 한다. 하나님은 사람들이 그리스도인으로 성장할 수 있는 체계, 실제로 하나님과 관계를 맺고 그분을 충실히 따르는 평생 학습자가 될 수 있는 체계를 교회 안에 마련해 두셨다.

사이먼 비버트(Simon Vibert)

예수님은 자신의 백성을 통치하신다

예수님은 하나님의 아들로서 현재 모든 피조물을 다스리시며 피조계 전체에 자신의 나라를 확장하고 계신다. 하지만 사람으로서는 하늘에서 자신의 나라를 다스리며 확장하고 계신다.

예수님이 다른 사람들처럼 우리와 육체적으로 함께 계시지 않기 때문에 우리는 예수님과 조금 단절된 느낌을 받을 수 있다. 새 하늘과 새 땅에서는 달라지겠지만(계 22:3-4), 그전까지 우리는 주님이 참으로 우리를 다스리고 계신다는 것과 시작하신 일을 끝내신다는 것을 신뢰하며 믿음으로 주님께 헌신해야 한다.

예수님은 우리를 다스리신다

예수님의 통치는 우리의 영원한 유익, 즉 우리가 예수님과 영원히 누릴 복을 확보하는 데 초점이 있다. 예수님께 나아오는 모든 사람은 자비와 용서를 받는다(요 6:35-37; 7:37; 10:28-29; 행 5:31). 예수님은 우리를 하나님의 상속자로 입양하시고 자신의 완전한 순종을 통해 얻으신 모든 언약의 복을 우리와 나누신다(행 13:34-39; 롬 8:17, 32; 히 2:13). 또한 예수님은 이 모든 복을 은혜의 선물로 우리에게 주신다(요 1:16; 엡 2:8-9).

그리스도의 사랑의 통치는 우리에게 이 세상의 현세적인 유익도 제공한다. 주님은 성령을 통해 자신의 임재를 우리에게 주신다(행 2:33; 갈 4:6; 빌 1:19). 성경을 통해 분명한 지침을 주셔서 우리가 주님을 신실하게 섬길 수 있게 하신다(고전 9:21; 갈 6:2; 골 3:16). 또한 교회의 지도자들을 임명하시고 주님의 백성을 섬길 권위와 능력을 그들에게 위임하신다(고전 12:28; 엡 4:11-12).

왕이신 예수님은 가혹한 독재자가 아니다. 주님은 우리를 돌보시고 필요를 채워 주시는 사랑의 왕이시다. 주님의 통치는 문제의 근원이 아니라 현재와 영원히 우리에게 유익을 주는 자애로운 복이다. 우리의 왕이 행하셨고 행하고 계신 일에 대한 응답으로, 그리고 우리를 위해 준비해 두신 미래의 복을 받기 위해, 우리는 주님의 통치에 복종해야 한다. 주님의 법에 순종하며, 실패와 어려움을 극복하기 위해 주님의 자비와 능력을 신뢰해야 한다. 주님의 지도력에 감사하며, 우리에게 베푸신 선하심에 대해 주님을 찬양해야 한다.

예수님은 우리를 보호하신다

고대의 왕들이 자기 백성을 보호했던 것과 마찬가지로 예수님도 자기 나라의 백성을 보호하신다. 예수님은 여러 가지 방법으로 우리를 보호하신다. 하지만 여기서는 우리의 목적을 위해 세 가지에 초점을 맞추려고 한다. 첫째, 예수님은 죄의 유혹으로부터 우리를 보호하신다. 예를 들어 예수님은 우리가 유혹에 직면하기 전에 우리에게 경고하신다(마 6:13). 그분은 우리에게 죄에 저항할 힘을 주신다(히 2:16). 또한 우리를 압도하거나 올무에 빠뜨릴 상황으로부터 보호하시며, 언제나 죄를 피할 길을 마련해 주신다(고전 10:13; 딤후 4:18).

둘째, 우리가 유혹에 굴복하면 예수님은 우리가 죄로 인한 부패에 빠지지 않도록 보호하신다. 그 방법 가운데 하나는 우리가 죄의 지배에 굴복하지 않도록 우리를 징계하시고 바로잡으시는 것이다(렘 46:28; 히 12:5-11; 계 3:19). 예수님은 우리가 죄를 지을 때 용서하시고 깨끗하게 하심으로 부패에 빠지지 않게 우리를 보호하신다(요일 1:9).

셋째, 예수님은 죄에 대한 고소로부터 우리를 보호하신다. 모든 그리스도인은 죄를 짓기 쉽고, 우리가 죄를 지으면 사탄은 하나님을 설득해서 우리를 정죄하려고 한다(계 12:10). 예수님은 이 고소에 대해 우리를 변호하셔서 하나님이 우리를 완전히 의롭다고 여기시도록 하신다. 성경이 종종 그리스도의 제사장직과 관련하여 우리를 위한 그리스도의 중보를 이야기하지만, 성경은 또한 그리스도의 중보에는 왕의 측면도 있다는 것을 보여준다(롬 8:34). 예수님은 위대한 봉신 왕으로서 위대한 종주에게 우리를 위해 중보하심으로써 자기 백성을 고소로부터 보호하신다.

예수님이 우리를 강력하게 보호해 주시기 때문에 우리는 죄와 싸울 때 큰 확신을 가질 수 있다. 우리가 유혹에 저항할 수 있도록 도와주시는 주님의 힘과 죄의 영향으로부터 우리를 깨끗하게 해주시는 주님의 용서, 그리고 죄의 결과로부터 우리를 보호해 주시는 주님의 변호를 의지한다면, 어떤 것도 우리를 해칠 수 없다. 예수님은 죄와 싸우도록 우리를 이끄시는 위대하고 강력한 전사 왕이시다. 비록 우리가 잘 싸우지 못하더라도 우리는 패배하지 않는다. 주님이 우리의 패배를 허락하지 않으실 것이기 때문이다. 주님은 언제나 우리를 보존하시고 보호하신다. 우리를 용서하시고 깨끗하게 하시며, 우리를 변호하시고 무죄를 선고하신다. 그리고 마침내 우리를 영원한 나라의 다함이 없는 복 가운데로 인도하실 것이다.

예수님은 자신의 원수를 정복하신다

누군가 하나님의 법을 어기면 사람들은 종종 상처를 입는다. 우리는 매일 범죄가 저질러질 때 이를 목격한다. 강도와 사기, 구타, 배신을 당하고 심지어 살해당하는 피해자가 있다. 성경의 언어로 표현하자면, 이런 범죄를 저지르는 범죄자들은 피해자만이 아니라 하나님께도 적이 된다. 정부의 적절한 대응은 이런 범죄자들을 잡아 처벌하는 것이다. 범죄자들에 대한 심판은 그들의 범죄에 대한 적절한 형벌인 동시에 피해자와 사회를 더 이상의 범죄로부터 보호하는 방법이다(잠 20:8; 25:5; 롬 13:1-4).

예수님이 행하시는 심판도 이와 비슷하다. 예수님은 공의에 따라 자신과 우리의 적을 처벌하셔서 그들의 범죄를 정확하게 징벌하신다. 또한 우리에게 베푸시는 복과 자비의 행위로 그들을 벌하셔서 그들의 죄와 폭력으로부터 우리를 보호하시며 우리를 위해 만들고 계신 세상을 정화하시고 보호하신다. 죄인들에 대한 심판과 멸망은 세상을 하나님의 지상 왕국이 되게 하시려는 예수님의 사명에서 중요한 부분이다. 죄의 부패가 완전히 제거되지 않는 한, 세상은 하나님을 기쁘시게 하거나 하나님이 거하시기에 적합할 수 없으며, 우리가 영원한 복을 누리기에 적합한 곳이 될 수도 없다.

예수님은 지상 사역 동안 자신과 우리의 많은 적들에 대해 심판을 실행하기 시작하셨다. 이 적들은 죄와 죽음, 귀신들이었다. 예수님은 그들에게 승리를 거두셨지만, 그들에 대한 징벌을 아직 끝내지 않으셨다. 그러므로 예수님은 지금도 그들을 계속 심판하고 계시며, 다시 오시는 때에야 심판을 완료하실 것이다(벧후 2:4; 유 1:6; 계 20:10, 14). 예수님과 교회에는 또 다른 적들도 있다. 우리가 예전에 그랬던 것처럼 그리스도께 복종하지 않는 모든 죄인은 사탄의 나라 시민이며 하나님의 원수다(마 13:37-43; 눅 19:27; 엡 2:1-3). 현재 예수님은 이 적들이 세상에 사는 동안 이들에게 부분적으로 심판을 행하신다. 예를 들어 헤롯은 백성이 그를 신으로 대하도록 허용한 죄 때문에 죽임을 당했다(행 12:23). 그렇지만 대부분의 경우에 예수님은 적들을 심판하는 일을 참으시고 다시 오실 때까지 인내하시며 심판을 보류하신다.

신약 성경에서 미래의 심판은 종종 복음의 일부로 표현된다. 이것은 심판이 없어야 좋은 소식일 복음에 있어 이상한 요소처럼 보일 수 있지만, 사실 심판은 좋은 소식의 일부다. 하나님은 고통이 영원히 지속되게 하지 않으시고 치유하여 해결하시듯이, 불의도 무한정 지속되도록 허용하지 않으시고 잘못을 바로잡으실 것이라고 확약하신다. 모든 인간의 마음속에는 불의가 만연하거나 중요하지 않은 것으로 치부되는 일이 없기를 바라는 깊은 갈망이 있다. 미래의 심판은 고통받는 사람들에게 이런 일이 용납되지 않을 것이라고 하시는 하나님의 확실한 약속이다. 그들에게는 중보자가 계시며, 복수심에 불타서 스스로 심판에 나설 필요가 없고 오히려 올바로 심판하실 신실하신 재판장에게 그를 자신을 맡길 수 있다는 것이다.
글렌 G. 스코기(Glen G. Scorgie)

사도들은 왕이신 예수님의 통치가 미래의 심판 날, 즉 모든 사람이 예수님의 통치와 법에 응답할 날을 포함한다는 점을 분명히 했다(행 17:31; 롬 14:10-12; 히 10:26-31). 다가오는 심판 날은 그리스도의 왕 사역의 핵심적인 부분이다. 주님의 심판은 죄인들에 대해서는 주님의 공의를, 신자들에 대해서는 주님의 자비를 만족시킬 것이며, 하나님 나라를 정화하심으로 아버지에 대한 주님의 신실함을 만족시킬 것이기 때문이다.

많은 그리스도인이 성경이 제시하고 설명하는 복음으로 인해 당혹스러워한다. 회개하지 않는 자들, 즉 그리스도 안에 있지 않고 자기 죄로 인해 죽는 자들이 받게 될 끔찍하고 영원한 형벌에 대한 매우 분명한 메시지가 복음에 들어 있기 때문이다. 내가 이것을 좀 더 잘 이해하게 된 것은 의사가 내 얼굴을 들여다보며 "종양을 발견했습니다."라고 말했을 때였다. 이는 좋은 소식처럼 들리지 않았지만, 사실은 좋은 소식이었다. 의사가 종양을 발견해 낸 것도 좋은 소식이었고, 그 종양에 대해 의사가 나에게 말해 준 것도 좋은 소식이었다. 만약 그 의사가 내게 종양이 있다고 말하는 것이 좋지 않다고 생각했다면 어땠을까? 그것은 사랑을 베푸는 것도, 은혜로운 것도, 좋은 것도 아니다. 의사는 종양을 발견하고 나에게 이렇게 말했다. "당신에게는 종양이 있고 그래서 죽을 수도 있지만, 우리는 그것을 치료하기 위해 무언가를 할 수 있습니다." 좋은 소식이다.
성경은 다가올 심판과 죄의 결과를 분명하게 제시한다. 우리는 그것이 좋은 소식이라는 것을 알고 있다. 우리가 듣는 말은 "다가오는 심판이 있는데, 이것은 하나님이 막으실 수 없는 일이다."라는 것이 아니다. 우리는 이 심판이 하나님이 의와 정의, 거룩하심을 쏟아부으시는 것이라는 말을 듣는다. 우리가 다가오는 멸망과 심판을 피하려면 그리스도께로 피해야 한다는 사실을 안다는 것은 좋은 일이다.
신약의 마지막 책인 요한계시록은 하나님이 구속받은 자들의 구원과 회개하지 않는 자들의 심판을 통해 영광을 받으신다는 것을 매우 솔직하게 밝힌다. 하나님의 영광이 무한하게 드러나는 때는 그리스도 안에 있는 자들, 즉 자신의 공로 때문이 아니라 그리스도 안에서 죄를 용서받은 사람들과 끝까지 완고하게 그리스도를 거부하는 사람들에게 하나님이 그분의 의로우심을 나타내시는 때다. 현실은 우리가 이것을 알아야 한다는 것이다. 복음이 좋은 소식인 이유는 무엇보다 우리에게 다가올 멸망을 피할 수 있는 방법을 알려 주기 때문이다. 우리가 어떻게 그리스도를 신뢰할 수 있고 그리스도 안에서 발견될 수 있는지, 어떻게 영원한 생명을 얻을 수 있는지 알려 주기 때문이다. 그러나 복음이 좋은 소식인 또 다른 이유는 이야기의 남아 있는 부분을 우리가 알아야 하기 때문이다. 그것도 복음의 일부다.

R. 앨버트 몰러 2세(R. Albert Mohler, Jr.)

최후의 심판 교리가 그리스도를 주님으로 영접하지 않은 사람들에게는 두려움을 주는 것일 수 있지만, 최후의 심판은 나쁜 것이 아니다. 이러한 경고는 불충한 사람들이 자기 죄를 회개하고 우리의 왕이신 예수 그리스도께 용서와 자비와 은혜를 받을 수 있는 기회를 제공한다. 물론 강하게 표현되어 있기는 하지만, 이런 경고의 핵심은 회개하는 사람들에게 복을 베푸신다는 것이다. 실제로 성경에서 복음이 제시될 때 종종 미래의 심판에 대한 경고가 포함되어 있는 이유도 바로 이 때문이다(마 21:32-44; 행 17:30-31).

신자들은 최후의 심판에 대한 성경의 가르침에서 격려를 얻어야 한다. 그것은 우리의 고난이 헛되지 않다는 확신을 준다. 모든 잘못된 것은 바로잡힐 것이다(살후 1:4-10; 약 5:7-8). 그리스도의 미래의 심판은 우리가 주님을 찬양할 이유가 된다. 주님이 모든 악의 존재와 부패, 영향력을 말살하실 것이기 때문이다. 그 결과, 우리가 영원히 유업으로 받아 거하게 될 깨끗하고 완전한 세상이 이루어질 것이다. 요한계시록에서 천사는 이렇게 선포한다. "하나님을 두려워하며 그에게 영광을 돌리라 이는 그의 심판의 시간이 이르렀음이니 하늘과 땅과 바다와 물들의 근원을 만드신 이를 경배하라"(계 14:7).

하나님은 예수님을 정의와 자비와 신실함으로 다스리시는 우리의 사랑의 왕으로 선택하셨다. 예수님은 하나님의 백성에게 신실한 언약의 왕을 주시겠다는 하나님의 모든 약속을 완전하게 충족시키셨고, 충족시키고 계시며, 충족시키실 것이다. 예수님은 지금 하늘에서 우리를 다스리시지만, 우리가 우리의 왕을 얼굴과 얼굴을 대하여 뵙게 될 날이 다가오고 있다. 그때 예수님은 죄를 포함하여 모든 적에게서 우리를 완전히 해방하실 것이며, 영원하고 세계적인 평화의 나라로 우리를 인도하실 것이다. 우리의 왕이신 예수님이 누구이신지 진정으로 이해하고 예수님이 우리를 위해 행하시는 모든 일을 이해할 때, 우리는 일평생 우리가 하는 모든 일에서 그분을 사랑하며 따를 수 있게 될 것이다.

The Life
and Work
of Jesus

복습 문제

1. 예수님은 어떻게 자신의 나라를 건설하시는가?
2. 예수님이 자신의 나라 안에서 자기 백성을 다스리시는 방법을 설명해 보라.
3. 예수님은 어떻게 자신의 원수들을 정복하셨으며, 다시 오시는 때에는 무슨 일을 하시는가?

토론 문제

1. 당신의 삶에서 하나님 나라를 주된 목표로 추구하려면 어떻게 해야 하는가?
2. 우리가 죄와 싸울 때 사용할 수 있는 유용한 전략으로는 어떤 것들이 있는가?
3. 우리가 불신자들에게 복음을 제시할 때 심판에 대한 경고를 포함하는 것이 중요한가? 왜 그런가? 아니면 왜 그렇지 않은가?
4. 예수님이 재림하셔서 자신의 나라를 완성하시는 때에 기대되는 일들은 무엇인가?

참고 도서

Blomberg, Craig L. *Jesus and the Gospels: An Introduction and Survey*. Nashville: Broadman & Holman, 1997.

Frame, John M. *The Doctrine of the Christian Life*. Phillipsburg, NJ: P&R Publishing, 2008.

Grudem, Wayne. *Systematic Theology: An Introduction to Biblical Doctrine*. Grand Rapids: Zondervan, 1994.

17장 퀴즈

5부 테스트

종합 시험

용어 설명

이 용어 설명은 빠르게 참조할 수 있도록 마련된 것으로, 수록된 사람이나 용어들을 자세하게 다루지는 않는다. 헬라어와 히브리어 용어는 음역해 놓았다.

경륜적(economic) '가정 경영과 관련된'을 의미하는 용어. 삼위일체의 세 위격이 서로 어떻게 관계를 맺고 있는지를 말할 때 사용된다.

계속(continuation) 시작된 종말론의 두 번째 단계이자 중간 단계로, 그리스도의 초림 이후와 최후 승리 이전의 하나님 나라 시대이다.

고레스(Cyrus) 주전 559-530년에 재위한 바사(페르시아) 왕. 이스라엘 백성이 약속의 땅으로 돌아갈 수 있다는 포고령을 내렸다.

고별 강화(Farewell Discourse) 예수님이 신실한 열한 사도에게 마지막으로 하신 말씀으로, 요한복음 14-16장에 나타난다.

교회(church) 하나님의 언약 백성. 하나님의 회중. 이 땅에 이루어진 하나님 나라의 가시적인 발현.

구속 언약(covenant of redemption) 하나님의 위격들이 구속을 확보하여 그 구속을 타락한 피조물, 특히 타락한 인류에게 적용하기로 체결하신 엄숙한 협정.

그리스도(Christ) '기름 부음 받은 자'를 의미하는 헬라어 크리스토스(*christos*)에서 나온 말로 구약 히브리어 마시아흐(*māšîaḥ*), 즉 메시아와 관련이 있다.

기독론(Christology)　예수 그리스도의 인격과 사역에 대한 학문과 교리.

나지안조스의 그레고리오스(Gregorios)　주후 325년부터 389년까지 살았던 콘스탄티노폴리스의 감독이자 영향력 있는 신학자.

노아(Noah)　하나님의 지시에 따라 방주를 만들고 홍수에서 살아남은 사람. 하나님은 그와 자연의 영구적인 안정을 약속하는 우주적 언약을 맺으셨다.

노아 경륜(Noahic administration)　하나님이 노아와 자연의 안정을 확약하는 언약을 맺으신 시기의 경륜.

능동적 순종(active obedience)　성부 하나님이 명령하신 모든 것에 대한 예수님의 순종.

다윗(David)　구약 이스라엘의 두 번째 왕. 그의 후손이 보좌에 앉아 영원히 다스릴 것이라는 약속을 받았다.

다윗 경륜(Davidic administration)　하나님이 다윗과 언약을 맺으신 시기의 경륜으로, 이때 하나님은 구속자가 다윗의 자손으로 올 것이라고 약속하셨다. 구약 시대의 마지막 경륜.

대리 속죄(substitutionary atonement)　죄를 지은 사람을 대신해 하나님의 징벌을 받는 희생을 드리는 행위. 특히 하나님이 진노를 쏟아부으실 자들을 대신해 십자가에서 죽으신 그리스도의 행위를 가리킨다.

대위임령(Great Commission) 그리스도가 신실한 열한 사도를 자신의 권위를 지닌 대표로 임명하시며 주신 명령으로, 온 세상에 하나님 나라를 전파하라는 임무를 맡기셨다(마 28:19-20).

레위인(Levites) 레위 지파 사람. 이스라엘을 위해 제사장으로 섬겼다.

르호보암(Rehoboam) 솔로몬왕의 아들로 뒤를 이어 다스렸다. 이스라엘 북쪽 지파들을 학대하여 왕국 분열을 낳았다.

마르틴 루터(Martin Luther, 1483-1546) 16세기 독일 수도사이자 개신교 종교 개혁자. 1517년에 비텐베르크 성(城) 교회 문에 95개조 논제를 게시함으로 종교 개혁이 시작되게 했다.

마시아흐(*māšîah*) 메시아에 해당하는 히브리어. 기름 부음을 받은 자.

메시아(Messiah) '기름 부음 받은 자'를 의미하는 히브리어. 현세에서 내세로의 전환을 가져올 다윗 왕통의 위대한 왕. 헬라어로 크리스토스(*christos*)로 번역된다.

멜기세덱(Melchizedek) 아브라함을 축복하고 아브라함에게서 십일조를 받은 살렘 왕이자 대제사장.

모세(Moses) 이스라엘을 애굽(이집트)에서 인도해 낸 구약 선지자이자 구원자. 하나님은 모세와 국가 언약을 맺으셨으며, 모세는 십계명과 언약서를 이스라엘에 집행했다. 또한 모세는 예수님이 변모하셨을 때 엘리야와 함께 나타났다.

모세 경륜(Mosaic administration) 하나님이 모세와 언약을 맺으신 시기의 경륜으로, 이때 하나님은 제사 제도를 제정하시고 이스라엘에 율법을 주셨다.

문화 명령(cultural mandate) 창세기 1장 28절에서 인류에게 하나님의 영광을 드러내기 위해 피조물을 개발하며 다스리라고 지시하신 명령.

법정적 의(forensic righteousness) 우리에게 전가된 예수님의 의로운 순종.

변모(transfiguration) 예수님이 영광스러운 모습을 제자들에게 나타내 보이신 사건으로, 마태복음 17장 1-8절, 마가복음 9장 2-8절, 누가복음 9장 28-36절에 기록되어 있다.

봉신(封臣, vassal) 더 강력한 황제나 왕(종주)에게 복종해야 하는 왕이나 나라.

부패(depravity) 죄에 빠진 인류의 도덕적 타락 상태.

불가범성(impeccability) 죄를 지을 수 없음. 예수님이 죄를 지을 수 없으셨다는 사실을 가리키는 데 사용된다.

불변적(immutable) '변함없음'을 의미하는 용어. 하나님의 속성과 완전한 특성이 변함없음을 나타내기 위해 사용된다.

사울(Saul) 이스라엘을 다스리도록 하나님이 처음으로 임명하신 왕.

삼위일체(Trinity) 하나님이 한 본질의 세 위격이시라는 사실을 표현하는 데 사용되는 신학 용어.

새 언약(new covenant) 그리스도 안에서 성취된 언약. 예레미야 31장 31절에 처음으로 언급된다.

새 예루살렘(new Jerusalem) 새로운 피조계의 수도이자 중심. 하나님이 이곳에 하늘 보좌를 두시고 하나님의 백성에게 그분의 영광을 나타내실 것이다.

선지자(prophet) 하나님의 말씀을 선포하고 적용하는 하나님의 사자. 특히 죄에 대한 심판을 경고하고 복을 불러오는 하나님에 대한 충성스러운 섬김을 격려한다.

성막(tabernacle) 언약궤를 모셔두었던 이동식 장막으로, 그곳에서 하나님이 이스라엘에게 자신의 특별한 임재를 보여주셨다.

성육신(incarnation) 예수님이 영원히 인성을 취하신 일을 가리키는 용어.

성전(temple) 이스라엘 백성이 하나님을 예배했던 예루살렘의 건물로, 하나님은 특별한 방식으로 자기 백성과 함께 그곳에 임재하시겠다고 약속하셨다. 주전 586년에 파괴되었다가 나중에 재건되었지만, 주후 70년에 다시 파괴되었다.

세례 요한(Johanan) 참된 회개를 촉구하며 하나님 나라의 도래가 임박했음을 선포했던 신약 선지자. 예수님이 메시아이심을 알아보고 예수님의 공적 사역을 위해 길을 예비했다.

속상(贖償, expiation) 죄책의 제거.

속죄(atonement) 죄책을 제거하고 죄인을 하나님과 화해시키기 위해 드리는 희생.

속죄일(Day of Atonement) 일 년에 한 차례 대제사장이 백성의 죄를 속죄하기 위해 의식을 행하고 제사를 드렸던 유대인의 성일. 욤 키푸르(Yom Kippur)라고도 알려져 있다.

솔로몬(Solomon) 다윗왕의 아들로 이스라엘의 세 번째 왕. 지혜와 부로 유명하며, 이스라엘의 국경을 넓히고 예루살렘에 첫 번째 성전을 건축했다.

수난(passion) '고난당하다.'를 의미하는 헬라어 **파스코**(pascho)에서 파생된 말. 예수님이 잡히신 밤에 시작된 예수님의 고난과 죽음을 가리킨다.

수동적 순종(passive obedience) 십자가형에서 절정에 도달한 수욕과 고난의 삶에 대한 예수님의 복종.

승리의 입성(triumphal entry) 예수님이 십자가형으로 죽음을 당하시기 일주일 전에 예루살렘에 들어가신 사건. 사람들이 길에 종려나무 가지와 겉옷을 깔고 큰 소리로 예수님을 찬양했다.

승천(ascension) 예수님이 부활하시고 40일 뒤에 사도들이 다 보는 가운데서 육체로 하늘에 들려 올라가신 사건.

신실(faithfulness) 하나님에 대한 충성. 진심에서 우러나온 신뢰와 순종을 통해 입증된다.

십자가형(crucifixion) 고대 로마 제국에서 행하던 사형 방식. 범죄자들을 십자가에 묶거나 못 박은 다음 일반적으로 질식하여 죽을 때까지 매달아 두었다. 예수님이 죽임당하신 방법.

아담(Adam) 첫 번째 사람. 하와의 남편. 하나님은 아담과 언약을 맺으시고 인류에게 땅에 충만하며 땅을 정복하라고 명하셨다.

아담 경륜(Adamic administration) 하나님이 아담과 언약을 맺으신 시기의 경륜으로, 이때 하나님은 창세기 3장 15절에서 처음으로 인류에게 구속을 약속하셨다.

아론(Aaron) 레위 지파 출신인 모세의 형. 그의 가족은 특별한 제사장직을 맡아 섬기도록 선택받았다.

아브라함 경륜(Abrahamic administration) 하나님이 아브라함과 언약을 맺으신 시기의 경륜으로, 이때 하나님은 아브라함 가족에게 특별한 특권과 의무를 부여하시고 아브라함의 후손 가운데 하나가 구속자가 될 것이라고 약속하셨다.

아브라함(Abraham) 구약의 족장. 데라의 아들. 이스라엘 민족의 조상. 창세기 15장과 17장에서 하나님은 아브라함과 언약을 맺으시고 수많은 자손과 특별한 땅을 약속하셨다.

언약(covenant) 두 사람이나 두 무리의 사람들 사이에서, 또는 하나님과 어떤 개인이나 어떤 무리 사이에서 체결하는 구속력 있는 법적 합의.

에스겔(Ezekiel) 주전 597-586년경 포로 기간에 바벨론(신바빌로니아)에서 사역했던 구약 선지자.

엘리야(Elijah) 예수님이 변모하셨을 때 모세와 함께 나타났던 구약 선지자.

여호와(Yahweh/Jehovah) "나는 스스로 있는 자이니라"(출 3:14)라는 구절에서 나온 하나님의 히브리어 이름으로, 종종 '주'(Lord)라고 번역된다.

여호와의 날(day of the Lord) 하나님의 원수들의 궁극적인 패배와 심판 및 하나님의 백성이 약속의 땅에 복귀할 때 일어날 큰 전투를 가리키는 전문적인 용어. 히브리어로는 욤 야훼(*yom Yahweh*)라고 한다.

영원한 계획(eternal counsel)   창조 사역 이전에 하나님이 우주에 대해 확정하신 영원한 구상.

영원한 작정(eternal decree)   '영원한 계획'을 가리키는 또 다른 용어. 창조 사역 이전에 하나님이 우주에 대해 확정하신 영원한 구상.

예지(foreknowledge)   역사의 과정에 발생할 사건들에 대해 창조 이전에 하나님이 지니신 지식.

오리게네스(Origenes, 185경-254경)   알렉산드리아의 초기 기독교 신학자. 성경이 기독교 교리에 대한 우리의 최종 권위임을 옹호하는 『제1원리에 대하여』(*On First Principles*)와 구약의 여러 역본들에 관한 비교 연구인 『헥사플라』(*Hexapla*) 등의 저작이 있다.

오순절(Pentecost)   이른 추수를 축하하는 유대 절기로 종종 '칠칠절'이라고도 불린다. 그리스도인들은 초대 교회에 성령을 부어 주신 날로 기념한다.

완성(consummation)   시작된 종말론의 세 번째 단계이자 최종 단계로, 이때 그리스도가 다시 오셔서 모든 역사에 대한 하나님의 궁극적인 목적을 성취하신다.

왕(king)   하나님이 자신을 대신하여 하나님 나라를 다스리도록 세우신 사람.

왕정 시대(monarchical period)   왕들이 이스라엘을 다스렸던 시대.

왕정 이전 시대(pre-monarchical period)   이스라엘에 왕이 나타나기 이전 시대.

욥(Job)   욥기의 주인공. 사탄이 시험하도록 하나님이 허락하셨던 의인이자 부자.

원시 복음(*protoeuangelion*)   창세기 3장 15절에 나타나는 최초의 복음, 즉 구속에 대한 첫 번째 약속을 가리키는 신학 용어.

웨스트민스터 대요리문답(Westminster Larger Catechism)   기독교의 가르침에 대한 개신교의 전통적인 요약으로, 1647년에 처음 발간되었다. 소요리문답보다 더 포괄적이다.

웨스트민스터 소요리문답(Westminster Shorter Catechism)　기독교의 가르침에 대한 개신교의 전통적인 요약으로, 1647년에 처음 발간되었다.

위격적 연합(hypostatic union)　그리스도의 신성과 인성이 한 위격 안에 결합되어 있다는 교리를 나타내기 위해 사용하는 표현.

유기적 영감(organic inspiration)　성령이 인간 저자들의 인격과 경험, 관점, 의도를 사용하셔서 그들이 쓴 글이 오류가 없도록 주권적으로 인도하셨다고 주장하는 영감에 대한 견해.

유다(Judah)　이스라엘 열두 지파 가운데 하나. 야곱의 넷째 아들이며, 약속된 메시아가 그의 자손으로 오셨다. 이스라엘이 분열된 후 남왕국을 가리키는 이름.

유앙겔리온(*euangelion*)　'복음'을 의미하는 헬라어. 문자적으로는 '좋은 소식.'

유월절(Passover)　하나님이 이스라엘을 애굽(이집트)에서 구원해 내신 것을 기념하는 유대 절기.

유화(宥和, propitiation)　죄에 대한 하나님의 공의와 진노를 만족시키는 것이다.

은혜 언약(covenant of grace)　비록 충실한 신자가 아니라 할지라도, 하나님의 언약 백성에 속한 모든 사람에게 하나님이 베푸시는 관용과 은택.

이드로(Jethro)　제사장이었던 모세의 장인. 모세에게 이스라엘 백성을 조직하는 일에 대해 조언했다.

이사야(Isaiah)　웃시야, 요담, 아하스, 히스기야 치하, 주전 740-701년에 사역했던 유다 선지자.

일반 부활(general resurrection)　그리스도가 영광 가운데 재림하실 때 일어날 모든 사람의 부활. 이때 사람들은 하나님의 최후 심판을 마주한다.

임마누엘(Immanuel)　"하나님이 우리와 함께 계시다"(마 1:23)라는 뜻의 이름으로, 예수님과 관련하여 사용된다.

자비(mercy) 피조물에 대한 하나님의 긍휼과 이를 본받아 인간이 베푸는 긍휼.

재위(session) 성부 하나님 오른편에 앉으신 예수님의 지속적인 통치와 중보 사역을 가리키는 데 사용되는 신학 용어.

전가(imputation) 하나님이 죄인들의 죄책을 예수님께 부과하신 행위.

정의(justice) 하나님의 법에 따라 모든 사람을 그들이 마땅히 받아야 하는 대로 심판하심.

제사장(priest) 하나님이 하나님의 백성을 그분의 특별하고 거룩한 임재에 받아들여 복을 내리실 수 있도록 하나님과 그분의 백성 사이를 중재하는 사람.

존재론적(ontological) '존재와 관련된'을 의미하는 용어. 삼위일체의 세 위격 모두가 똑같은 속성과 본질을 갖고 계신다는 사실을 가리키는 데 사용된다.

종주(宗主, suzerain) 더 작은 나라들에 대해 통치권을 행사했던 강력한 황제나 왕. 언약 당사자들 가운데 더 강력한 당사자로서 복종해야 할 상대.

주의 만찬(Lord's Supper) 예수님이 약속하신 재림 때까지 예수님의 십자가 희생을 상징적으로 기념하기 위해 떡과 포도주를 사용해 거행하는 기독교의 성례, 즉 규례.

중재(intercession) 다른 사람을 위해서 기도로 중보하거나 간구하는 것이다.

최초의 복음(first gospel) 창세기 3장 15절에 나타난 구속에 대한 첫 번째 약속을 가리키는 신학 용어. '원시 복음'(*protoeuangelion*)이라고도 알려져 있다.

최후의 만찬(Last Supper) 예수님이 배신당하신 밤에 제자들과 나누신 마지막 식사.

최후의 심판(last/final judgment) 하나님이 그분의 원수들에게는 그들의 죄와 영원한 형벌을 공식적으로 선고하시고, 그리스도 안에 있는 자들에게는 무죄와 영원한 상급을 공식적으로 선언하시는 종말의 사건.

출범(inauguration) 시작된 종말론의 첫 단계. 그리스도의 초림 및 그리스도의 사도들과 선지자들의 사역을 가리킨다.

칼케돈(Chalcedon)　전통적인 기독교 교리를 수호하고 이단을 거부하기 위해 주후 451년에 교회 회의가 열렸던 소아시아의 도시.

칼케돈 공의회(Council of Chalcedon)　주후 451년에 칼케돈에서 열린 교회 회의로, 무엇보다도 예수님이 참 하나님이시자 참 사람이시라고 확언했다.

칼케돈 신경(Chalcedonian Creed)　주후 451년 칼케돈 교회 회의에서 작성한 신조. 이 신조는 무엇보다도 예수님이 참 하나님이시며 참 사람이시라고 확언했다. 칼케돈 신조 혹은 칼케돈 정의라고도 부른다.

크리스토스(christos)　그리스도에 해당하는 헬라어. 70인역에서 '기름 부음 받은 자'를 의미하는 마시아흐(māšîaḥ), 즉 메시아를 번역하는 데 사용된다.

타락(fall)　뱀의 유혹과 하나님의 심판을 통한 사건으로, 아담과 하와의 죄가 인류를 하나님의 호의와 축복에서 떨어지게 했다.

팔복(Beatitudes)　마태복음 5장 3-12절에 나오는 예수님의 말씀. 각 절이 "복이 있나니"라는 말로 시작한다.

포로 시대(exilic period)　이스라엘이 약속의 땅에서 추방당한 시대.

하나님의 본질(essence of God)　하나님의 외적이고 변화하는 모든 현시의 근저에 있는 불변하는 실재. 하나님의 근본적인 본성이나 실체.

하나님의 속성(divine attributes)　다양한 역사적 현시를 통해 계시된 하나님의 본질의 완전한 특성. 하나님만이 가지실 수 있는 속성.

헤롯 대왕(Herodes I)　로마가 임명한 유대인의 왕. 주전 37년부터 주전 4년 사망할 때까지 재위했다. 예수님의 탄생을 알게 된 후 두 살 이하의 남자아이를 모두 죽이라고 명령했다.

회개(repentance)　우리의 죄를 진정으로 거부하고 돌아서는 믿음의 진심 어린 측면.

회복 시대(restoration period)　이스라엘이 포로지에서 조상들의 땅으로 돌아온 이후 시대. '포로 이후 시대'라고도 불린다.

참고 문헌

Augustine. *The City of God*. Translated by Marcus Dods. Reprint, Peabody, MA: Hendrickson Publishers, 2009.

Aune, D. E. "Christian Prophecy and the Messianic Status of Jesus." In *The Messiah: Developments in Earliest Judaism and Christianity*, edited by James H. Charlesworth, 404-422. 1992. Reprint, Minneapolis: Augsburg Fortress, 2009.

Barclay, William. *The Gospel of Matthew*. Vol. 1, *Chapters 1 to 10*. 2nd ed. Philadelphia: The Westminster Press, 1958.

Bavinck, Herman. *Reformed Dogmatics*. Edited by John Bolt. Translated by John Vriend. 4 vols. Grand Rapids: Baker Academic, 2003-2008.

Berkhof, Louis. *Systematic Theology*. New ed. Grand Rapids: Eerdmans, 1996.

Berkouwer, G. C. *Sin*. Translated by Philip C. Holtrop. Studies in Dogmatics. Grand Rapids: Eerdmans, 1971.

―――. *The Return of Christ*. Translated by James Van Oosterom. Edited by Marlin J. Van Elderen. Studies in Dogmatics. Grand Rapids: Eerdmans. 1972.

Blenkinsopp, Joseph. *A History of Prophecy in Israel*. Rev. ed. Louisville:

Westminster John Knox, 1996.

_____. *Sage, Priest, Prophet: Religious and Intellectual Leadership in Ancient Israel*. Louisville: Westminster John Knox, 1995.

Blocher, Henri. *In the Beginning: The Opening Chapters of Genesis*. Translated by David G. Preston. Leicester: InterVarsity Press, 1984.

Blomberg, Craig L. *Jesus and the Gospels: An Introduction and Survey*. Nashville: Broadman & Holman, 1997.

Boice, James M. *Foundations of the Christian Faith*. Downers Grove, IL: InterVarsity Press, 1986.

Bray, Gerald. *The Doctrine of God*. Downers Grove, IL: InterVarsity Press, 1993.

Bruce, F. F. *Jesus: Lord and Savior*. The Jesus Library. Downers Grove, IL: InterVarsity Press, 1986.

Childs, Brevard S. *Old Testament Theology in a Canonical Context*. 1985. Reprint, Philadelphia: Fortress Press, 1990.

Clowney, Edmund P. *The Unfolding Mystery: Discovering Christ in the Old Testament*. 2nd ed. Phillipsburg, NJ: P&R Publishing, 2013.

Cockerill, G. L. *The Melchizedek Christology in Heb. 7:1–28*. Ann Arbor: University Microfilms International, 1979.

Cody, Aelred. *A History of Old Testament Priesthood*. Analecta Biblica 35. Rome: Pontifical Biblical Institute, 1969.

Craig, William Lane. *The Son Rises: The Historical Evidence for the Resurrection of Jesus*. Chicago: Moody, 1981.

Dumbrell, W. J. *Covenant and Creation: A Theology of Old Testament Covenants*. Nashville: Thomas Nelson, 1984.

Edwards, Jonathan. *Freedom of the Will*. 1754. Reprint, Grand Rapids: Christian Classics Ethereal Library, 2009.

Erickson, Millard J. *Contemporary Options in Eschatology: A Study of the Millennium*. Grand Rapids: Baker Book House, 1977.

Flusser, David. *Jesus*. 3rd ed. Jerusalem: The Hebrew University Magnes Press, 2001.

Frame, John M. *The Doctrine of the Christian Life*. Phillipsburg, NJ: P&R Publishing, 2008.

_____. "Virgin Birth of Jesus." In *Evangelical Dictionary of Theology*, edited by Walter A. Elwell, 1143–1145. Grand Rapids: Baker Book House, 1984.

Gaffin, Richard B., Jr. *Resurrection and Redemption: A Study in Paul's Soteriology*. Phillipsburg, NJ: Presbyterian and Reformed, 1987.

Goldingay, John. *Old Testament Theology*. Vol. 1, *Israel's Gospel*. Downers Grove, IL: IVP Academic, 2003.

Green, Michael. *The Empty Cross of Jesus*. The Jesus Library. Downers Grove, IL: InterVarsity Press, 1984.

Grudem, Wayne. *Systematic Theology: An Introduction to Biblical Doctrine*. Grand Rapids: Zondervan, 1994.

Hess, R. S., and M. Daniel Carroll R., eds. *Israel's Messiah in the Bible and the Dead Sea Scrolls*. Grand Rapids: Baker Academic, 2003.

Hill, Charles E., and Frank A. James III, eds. *The Glory of the Atonement: Biblical, Historical & Practical Perspectives*. Downers Grove, IL: InterVarsity, 2004.

Hoekema, Anthony A. *Created in God's Image*. Grand Rapids: Eerdmans, 1986.

Howard, David M., Jr. "The Case for Kingship in the Old Testament Narrative Books and the Psalms." *Trinity Journal*, n. s., 9, no. 1 (Spring 1988): 19-35.

Ladd, George Eldon. *The Gospel of the Kingdom: Scriptural Studies in the Kingdom of God*. Grand Rapids: Eerdmans, 1959.

Letham, Robert. *The Work of Christ*. Downers Grove, IL: InterVarsity Press, 1993.

_____. *Union with Christ in Scripture, History, and Theology*. Phillipsburg, NJ: P&R Publishing, 2011.

Luther, Martin. *Martin Luther's Ninety-Five Theses*. Edited by Stephen J. Nichols. 2nd ed. Phillipsburg, NJ: P&R Publishing, 2021.

McComiskey, Thomas Edward. *The Covenants of Promise: A Theology of the Old Testament Covenants*. Grand Rapids: Baker Book House, 1985.

Miller, C. John. *Repentance: A Daring Call to Real Surrender*. Fort Washington: CLC Publications, 2009.

Milligan, William. *The Ascension and Heavenly Priesthood of Our Lord*. London, 1892.

Morris, Leon. *The Apostolic Preaching of the Cross*. 3rd ed. Grand Rapids: Eerdmans, 1965.

_____. *The Cross in the New Testament*. Grand Rapids: Eerdmans, 1965.

Murray, John. "Calvin's Doctrine of Creation." *Westminster Theological Journal* 17.1 (November 1954): 21-42.

_____. *Redemption Accomplished and Applied*. Grand Rapids: Eerdmans, 1955.

_____. *The Covenant of Grace*. 1954. Reprint, Phillipsburg, NJ: Presbyterian and Reformed, 1987.

_____. *The Imputation of Adam's Sin*. Grand Rapids: Eerdmans, 1959.

Origen. *On First Principles*. Translated by G. W. Butterworth. 1936. Reprint, Notre Dame, IL: Ave Maria Press, 2013.

Pink, Arthur W. *Gleanings From the Scriptures: Man's Total Depravity*. Chicago: Moody, 1970.

Poythress, Vern S. *Knowing and the Trinity: How Perspectives in Human Knowledge Imitate the Trinity*. Phillipsburg, NJ: P&R Publishing, 2018.

Reymond, Robert L. *Jesus, Divine Messiah: The New Testament Witness*. Phillipsburg, NJ: Presbyterian and Reformed, 1990.

Ridderbos, Herman N. *The Coming of the Kingdom*. Philadelphia: Presbyterian and Reformed, 1962.

Robertson, O. Palmer. *The Christ of the Covenants*. 1980. Reprint, Phillipsburg, NJ: Presbyterian and Reformed, 1987.

Satterthwaite, Philip E., Richard S. Hess, and Gordon J. Wenham, eds. *The Lord's Anointed: Interpretation of Old Testament Messianic Texts*. Grand Rapids: Baker Books, 1995.

Schaff, Philip. *The Creeds of Christendom; History of the Creeds; Volume I–Part I*. 1876. Reprint, New York: Cosimo Classics, 2007.

Schaff, Philip, and Henry Wace, eds. *A Select Library of Nicene and Post-Nicene Fathers of the Christian Church*. 2nd ser., vol. 7, *Cyril of Jerusalem, Gregory Nazianzen*. 1894. Reprint, Peabody: Hendrickson Publishers, Inc., 1995.

Stott, John R. W. *The Cross of Christ*. Downers Grove, IL: InterVarsity Press, 1986.

Strimple, Robert B. "Philippians 2:5–1 in Recent Studies: Some Exegetical Conclusions." *Westminster Theological Journal* 41, no. 2 (Spring 1979): 247–268.

Tenney, Merrill C. *The Reality of the Resurrection*. New York: Harper and Row, 1963.

Toon, Peter. *The Ascension of Our Lord*. Nashville: Thomas Nelson, 1984.

Vos, Geerhardus. *The Pauline Eschatology*. Phillipsburg, NJ: Presbyterian and Reformed, 1979.

Wallace, Ronald S. *The Atoning Death of Christ*. Westchester, IL: Crossway, 1981.

Warfield, Benjamin B. "The Biblical Doctrine of the Trinity." In *Biblical Doctrines*. Vol. 2 of *The Works of Benjamin B. Warfield*. Reprint, Grand Rapids: Baker Book House, 2003.

_____. *The Lord of Glory*. New York: American Tract Society, 1907. Reprint, Grand Rapids: Baker Book House, 1974.

Wells, David F. *The Person of Christ: A Biblical and Historical Analysis of the Incarnation*. Westchester, IL: Crossway, 1984.

기고자들

다음 기고자들은 서드 밀레니엄 미니스트리즈 직원들과의 화상 인터뷰를 통해 이 책의 내용과 관련된 다양한 질문에 답했다. 이 기고자들의 답변을 필사한 글은 본문 곳곳에 배치한 회색 박스에서 볼 수 있다.

글렌 G. 스코기(Glen G. Scorgie) 샌디에이고 벧엘신학교 신학 교수.

데릭 토머스(Derek Thomas) 조지아주 애틀랜타의 리폼드신학교 조직신학 및 목회학 교수.

래리 코크럴(Larry Cockrell) 믿음의가정교회 담임목사. 버밍햄신학교 교수.

로버트 G. 리스터(Robert G. Lister) 탤벗신학교 성경학 및 신학 부교수.

리처드 L. 프랫 2세(Richard L. Pratt, Jr.) 서드 밀레니엄 미니스트리즈 공동 설립자이자 대표.

마이클 J. 글로도(Michael J. Glodo) 플로리다주 올랜도 리폼드신학교 목회학 부교수.

마크 지닐리어트(Mark Gignilliat) 비슨신학교 구약학 부교수.

마크 L. 스트라우스(Mark L. Strauss) 샌디에이고 벧엘신학교 신약학 교수.

맷 프리드먼(Matt Friedeman) 웨슬리비블리컬신학교 전도학 및 제자 훈련 교수.

빌 유리(Bill Ury) 24년 동안 웨슬리비블리컬신학교 조직신학 및 역사신학 교수로 재직. 현재 노스캐롤라이나주 엘리자베스시티 복음주의감리교회 목사로 섬기고 있다.

사이먼 비버트(Simon Vibert) 영국 서리주 버지니아워터 그리스도교회 목사. 옥스퍼드대학교 위클리프홀 설교대학원 부학장, 학장 역임.

스티브 블레이크모어(Steve Blakemore) 웨슬리비블리컬신학교 철학 조교수.

스티븐 찬(Stephen Chan) 시애틀대학교 신학 및 종교학 부교수.

스티븐 J. 웰럼(Stephen J. Wellum) 남침례신학교 기독교신학 교수. **스티브 하퍼** (Steve Harper) 애즈베리신학교 플로리다더넘 캠퍼스 설립 부총장. 영성 형성 및 웨슬리학 은퇴교수.

제임스 D. 스미스 3세(James D. Smith III) 샌디에이고 벧엘신학교 교회사 명예 교수. 샌디에이고대학교 종교학 외래교수.

제프 로먼(Jeff Lowman) 앨라배마주 앨라배스터의 복음교회 담임목사. 버밍햄 신학교 설교학 및 조직신학 교수.

조너선 쿠탑(Jonathan Kuttab) 베들레헴성경대학 이사. 대표적인 인권 변호사. 팔레스타인비폭력연구소와 정치범을 위한 만델라협회 공동 설립자.

조너선 T. 페닝턴(Jonathan T. Pennington) 남침례신학교 신약 해석학 부교수 이자 박사 과정 디렉터.

존 매킨리(John McKinley) 탤벗신학교 성경학 및 신학 부교수.

존 프레임(John Frame) 플로리다주 올랜도의 리폼드신학교 조직신학 및 철학 명예교수.

짐 메이플스(Jim Maples) 버밍햄신학교 목회 리더십 프로그램 목회학 박사 과정 디렉터.

키스 존슨(Keith Johnson) Cru(전 CCC) 신학 교육 국내 디렉터. 리폼드신학교 조직신학 초빙교수.

토머스 J. 네틀스(Thomas J. Nettles) 남침례신학교 역사신학 교수 역임. 현재 사우스웨스턴침례신학교 역사신학 초빙교수.

토머스 R. 슈라이너(Thomas R. Schreiner) 남침례신학교 제임스 뷰캐넌 해리슨(James Buchanan Harrison) 신약 해석학 석좌교수. 성경신학 교수. 부학장.

프랭크 틸먼(Frank Thielman) 비슨신학교 신약신학 장로교 교수.

프랭크 M. 바커 2세(Frank M. Barker, Jr.) 브라이어우드장로교회 설립목사. 버밍햄신학교 설립자이자 구약학과를 이끌었다.

피터 워커(Peter Walker) 트리니티목회대학원 성경학 교수 및 옥스퍼드대학교 위클리프홀 부학장 역임. 현재 예루살렘성경연구소 강사.

피터 차우(Peter Chow) 대만의 중국복음주의신학교 총장으로 은퇴. 지금은 그레이터 필라델피아의 트리니티크리스천교회 비전임목사로 섬기고 있다.

피터 쿠즈믹(Peter Kuzmič) 고든콘웰신학교 에바 B.·폴 E. 탐스(Eva B. & Paul E. Toms) 세계 선교 및 유럽학 석좌교수. 크로아티아 오시예크의 복음주의신학교 공동 설립자이자 디렉터.

K. 에릭 토에네스(K. Erik Thoennes) 바이올라대학교 탤벗신학교 성경학 및 신학 교수. 학과장.

R. 앨버트 몰러 2세(R. Albert Mohler, Jr.) 남침례신학교 총장.

The Life
and Work
of Jesus

사명선언문

너희가 흠이 없고 순전하여……세상에서 그들 가운데 빛들로
나타내며 생명의 말씀을 밝혀 _ 빌 2:15-16

1. 생명을 담겠습니다
만드는 책에 주님 주신 생명을 담겠습니다.
그 책으로 복음을 선포하겠습니다.

2. 말씀을 밝히겠습니다
생명의 근본은 말씀입니다.
말씀을 밝혀 성도와 교회의 성장을 돕겠습니다.

3. 빛이 되겠습니다
시대와 영혼의 어두움을 밝혀 주님 앞으로 이끄는
빛이 되는 책을 만들겠습니다.

4. 순전히 행하겠습니다
책을 만들고 전하는 일과 경영하는 일에 부끄러움이 없는
정직함으로 행하겠습니다.

5. 끝까지 전파하겠습니다
모든 사람에게, 땅 끝까지, 주님 오시는 그날까지
복음을 전하는 사명을 다하겠습니다.

서점 안내

광화문점 서울시 종로구 새문안로 69 구세군회관 1층
02)737-2288 / 02)737-4623(F)

강남점 서울시 서초구 신반포로 177 반포쇼핑타운 3동 2층
02)595-1211 / 02)595-3549(F)

구로점 서울시 동작구 시흥대로 602, 3층 302호
02)858-8744 / 02)838-0653(F)

노원점 서울시 노원구 동일로 1366 삼봉빌딩 지하 1층
02)938-7979 / 02)3391-6169(F)

일산점 경기도 고양시 일산서구 중앙로 1391 레이크타운 지하 1층
031)916-8787 / 031)916-8788(F)

의정부점 경기도 의정부시 청사로47번길 12 성산타워 3층
031)845-0600 / 031)852-6930(F)

인터넷서점 www.lifebook.co.kr